>>> 绿色交通建设与维护丛书

公路路基工程勘察与设计

李 珂 方敏华 刘高飞 主编

中国建设科技出版社 有限责任公司
China Construction Science and Technology Press Co., Ltd.

北 京

图书在版编目（CIP）数据

公路路基工程勘察与设计/李珂，方敏华，刘高飞主编．--北京：中国建设科技出版社有限责任公司，2025.6．--（绿色交通建设与维护丛书）．-- ISBN 978-7-5160-4477-3

Ⅰ.U416.1

中国国家版本馆 CIP 数据核字第 2025H57X37 号

公路路基工程勘察与设计
GONGLU LUJI GONGCHENG KANCHA YU SHEJI
李　珂　方敏华　刘高飞　主编

出版发行：	中国建设科技出版社有限责任公司
地　　址：	北京市西城区白纸坊东街 2 号院 6 号楼
邮　　编：	100054
经　　销：	全国各地新华书店
印　　刷：	北京印刷集团有限责任公司
开　　本：	787mm×1092mm　1/16
印　　张：	12.75
字　　数：	300 千字
版　　次：	2025 年 6 月第 1 版
印　　次：	2025 年 6 月第 1 次
定　　价：	78.00 元

本社网址：www.jskjcbs.com，微信公众号：zgjskjcbs
请选用正版图书，采购、销售盗版图书属违法行为
版权专有，盗版必究。本社法律顾问：北京天驰君泰律师事务所，张杰律师
举报信箱：zhangjie@tiantailaw.com　举报电话：(010) 63567684
本书如有印装质量问题，由我社事业发展中心负责调换，联系电话：(010) 63567692

编 委 会

主　编：李　珂（西安公路研究院有限公司）

　　　　方敏华（深圳市市政设计研究院有限公司）

　　　　刘高飞（中铁工程设计咨询集团有限公司）

副主编：侯远明（中咨泰克交通工程集团有限公司）

　　　　李天萍（中国市政工程西南设计研究总院有限公司）

　　　　胡平平（中交一公局第九工程有限公司）

　　　　康建林（国家林业和草原局西南调查规划院）

前　言

在人类文明的历史长河中，道路始终是推动社会进步与发展的重要基石。从古老的丝绸之路到现代的高速公路网络，公路不仅连接了地域，更促进了文化的交融、经济的繁荣与社会的进步。而在这一条条通途的背后，公路路基工程作为整个公路建设的坚固基石，其重要性不言而喻。它不仅承载着车辆荷载，经受着自然环境的长期考验，还直接关系到公路的通行能力、行车安全及长期使用寿命。因此，公路路基工程的勘察与设计工作，无疑是一项既复杂又精细的系统工程，其科学性与合理性是决定公路质量优劣、行车体验好坏乃至能否实现可持续发展目标的关键因素。从详尽的地质勘察，到精细的设计计算，每一步都凝聚着工程师的智慧与汗水，他们致力于打造出既安全可靠又经济高效的公路交通网络。

本书旨在为公路工程建设领域的专业人士、科研人员、学生，以及对公路技术怀有浓厚兴趣的广大读者，提供一本系统、全面且实用的参考书。本书力求理论与实践相结合，不仅深入探讨了公路路基工程勘察与设计的基本理论框架、核心原则与实用方法，还紧跟时代步伐，广泛吸收最新的技术标准、研究成果与工程实践案例，力求全面展现当前公路路基工程勘察与设计技术的最新发展趋势与前沿动态。

全书共分为七章，内容循序渐进、逻辑严密。主要内容包括绪论、路基工程地质勘察的基本介绍、路基工程地质勘察的主要内容、一般路基设计、路基边坡稳定性分析、路基防护与加固、路基支挡防护设计等。第一主编李珂负责第1章、第2章、第6章的第1节、第7章的第1节的编写，并负责前言、参考文献的整理及全书的统稿；第二主编方敏华负责第6章的第2节~第6节、第7章的第2节~第4节的编写；第三主编刘高飞负责第3章的第4节，第4章的第3节、第4节，第5章的编写；第一副主编侯远明负责第4章的第1节、第2节的编写；第二副主编李天萍负责第3章的第1节的编写；第三副主编胡平平负责第3章的第2节的编写；第四副主编康建林负责第3章的第3节的编写。

本书在编写过程中，广泛借鉴了众多技术文献与研究成果。在此，谨向相关作者致以最诚挚的感谢与崇高的敬意。由于时间和编者水平所限，书中难免存在不足之处，恳请广大读者批评指正。

编　者
2025年3月

目 录

1 绪论 ………………………………………………………………………………… 1
　1.1 公路工程概述 ……………………………………………………………… 1
　1.2 公路工程勘察概述 ………………………………………………………… 4
　1.3 路基工程概述 ……………………………………………………………… 7

2 路基工程地质勘察的基本介绍 ………………………………………………… 11
　2.1 岩石与土的分类 …………………………………………………………… 11
　2.2 工程地质调绘与勘探 ……………………………………………………… 13
　2.3 原位测试与室内试验 ……………………………………………………… 42
　2.4 岩土参数的分析与选定 …………………………………………………… 71

3 路基工程地质勘察的主要内容 ………………………………………………… 73
　3.1 路基工程地质问题 ………………………………………………………… 73
　3.2 初步勘察与详细勘测 ……………………………………………………… 75
　3.3 特殊路基工程地质勘察 …………………………………………………… 79
　3.4 不良地质地段路基工程地质勘察 ………………………………………… 89

4 一般路基设计 …………………………………………………………………… 106
　4.1 路基设计的基本原则与技术要求 ………………………………………… 106
　4.2 路基典型横断面与一般路基设计 ………………………………………… 106
　4.3 路基附属设施 ……………………………………………………………… 115
　4.4 路基常见病害与防治 ……………………………………………………… 117

5 路基边坡稳定性分析 …………………………………………………………… 120
　5.1 边坡稳定性分析概述 ……………………………………………………… 120
　5.2 边坡稳定性分析方法 ……………………………………………………… 123
　5.3 浸水路堤稳定性分析 ……………………………………………………… 139
　5.4 陡坡路堤稳定性分析 ……………………………………………………… 142

6 路基防护与加固 ………………………………………………………………… 144
　6.1 路基防护的作用、原则及分类 …………………………………………… 144

	6.2	坡面防护 …………………………………	146
	6.3	冲刷防护 …………………………………	150
	6.4	湿软地基加固 ………………………………	154
	6.5	新型加固材料 ………………………………	162
	6.6	路基防护与加固设计案例 ……………………	165
7	路基支挡防护设计 ……………………………………		168
	7.1	路基支挡结构 ………………………………	168
	7.2	挡土墙设计 …………………………………	170
	7.3	锚杆设计 ……………………………………	181
	7.4	路基支挡防护病害治理 ………………………	185
参考文献 …………………………………………………………			192

1 绪　　论

1.1　公路工程概述

1.1.1　公路工程的概念与建设意义

1. 概念

公路是指连接城市之间、城乡之间、乡村与乡村之间以及工矿基地之间，按照国家技术标准修建的，由公路主管部门验收认可的道路。公路工程是指涉及公路的勘察、测量、设计、施工、养护、管理等一系列工作的总称，旨在确保公路的安全、可靠和高效运行。

2. 建设意义

公路工程建设的意义主要体现在以下几个方面。

（1）促进地方经济发展

公路建设直接带动地方经济的发展，包括水泥、运输业等相关产业的经济增长。此外，公路建设还能增加就业机会，缓解就业压力，提高当地居民的生活水平。

（2）改善投资环境

公路建设改善了地方的投资环境，使企业更容易选址和投资，从而带动当地经济的增长。同时，便捷的交通也吸引了更多的外来投资，促进了经济的多元化发展。

（3）推动物流业发展

公路建设极大地促进了物流业的发展，降低了运输成本，提高了运输效率。这对于地方经济中的商业贸易、文化交流等方面起到了积极的推动作用。

（4）促进旅游业发展

公路建设为旅游业提供了便利，尤其是对于偏远地区的旅游业。改善的交通条件使得自驾游、农家乐等旅游形式更加流行，从而带动了地方经济的增长。

（5）推动城乡一体化进程

公路建设有助于缩小城乡差距，促进城乡一体化进程。通过改善农村地区的交通条件，使得农产品能够更快捷地进入城市，同时也促进了城市文化和生活方式在农村的传播。

（6）加强区域合作

公路建设加强了区域之间的联系，促进了区域经济的发展。通过高速公路、国道等主要交通线路的建设，加强了不同地区的经济往来和合作。

综上所述，公路工程建设不仅是提升地区交通便利性和经济发展的重要手段，也是推动社会进步和文化交流的重要平台。

1.1.2　我国公路工程的发展

1886年，德国的卡尔·本茨（Karl Benz）和戈特利布·戴姆勒（Gottlieb Daimler）在同一年分别独立制造出世界上第一辆汽车，他们因此被公认为现代汽车发明者。从1886年汽车出现到第一次世界大战结束，是公路发展的早期阶段。这一时期，汽车数量较少，多数公路由原来的马车道改造而成。

1920—1945年是公路发展的中期阶段。这一时期，公路运输开始普及，公路的修建标准逐步成型，欧美各国已初步形成国家公路干线网，畜力车逐渐被淘汰。在这一阶段，公路发展历史上有两件大事：一是高速公路的出现；二是一门新型的学科——交通工程的产生。这两件事推动公路发展进入现代公路新阶段。

1945年至今是公路的飞速发展阶段。这一阶段公路发展速度极快，特别是20世纪70年代以来，国外公路运输进入大发展时期，发达国家的公路网体系（包括高速公路网骨架）已基本建成。

20世纪初，汽车进入我国，通行汽车的公路开始发展起来。但在半殖民地半封建的旧中国，公路建设缓慢，到1949年全国通行公路约8.07万km，且大多位于东南沿海地区。中华人民共和国成立后，公路建设速度大幅提升，相应建造技术也显著提高。特别是改革开放后的几十年来，公路建设迅速发展，公路通车里程由1978年年底的88万km猛增到2022年年底的535万km（高速公路通车里程17.7万km），稳居世界第一。我国公路建设虽取得重大成就，但仍无法满足国民经济发展的需要和人民对美好生活的向往，因此还需持续增加公路建设里程并提高建设标准。

为此，国家加大了对公路的投资建设力度，编制了《国家公路网规划（2013年—2030年）》，明确提出到2030年国家公路网总规模达到40.1万km，形成布局合理、功能完善、覆盖广泛、安全可靠的国家干线公路网络，实现首都辐射省会、省际多路连通，地市高速通达、县县国道覆盖。1000km以内的省会之间可当日到达，东中部地区省会到地市可当日往返、西部地区省会到地市可当日到达；区域中心城市、重要经济区、城市群内外交通联系紧密，形成多中心放射的路网格局；有效连接国家陆路门户城市和重要边境口岸，形成重要国际运输通道，与东北亚、中亚、南亚、东南亚的联系更加便捷。

1.1.3　我国高速公路未来发展趋势

从欧美等发达国家高速公路发展历程和趋势来看，我国高速公路未来发展必将紧跟世界科技发展潮流，适应用户需求变化，不断变革创新，持续改进。未来充满不确定性，但变革创新注定是我国高速公路发展的主题。我国高速公路未来发展趋势主要体现在以下5个方面。

1. 构建更加安全、高效的高速公路路网管理

构建更加安全、高效的高速公路路网管理主要体现在车辆荷载管理、路面桥梁设施管理和高效通行管理上。首先，防止超限超载车辆威胁路网设施安全及运行安全，超过

50t 的货车，法定最大车货总质量不超过 49t；其次，运用先进的路网监测技术进行实时监测，确保路面、桥梁设施始终处于良好的技术状况；最后，保障高速公路安全、便捷、高效的通行服务，特别是在极端天气条件下。

2. 建设更加信息化、智能化的智慧高速

移动互联、万物互联，推动高速公路信息化、智能化发展步伐进一步加快。大量的路侧及门架感应设施，为行驶车辆提供了更加全面周到的信息服务，高速公路将成为汽车通行服务信息平台。例如，路面上喷涂荧光材料，可在白昼储存光能，夜间为车辆指示车道、交通标志及天气情况，极大地改善夜间行车条件，大幅提升了公路交通安全水平。无人驾驶汽车是未来智能交通中的一大重要因素。随着智能化在汽车领域的发展，谷歌公司的无人驾驶汽车已在美国获准上路。据美国电子电气工程师协会（Institute of Electrical and Electronics Engineers，IEEE）的一份报告预测，到 2040 年，全球上路的汽车总量中，75%将是无人驾驶汽车。如果无人驾驶汽车在现实生活中成熟应用，人类交通系统将发生翻天覆地的变化。

3. 建设更加低碳、环保、可持续的绿色高速

在国家日趋严格的环保法规和政策约束下，高速公路建设管理必将走上更加低碳、环保、节能、资源集约利用的可持续发展道路。在生态脆弱区建设高速公路，应采取更加严格的环保措施。清洁环保的电动汽车是未来新能源技术的重要发展方向。为了破解制约电动汽车普及的瓶颈——充电难题，国家电网已开始建设高速公路快速充电系统。

4. 建设更加以人为本、注重服务的人文高速

一切发展目的都是为人的发展服务。未来高速公路发展理念将更加以人为本、服务至上，围绕用户需求积极创新，提供更加快速、便捷、高效、安全、温馨、舒适的通行服务。例如，服务区提供更加多样化的服务；通行安全持续改进；大数据、物联网、云计算、移动支付等先进信息技术的发展必将带来高速公路通行付费方式的新变革，电子不停车收费之外将出现更加便捷的付费方式。

5. 建设与综合交通运输体系高度融合的高速公路

高速公路作为一种安全、快捷的公路运输设施，未来将同铁路、民航、水运等运输方式更好衔接融合、协调发展。同时，高速公路将与区域经济发展和城市空间利用紧密融合，更好解决城市间、城市群间快速交通问题。

1.1.4 公路工程建设的基本内容与特点

1. 公路工程建设的基本内容

（1）公路建筑安装工程

公路建筑安装工程，指兴工动料的施工活动，是基本建设中最复杂的一部分，也是投资额最高的一部分。它涵盖建筑工程和设备安装活动。建筑工程包括路基、路面、桥涵、隧道、防护工程及沿线设施等；设备安装活动包括高速公路、特大桥梁所需各种机械、设备、仪器的安装测试等。

（2）公路设备及工具、器具购置

公路设备及工具、器具购置是指为满足公路营运、服务管理、养护等需求，所购买的设备、工具、器具；同时也包括为保证新建、改建公路初期正常生产、使用和管理，

而进行的办公和生活家具的采购或自制工作。

(3) 公路其他基本建设工作

公路其他基本建设工作指不属上述各项的基本建设工作，它包括公路筹建阶段和建设阶段的管理工作、勘察设计、科研试验、征用土地、拆迁补偿等。

2. 公路工程建设的特点

(1) 公路建筑产品的特点

公路建筑产品的特点主要包括：固定性（公路工程构造物一经建成，其地点固定不变，不能移动）；多样性（公路具体使用目的、技术标准、技术等级、自然条件、结构形式、主体功能不同，公路的组成部分、形体构造也千差万别和复杂多样）；产品形体的庞大性（公路工程是线性构造物，其组成部分的形体庞大，占用土地及空间多）；产品部分结构的易损性（公路工程由于受行车荷载的作用和自然因素的影响，会经常损坏，尤其是暴露于大自然的部分以及直接受行车作用的部分）。

(2) 公路基本建设的特点

公路基本建设的特点主要包括：规划先行（由于公路的自然垄断性和永续性特征，公路建设首先要做好科学规划，避免重复建设）；多元投资（由于公路的准公共产品和资金密集特征，公路建设中政府主导、支持公路建设的同时，还要广泛吸收社会资金投入。许多国家形成了"谁出资多谁获益更多"的公路投融资原则）；点多、线长、面广、不可控因素多（公路工程建设规模一般都较大，从几十千米到上百千米甚至上千千米的路线，往往跨地区甚至跨国，施工范围广。因此，工程建设周期长，工程质量要求高，受气候、地质水文条件、社会经济环境等影响大）。

1.2 公路工程勘察概述

1.2.1 公路工程勘察的作用与意义

公路工程勘察是公路建设不可或缺的一环，它直接关系到公路建设的质量、安全性和经济性。通过对地质、地形、水文等多种因素的综合勘察，可以为公路工程的全面和顺利进行提供关键支持。公路工程勘察的作用与意义主要体现在以下几个方面。

(1) 有助于降低地质风险

公路工程勘察首先是为了评估建设场地的地质条件，包括地层、岩石、构造类型等，有助于确保公路设计和施工能够基于实际的地质情况，从而避免潜在的地质风险。

(2) 为公路设计提供科学依据

公路设计需要考虑路基稳定性、桥梁和隧道的选址等因素，公路工程勘察结果为公路设计提供了科学依据。

(3) 有助于选择施工方法

公路工程勘察结果为后续公路施工提供了土方开挖、路基压实、材料选择等技术参数，有助于正确选择施工方法。

(4) 有助于公路养护

在公路养护阶段，通过监测地质条件等勘察数据的变化，可以发现影响公路安全性的问题，及时采取解决措施。

（5）有助于提高经济效益

通过详细的勘察，可以避免在公路施工过程中遇到未预见的地质问题，从而减少成本超支和工期延误，提高工程的经济效益。

（6）有助于保护环境

公路勘察阶段需要考虑环境保护因素，确保公路建设对环境的长期影响最小。

1.2.2 公路工程勘察的阶段

一般来说，公路工程勘察的阶段主要包括前期调研、中期勘察和后续数据处理这三个阶段。

（1）前期调研

在公路勘察前期调研阶段，需要对公路建设的地理环境、交通流量、土地利用、自然灾害等情况进行全面的了解和分析。前期调研目的是确定公路建设的必要性和可行性，为后续的勘察工作奠定基础。

（2）中期勘察

中期勘察设计阶段是公路勘察的核心，包括路线选择、地形测量、地质勘探、桥梁隧道设计等详细工作，为后续公路施工提供支持。

（3）后续数据处理

在勘察工作完成后，需要对收集到的数据进行整理、分析和处理，包括数据的计算、绘图、地图制作等，并将勘察结果整合成成果报告，为后续公路建设提供可靠的数据支持。

1.2.3 可行性阶段的工程地质勘察内容

依据《公路工程地质勘察规范》(JTG C20—2011)，可行性阶段的工程地质勘察内容主要包括预可勘察和工可勘察。

1. 预可勘察

预可勘察应了解公路建设项目所处区域的工程地质条件及存在的工程地质问题，为编制预可行性研究报告提供工程地质资料。预可勘察应充分收集区域地质、地震、气象、水文、采矿、灾害防治与评估等资料，采用资料分析、遥感工程地质解译、现场踏勘调查等方法，对各路线走廊带或通道的工程地质条件进行研究，完成下列各项工作内容：

① 了解各路线走廊带或通道的地形地貌、地层岩性、地质构造、水文地质条件、地震动参数、不良地质和特殊性岩土的类型、分布范围、发育规律。

② 了解当地建筑材料的分布状况和采购运输条件。

③ 评估各路线走廊带或通道的工程地质条件及主要工程地质问题。

④ 编制预可行性研究阶段工程地质勘察报告。

遥感解译及踏勘调查应沿拟定的路线及其两侧的带状范围进行，工程地质调查的比例尺为1∶100000～1∶50000，调查宽度应满足路线走廊及通道方案比选的需要。

跨江、海独立公路工程建设项目应进行工程地质勘探，并符合下列要求：

① 应通过资料分析、遥感工程地质解译、现场踏勘调查等明确勘探的重点及问题。

② 应沿拟定的通道布设纵向物探断面，数量不宜少于2条。当存在可能影响工程方案的区域性活动断裂等重大地质问题时，应根据实际情况增加物探断面的数量。

③ 区域性断裂异常点、桥梁深水基础、水下隧道，应进行钻探，取样和测试应符合《公路工程地质勘察规范》（JTG C20—2011）第5章的规定。

预可勘察报告应提供下列资料：

① 文字说明：应对拟建工程项目的工程地质条件、存在的工程地质问题及筑路材料的分布状况和运输条件等进行说明，对各路线走廊带或通道的工程地质条件进行评估，对下一阶段的工程地质勘察工作提出意见和建议。

② 图表资料：1∶100000～1∶50000路线工程地质平面图及附图、附表、照片等；跨江、跨海的桥隧工程，应编制工程地质断面图。

2. 工可勘察

工可勘察应初步查明公路沿线的工程地质条件和对公路建设规模有影响的工程地质问题，为编制工程可行性研究报告提供工程地质资料。工可勘察应以资料收集和工程地质调绘为主，辅以必要的勘探手段，对项目建设各工程方案的工程地质条件进行研究，完成下列各项工作内容：

① 了解各路线走廊或通道的地形地貌、地层岩性、地质构造、水文地质条件、地震动参数、不良地质和特殊性岩土的类型、分布及发育规律。

② 初步查明沿线水库、矿区的分布情况及其与路线的关系。

③ 初步查明控制路线及工程方案的不良地质和特殊性岩土的类型、性质、分布范围及发育规律。

④ 初步查明技术复杂大桥桥位的地层岩性、地质构造、河床及岸坡的稳定性、不良地质和特殊性岩土的类型、性质、分布范围及发育规律。

⑤ 初步查明长隧道及特长隧道隧址的地层岩性、地质构造、水文地质条件、隧道围岩分级、进出口地带斜坡的稳定性、不良地质和特殊性岩土的类型、性质、分布范围及发育规律。

⑥ 对控制路线方案的越岭地段、区域性断裂通过的峡谷、区域性储水构造，初步查明其地层岩性、地质构造、水文地质条件及潜在不良地质的类型、规模、发育条件。

⑦ 初步查明筑路材料的分布、开采、运输条件以及工程用水的水质、水源情况。

⑧ 评价各路线走廊或通道的工程地质条件，分析存在的工程地质问题。

⑨ 编制工程可行性研究阶段工程地质勘察报告。

工可勘察报告应提供下列资料。

① 文字说明：应对公路沿线的地形地貌、地层岩性、地质构造、水文地质条件、新构造运动、地震动参数等基本地质条件进行说明；对不良地质和特殊性岩土应阐明其类型、性质、分布范围、发育规律及其对公路工程的影响和避让的可能性；路线通过区域性储水构造或地下水排泄区，应对路线方案有重大影响的水文地质及工程地质问题进行充分论证评价；特大桥及大桥、特长隧道及长隧道等控制性工程，应结合工程方案的论证、比选，对工程地质条件进行说明、评价，提供工程方案论证、比选所需的岩土参数。

② 图表资料：1∶50000～1∶10000路线工程地质平面图；1∶50000～1∶10000路线

工程地质纵断面图；1∶10000～1∶2000 重要工点工程地质平面图；1∶10000～1∶2000 重要工点工程地质断面图；附图、附表和照片等。

1.3 路基工程概述

路基是按照路线位置和一定技术要求修筑的作为路面基础的带状构造物，它是公路线形的主体，贯穿于公路全线，与沿线的桥梁、涵洞和隧道等相连接。路基工程作为整个公路工程的重要组成部分，也是路面工程的主要承载体，直接影响公路的稳定性、路面的平整度和耐久性。

1.3.1 路基的结构形式

按路基填挖的情况，其结构形式可分为路堤、路堑、半填半挖路基和零填零挖路基四种类型。

1. 路堤

路堤是指高于原地面的填方路基（某一矮路堤横断面形式如图 1.1 所示）。路堤在结构上分为上路堤和下路堤：上路堤是指路面底面以下 0.8～1.5m 的填方部分；下路堤是指上路堤以下的填方部分。按照填土高度的不同，路堤可分为矮路堤、一般路堤、高路堤。填土高度小于 1.5m 的路堤称为矮路堤，填土高度为 1.5～18m 的路堤称为一般路堤，填土高度大于 18m（土质）或 20m（石质）的路堤称为高路堤。

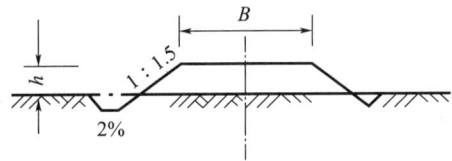

h—路堤高度；B—路堤宽度。

图 1.1 某一矮路堤横断面形式（单位：m）

2. 路堑

路堑是指全部在原地面开挖而成的路基，如图 1.2 所示。路堑开挖后破坏了原地层的天然平衡状态，其稳定性主要取决于地质与水文条件，以及边坡深度和边坡坡度。

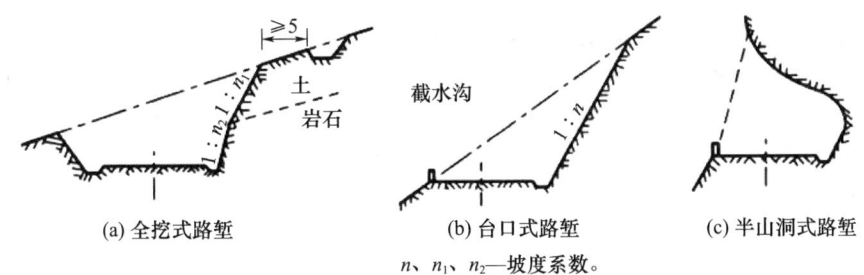

(a) 全挖式路堑　　(b) 台口式路堑　　(c) 半山洞式路堑

n、n_1、n_2—坡度系数。

图 1.2 常见的路堑横断面形式（单位：m）

3. 半填半挖路基

半填半挖路基是指原地面横坡度较大，在一个横断面内，一侧开挖、另一侧填筑的路基。半填半挖路基较多适用于丘陵区或山区公路。半填半挖路基移挖作填,给施工带来方便,若处理得当,路基稳定可靠,是比较经济的横断面形式。半填半挖路基常见的横断面形式如图 1.3 所示。

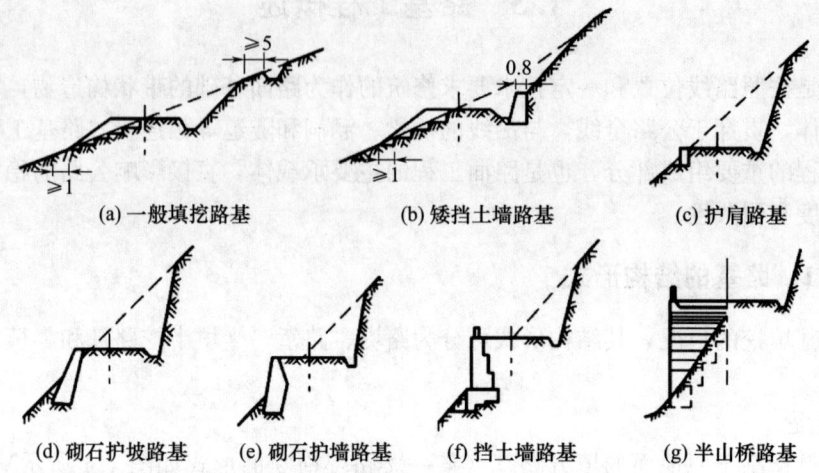

图 1.3 半填半挖路基常见的横断面形式(单位:m)

4. 零填零挖路基

当地面平坦且路线设计高程与地面高程相等时,路基基身几乎没有填挖,形成不填不挖路基,称为零填零挖路基。

零填零挖路基虽然节省土石方,但对排水非常不利,且原状土密实程度往往不能满足要求,容易发生翻浆、水淹、沉陷、雪埋等病害。因此,尽量少用或不用该类路基,干旱的平原区和丘陵区、山岭区的山脊线方可考虑采用。为保证路基的稳定性,需要检查路槽底面以下 30m 范围内的密实程度,必要时应翻松原状土重新分层碾压或换填土层。同时,路基两侧应设置边沟,以利于排水。

1.3.2 路基的基本要求

路基的基本要求主要有以下三点内容。

1. 整体稳定性

路基的整体稳定性是指路基整体在车辆及自然因素作用下,不致产生不允许的变形和破坏的性能。路基是在天然地面上填筑或挖去一部分而建成的。路基修建后,改变了原地面的天然平衡状态,有可能使挖方路基边坡失去支承力而坍塌或使填方路基因填土自重作用而沿滑动面下滑,造成路基失去整体稳定性。为防止路基在行车荷载及自然因素作用下发生较大的变形或破坏,必须因地制宜采取一定的工程技术措施进行支挡或加固,以保证路基的整体稳定性。

2. 结构承载力

路基应该具有足够的强度和刚度。行车荷载及路基路面自重同时对路基下层及地基形成一定压力,这些压力可使路基产生一定变形,直接影响路面结构的使用性能。因此,为保证路基在外力及自重作用下,不致产生超过容许范围的变形,要求路基具有足够的结构承载力。

3. 水温稳定性

路基的水温稳定性是指路基在水和温度的作用下，保持其强度的能力，包括水稳定性和温度稳定性。路基在地面水及地下水的作用下，其强度将会显著降低，特别是季节性冰冻地区，水温状况发生变化，路基将会发生周期性冻融，形成冻胀和翻浆，使其强度急剧下降。因此，路基不仅要有足够的强度和刚度，而且在最不利的水温状况下，其结构承载力不致显著降低，这就要求路基具有足够的水温稳定性。

1.3.3 路基的几何要素

路基的几何要素主要是指路基宽度、路基高度和路基边坡坡度。

1. 路基宽度

路基宽度是指在一个横断面上两路肩外缘之间的距离，如图 1.4 所示。路基宽度一般为行车道宽度与路肩宽度之和。当设有中央分隔带、变速车道、爬坡车道、错车道时，还应包括这部分的宽度。公路等级越高，路基的宽度越大。

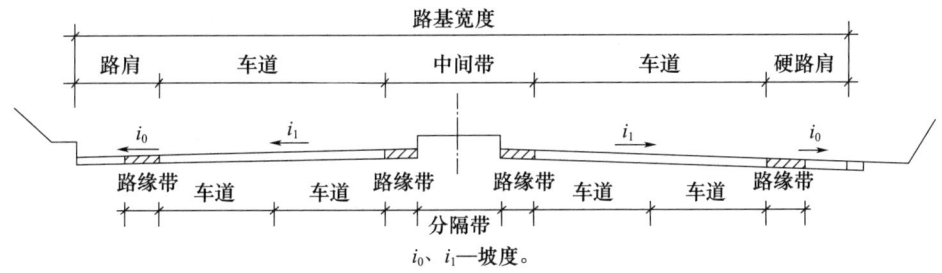

图 1.4 路基宽度示意

2. 路基高度

路基高度是指路堤的填筑高度或路堑的开挖深度，是路基设计高程与地面高程之差。在公路工程设计中，不同类型公路的路基设计高程有着明确界定：新建公路其路基设计高程为路基边缘的高程；在设置超高、加宽的路段，其路基设计高程特指设置超高、加宽前的路基边缘高程。改建公路的路基设计高程既可以参照新建公路标准，采用路基边缘高程，也可采用路中线高程。设有中央分隔带的高速公路和一级公路是指中央分隔带外侧边缘路面的高程。路基设计时应明确标示路基设计高程的位置。

由于原地面沿横断面方面往往是倾斜不平的，路基宽度范围内的路基高度存在差异，因此，路基高度又有中心高度和边坡高度之分。路基中心高度是指路基中心线处设计高程与原地面高程之差；边坡高度则是指填方坡脚或挖方坡顶高程与路基边缘高程之差。当原地面平坦时，路基两侧边坡高度相等；而在山坡地面上时，两者高度不等，如图 1.5 所示。

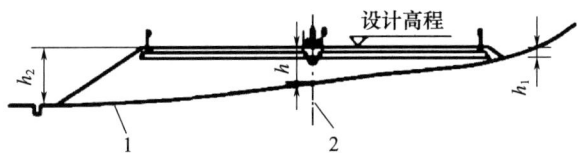

1—地面线；2—路基中心线；h_1、h_2—边坡高度；h—中心高度。

图 1.5 路基高度示意

3. 路基边坡坡度

为保证路基稳定，路基两侧应做成具有一定坡度的坡面，边坡形状可分为直线形、折线形和台阶形三种，可根据边坡高度、地质条件、水文条件等合理选择。公路路基边坡的坡度用边坡高度 H 与边坡宽度 b 之比值表示，并取 $H=1$。通常采用 $1:m$（m 为坡率）的形式表示其比率，称为边坡坡度。路堑边坡 $H:b=1:1$，路堤边坡 $H:b=1:1.5$，如图 1.6 所示。

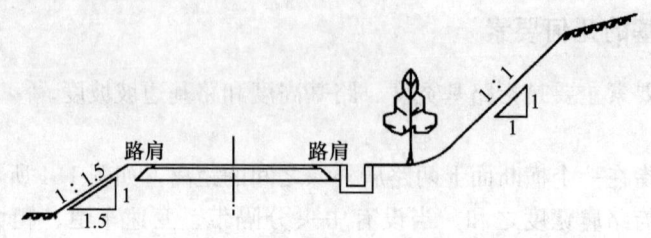

图 1.6　路基边坡坡度示意

2 路基工程地质勘察的基本介绍

2.1 岩石与土的分类

岩石与土的分类就是根据土的工程性质差异将土划分成一定的类别,目的在于通过通用的鉴别标准,便于在不同土类间做有价值的比较、评价、积累以及开展学术与经验的交流。分类原则如下。

① 分类要简明,既要能综合反映土的主要工程性质,又要测定方法简单,使用方便。

② 土的分类体系所采用的指标要在一定程度上反映不同类工程用土的不同特性。

2.1.1 岩石的分类

在进行岩土工程勘察时,应鉴定岩石的地质名称和风化程度,并进行岩石坚硬程度、岩体结构、完整程度和岩体基本质量等级的划分。

① 岩石按成因可划分为岩浆岩、沉积岩、变质岩等类型。

② 岩石按风化程度可划分为 6 个级别,见表 2.1。

表 2.1 岩石按风化程度分类

风化程度	野外特征	风化程度参数指标	
		波速比 K_v	风化系数 K_f
未风化	岩质新鲜,偶见风化痕迹	0.9~1.0	0.9~1.0
微风化	结构基本未变,仅节理面有渲染或略有变形,有少量风化痕迹	0.8~0.9	0.8~0.9
中等风化	结构部分变化,沿节理有次生矿物,风化裂隙发育,岩体被切割成岩块。用镐难挖,岩芯钻方可钻进	0.6~0.8	0.4~0.8
强风化	结构大部分破坏,矿物成分显著变化,风化裂隙很发育,岩体破碎。可用镐挖,干钻不易钻进	0.4~0.6	<0.4
全风化	结构基本破坏,但尚可确认,有残余结构强度,可用镐挖,干钻可钻进	0.2~0.4	—
残积土	组织结构全部破坏,已风化成土状,镐易挖掘,干钻易钻进,具有可塑性	<0.2	—

注:1. 波速比为风化岩石与新鲜岩石压缩波速度之比;
2. 风化系数为风化岩石与新鲜岩石饱和单轴抗压强度之比;
3. 岩石风化程度,除按表列特征和定量指标划分外,也可根据当地经验划分;
4. 花岗岩类岩石,可采用标准贯入试验划分为强风化、全风化;
5. 泥岩和半成岩,可不进行风化程度划分。

③ 岩体按结构可分为五大类，见表2.2。

表2.2　岩体按结构类型划分

岩体结构类型	岩体地质类型	结构面形状	结构面发育情况	岩体工程特征	可能发生的岩体工程问题
整体状结构	巨块状岩浆岩和变质岩、巨厚层沉积岩	巨块状	以层面和原生、构造节理为主，多呈闭合性，间距大于1.5m，一般为1或2组，无危险结构面	岩体稳定，可视为均质弹性各向同性体	局部滑动或坍塌，深埋洞室的岩爆
块状结构	厚层状沉积岩、块状沉积岩和变质岩	块状、柱状	有少量贯穿性节理裂隙，节理面间距0.7~1.5m，一般有2或3组，有少量分离体	结构面相互牵制，岩体基本稳定，接近弹性各向同性体	
层状结构	多韵律薄层、中厚层状沉积岩、副变质岩	层状、板状	有层理、片理、节理，常有层间错动带	变形和强度受层面控制，可视为各向异性弹塑性体，稳定性较差	可沿结构面滑塌，软岩可产生塑性变形
碎裂结构	构造影响严重的破碎岩层	碎块状	断层、节理、片理、层理发育，结构面间距0.25~0.50m，一般有3组以上，有许多分离体	整体强度较低，并受软弱结构面控制，呈弹塑性体，稳定性差	易发生规模较大的岩体失稳，地下水加剧失稳
散体状结构	断层破碎带、强风化及全风化带	碎屑状	构造和风化裂隙密集，结构面错综复杂，多充填黏性土，形成无序小块和碎屑	完整性遭极大破坏，稳定性极差，接近松散介质	易发生规模较大的岩体失稳，地下水加剧失稳

2.1.2　地基土的分类

地基土可按沉积时代，地质成因及土粒大小、塑性指数划分为如下几类。

（1）按沉积时代划分

晚更新世（Q_{p3}）及其以前沉积的土，为老沉积土；第四纪全新世中近期沉积的土，为新近沉积土。

（2）根据地质成因

根据地质成因可划分为残积土、坡积土、洪积土、冲积土、冰积土和风积土等。

（3）根据土粒大小、塑性指数分类

根据土粒大小、塑性指数可把地基土分为碎石土、砂类土、粉土和黏性土四大类。

碎石土：粒径大于2mm的颗粒质量超过全重50%的土称为碎石土。

砂类土：粒径大于2mm的颗粒质量不超过全重50%，且粒径大于0.075mm的颗粒质量超过全重50%的土称为砂类土。

粉土：粒径大于0.075mm的颗粒质量超过全重的50%，且塑性指数小于等于10的土称为粉土。

黏性土：粒径大于0.075mm的颗粒质量不超过全重的50%，且塑性指数大于10的土称为黏性土。

碎石土的密实度可根据圆锥动力触探锤击数按表2.3和表2.4确定。碎石土密实度野外鉴别见表2.5。

2 路基工程地质勘察的基本介绍

表 2.3 碎石土密实度按圆锥动力触探锤击数 $N_{63.5}$ 分类

重型动力触探锤击数 $N_{63.5}$	密实度
$N_{63.5} \leqslant 5$	松散
$5 < N_{63.5} \leqslant 10$	稍密
$10 < N_{63.5} \leqslant 20$	中密
$N_{63.5} > 20$	密实

注：$N_{63.5}$ 应进行杆长修正；本表适用于平均粒径小于或等于 50mm，且最大粒径小于 100mm 的碎石土，对于平均粒径大于 50mm，或最大粒径大于 100mm 的碎石土，可用超重型动力触探或野外观察鉴别。

表 2.4 碎石土密实度按圆锥动力触探锤击数 N_{120} 分类

重型动力触探锤击数 N_{120}	密实度
$N_{120} \leqslant 3$	松散
$3 < N_{120} \leqslant 6$	稍密
$63 < N_{120} \leqslant 11$	中密
$11 < N_{120} \leqslant 14$	密实
$N_{120} > 14$	很密

注：N_{120} 应进行杆长修正。

表 2.5 碎石土密实度野外鉴别

密实度	骨架颗粒含量和排列	可挖性	可钻性
松散	骨架颗粒质量小于总质量，排列混乱，大部分不接触	锹镐可以挖掘，井壁易坍塌，从井壁取出大颗粒后，立即崩落	钻进较容易，钻杆稍有跳动，孔壁易坍塌
中密	骨架颗粒质量等于总质量，呈交错排列，大部分接触	锹镐可以挖掘，井壁有掉块现象，从井壁取出大颗粒后，能保持凹面形状	钻进较困难，钻杆、吊锤跳动不剧烈，孔壁有坍塌现象
密实	骨架颗粒质量大于总质量，呈交错排列，连续接触	锹镐挖掘困难，用撬棍方能松动，井壁较稳定	钻进困难，钻杆、吊锤跳动不剧烈，孔壁较稳定

注：密实度应按表中所列各项特征综合确定。

砂类土的密实度应根据标准贯入试验锤击数实测值 N 划分为密实、中密、稍密和松散，并应符合规定。当用静力触探探头阻力划分砂类土密实度时，可根据当地经验确定。

粉土的密实度应根据孔隙比 e 划分为密实、中密和稍密。其湿度应根据含水率 ω（％）划分为稍湿、湿、很湿。密实度和湿度的划分应符合规定。

黏性土的状态应根据液性指数 I_L 划分为坚硬、硬塑、可塑、软塑和流塑，并符合规定。

2.2 工程地质调绘与勘探

2.2.1 工程地质调绘的内容

工程地质调查与测绘合称为工程地质调绘。岩土工程调绘是岩土工程勘察中一项最重要、最基本的勘察方法，也是走在其他勘察工作前面的一项勘察工作。岩土工程调绘应在可行性研究或初步勘察阶段进行，详细勘察时可在初步勘察调查与测绘的基础上，对某些专门地质问题（如滑坡、断裂构造）做必要的补充调查。岩土工程调绘的目的是详细观察和描述与工程建设有关的各种地质现象，以查明拟定建筑区内工程地质条件的空间分布和各要素之间的内在联系，按照精度要求反映在一定比例尺的地形设计图上，配合工程地质勘探、试验等所取得的资料编制成工程地质图。在切割强烈的基岩裸露山区，只需进行工程地质测绘，就能较全面地了解该区的工程地质条件、岩土工程性质的形成和空间变化，判明物理地质现象和工程地质现象的空间分布、形成条件和发育规律。

在第四系覆盖的平原区，岩土工程调绘也有着不可忽视的作用，其调绘工作重点放在地貌和松软土上。由于岩土工程调绘能够在较短时间内查明广大地区的工程地质条件，在区域性预测和对比评价中能够发挥重大作用，且与其他勘察工作配合，可有效解决建筑区的选址和建筑物合理布局等问题，所以在路基工程设计的初期阶段，岩土工程调绘往往是岩土工程勘察的主要手段。岩土工程调绘内容涵盖了以下 8 个方面。

（1）地层岩性

地层岩性是工程地质条件中最基本的要素，也是研究各种地质现象的基础。对地层岩性研究的内容包括：确定地层的时代和填图单位；各类岩土层的分布、岩性、岩相及成因类型；岩土层的层序、接触关系、厚度及其变化规律；岩土的工程性质等。

（2）地质构造

地质构造是工程地质条件中对建筑物危害最严重的要素。对地质构造的研究内容包括：岩层的产状及各种构造形迹的分布、形态和规模；软弱结构面（带）的产状及其性质，具体涵盖断层的位置、类型、产状、断距、破碎带宽度及充填胶结情况；岩土层各种接触面及各类构造岩的工程特性；近期构造活动的形迹、特点及与地震活动的关系等。

（3）地形地貌

地形地貌是工程地质条件中对建筑物选址影响最大的要素。对地形地貌研究的内容包括：地貌形态特征、分布和成因；划分地貌单元，以及地貌单元的形成与岩性、地质构造及不良地质现象等的关系；各种地貌形态和地貌单元的发展演化历史。

（4）不良地质作用

不良地质作用影响建筑物的选址及其运营期间的稳定性。对不良地质作用研究的内容包括：研究各种不良地质作用（岩溶、滑坡、崩塌、泥石流、冲沟、河流冲刷、岩石风化等）的分布、形态、规模、类型和发育程度，分析它们的形成机制和发展演化趋势，并预测其对工程建设的影响。

（5）水文地质条件

水文地质条件影响建筑物地基基础的安全稳定性。对水文地质条件研究的内容包括从地下水露头的分布、类型、水量、水质等入手，并结合必要的勘探、测试工作，查明测区内地下水的类型、分布情况和埋藏条件；含水层、透水层和隔水层（相对隔水层）的分布，各含水层的富水性和它们之间的水力联系；地下水的补给、径流、排泄条件及动态变化；地下水与地表水之间的补、排关系；地下水的物理性质和化学成分等。在此基础上分析水文地质条件对岩土工程实践的影响。

(6) 已有建筑物

已有建筑物的存在对新建建筑物的基础类型和埋深的选择、施工方法等影响较大，对已有建筑物的调查研究分析重点见表2.6。对已有建筑物的观察实际上相当于一次1:1的原型试验。根据建筑物变形、开裂情况分析场地工程地质条件及验证已有评价的可靠性。

表2.6 对已有建筑物的调查研究分析重点

地质环境	建筑物变形	调查分析研究重点
不良	有	(1) 分析变形原因、控制因素； (2) 已有防治措施的有效性
不良	无	(1) 工程地质评价是否合理； (2) 如评价合理，则说明建筑物结构设计合理，可适应不良地质条件
有利	有	(1) 是否与建材或施工质量有关； (2) 是否存在隐蔽的不良地质因素
有利	无	(1) 如建筑物未采取任何特殊结构，表明该区地质条件确实良好； (2) 如建筑物因采取特殊结构而未出现变形，应进一步研究是否存在某种不良地质因素

(7) 天然建筑材料

天然建筑材料影响建筑物基础形式及建筑结构形式的选择，对天然建筑材料的研究应结合工程建筑的要求，就地寻找适宜的天然建材，做出质量和储量评价。当前各类工程都特别重视建筑材料质量及美学价值的研究。

(8) 人类活动对场地稳定性的影响

测区内或测区附近人类的某些工程、经济活动，往往影响建筑场地的稳定性。例如，人工洞穴、地下采空、大挖大填、抽（排）水和水库蓄水引起的地面沉降、地表塌陷、诱发地震，以及渠道渗漏导致的斜坡失稳等情况，均会对场地稳定性带来不利影响，因此在调查过程中应予以重视。此外，若场地内存在古文化遗迹和古文物，应立即采取妥善的保护措施，并及时向有关部门报告。

2.2.2 岩土工程调绘的方法

岩土工程调绘的方法主要包括卫星定位测量、地理信息系统和测绘遥感，具体内容介绍如下。

1. 卫星定位测量

卫星定位测量是利用人造地球卫星进行点位测量。早期，人造地球卫星仅作为空间观测目标，由地面观测站对它进行摄影观测，测定测站至卫星的方向，以此建立卫星三角网；或运用激光技术对卫星进行距离观测，测定测站至卫星的距离，进而建立卫星测距网。这种基于卫星的几何观测手段，成功解决了采用常规大地测量技术难以实现的远距离陆地与海岛联测定位难题。

(1) 卫星定位测量相对于常规测量的特点

卫星定位测量技术，以其全天候、高精度、自动化、高效益等显著优势，赢得了世界各国广大测绘工作者的信赖,并成功地应用于大地测量、工程测量、摄影测量与遥感、地壳运动监测、工程变形监测、资源勘察、地球动力学等多个学科和领域,给测绘工作带来一场深刻的技术革命。

相对于经典的测量技术来说,卫星定位测量技术具有以下特点。

① 观测站之间无须通视。既要保持良好的通视条件,又要保障测量控制网的良好结构,这一直是经典测量技术面临的难题之一。而卫星定位测量无需观测站之间互相通视,也无需建造觇标,这样既可大大减少测量工作的经费和时间,同时也使点位的选择变得更加灵活。

② 定位精度高。大量的试验和实际应用表明,卫星定位测量,在小于50km的基线上,其相对定位精度可达10^{-6},而在更长的基线上相对定位精度可达10^{-7}。随着观测技术和接收设备及数据处理方法的不断完善,其定位精度还将进一步提高。

③ 观测时间短。根据测量目的和精度要求的不同,卫星定位测量可采取静态观测、快速静态观测和动态观测等模式。对于长基线、高精度的静态观测模式,测量一条基线所需的观测时间是30min至数小时,对于短基线(不超过20km),采取快速静态观测模式,测量一条基线所需的观测时间仅为数分钟,而对于动态观测等模式,一次观测仅需几秒钟时间。

④ 可获得三维坐标。卫星定位测量,在精确测定观测站平面位置的同时,亦可精确测定观测站的大地高程。这一特点,不仅使一般的测量工作变得方便高效,而且为研究大地水准面的形状和确定地面点的高程开辟了新途径,同时也为其在航空物探、航空摄影测量及精密导航中的应用提供重要的高程数据。

⑤ 操作简便。如何减少野外作业时间和减小工作强度,是测绘工作者长期探索的重大课题之一。卫星定位测量的自动化程度很高,在观测中,测量员无须再做照准、读数、记录等烦琐的工作,加之接收机集成化越来越高、体积越来越小、质量越来越轻,携带和搬运都很方便,极大地减轻了作业员的外业劳动强度。

⑥ 可全天候作业。卫星定位测量不受天气状况的影响(雷电天气除外),在阴雨特别是雾霾天气,常规测量方法无法进行的情况下,卫星定位测量仍可以进行作业。

卫星定位测量技术是对经典测量技术的重大突破。一方面,它使经典的测量理论与方法产生了深刻的变革;另一方面,也进一步加强了测量学与其他学科之间的相互渗透,从而促进测绘科学技术的不断发展。

(2) 卫星定位测量原理

① 卫星定位原理。测量学中有后方交会确定点位的方法,与其相似,卫星定位的原理也是利用后方交会的原理确定点位,称之为空间后方交会,即利用3个以上卫星的已知空间位置交会出地面未知点(用户接收机)的位置。

下文以全球定位系统(Global Positioning System,GPS)为例,介绍卫星定位测量的基本原理。

GPS卫星发射测距信号和导航电文,导航电文中含有卫星的位置信息。用户用GPS接收机在某一时刻,同时接收三颗以上卫星信号,测量出测站点(接收机天线中心)P至三颗以上卫星的距离,由该时刻卫星的空间坐标,根据距离交会法原理解算出测站点P的位置。

在GPS定位中，GPS卫星是在高速运动的，其坐标值随时间在快速变化着，需要实时地由GPS卫星信号测量出测站至卫星之间的距离，实时地由卫星的导航电文解算出卫星的坐标值，并进行测站点的定位。依据测距的方式，其定位原理与方法主要有伪距法测量定位和载波相位测量定位。

a. 伪距法测量定位。在某一时刻，用卫星发射的测距码信号到达接收机的传播时间，乘以电磁波传输的速度，即可得到接收机到卫星的距离。由于卫星钟、接收机钟的误差，以及无线电信号经过电离层和对流层中的延迟，实际测出的距离与卫星到接收机的真实几何距离有一定差值，因此称测量出的距离为伪距。用粗码（Coarse/Acquisition Code，C/A码）进行测量的伪距为C/A码伪距，用精码（Precise Code，P码）测量的伪距为P码伪距。伪距法定位精度不高，P码定位误差有几米之多；C/A码定位误差更大，为几米至几十米。但伪距法定位具有定位速度快和无多值性问题等优点，所以其定位方法仍然是GPS定位系统进行导航的最基本的方法。此外，伪距法定位所测的站星之间距离，可以作为载波相位测量中解决整波数不确定问题（模糊度）的辅助资料。

b. 载波相位测量定位。利用测距码进行伪距测量是GPS定位系统的基本测距方法，然而由于测距码的码元长度较大，对于高精度应用来讲，其测距精度无法满足需要。如果观测精度均取至测距码波长的1%，则伪距测量对P码而言量测精度为30cm，对C/A码而言为3m左右。而如果把载波作为量测信号，由于载波的波长短，所以就可达到很高的精度。目前的测地型接收机的载波相位测量精度一般为1～2mm，有的精度更高。

载波相位测距精度高，但载波信号是一种周期性的正弦信号，而相位测量又只能测定其不足一个波长的部分，因而存在着整周数不确定性的问题。确定整周未知数N_0是载波相位测量的一项重要工作。

② 周跳及其修复。接收机在跟踪卫星过程中，由于某种原因，如卫星信号被障碍物挡住而暂时中断，受无线电信号干扰造成失锁，计数器就无法连续计数。当信号重新被跟踪后，整周计数就不正确，但不到一周的相位观测值仍是正确的，这种现象称为整周跳变（以下简称周跳）。周跳的出现和处理是载波相位测量中的重要问题，探测与修复周跳的常用方法有下列几种。

a. 屏幕扫描法。此种方法是由作业人员，在计算机屏幕前，依次对每个站、每个时段、每个卫星的相位观测值变化率的图像进行逐段检查，观测其变化率是否连续。如果出现不规则的突然变化时，就说明在相应的相位观测中出现了周跳现象，然后用手工编辑的方法逐点、逐段修复。

b. 高次差法。此种方法的基本想法是，有周跳现象发生，必将会破坏载波相位测量观测值随时间而有规律的变化。GPS卫星的径向速度最大可达0.9km/s，因而整周计数每秒钟可变化数千周。因此，如果每15s输出一个观测值的话，相邻观测值间的差值可达数万周，那么对于几十周的跳变就不易发现。但如果在相邻的两个观测值间，依次求差而求得观测值的一次差的话，这些一次差的变化就要小得多。在一次差的基础上再求二次差、三次差……其变化就小得更多了，此时就能发现有周跳现象的时段了。一般来讲，四次差、五次差就会趋近于零。

c. 多项式拟合法。采用曲线拟合的方法进行计算,根据几个相位测量观测值拟合一个 n 阶多项式,据此多项式来预估下一个观测值并与实测值比较,从而来发现周跳并修正整周计数。

d. 在卫星间求差法。在 GPS 测量中,每一瞬间都要对多颗卫星进行观测,因而在每颗卫星的载波相位测量观测值中,所受到接收机振荡器的随机误差的影响是相同的,因此,在卫星间求差后即可消除此项误差的影响。

e. 根据平差后的残差发现并修复周跳。经过上述处理的观测值中还可能存在一些未被发现的小周跳,修复后的观测值中也可能引入 1~2 周的偏差,用这些观测值来进行平差计算,求得各观测值的残差。由于载波相位测量的精度很高,因而这些残差的数值一般均很小,而有周跳的观测值往往会出现很大的残差,据此可以发现和修复周跳。

③ 绝对定位与相对定位

a. 绝对定位。绝对定位也叫单点定位,是由单台 GPS 卫星信号接收机,通过接收卫星信号,获得接收机与 GPS 卫星之间的距离观测值,直接确定接收机天线在世界大地测量系统-1984 坐标系(World Geodetic System-1984 Coordinate System,WGS-84 坐标系)中相对于坐标系原点的绝对坐标。绝对定位又分为静态绝对定位和动态绝对定位。静态绝对定位是指接收机天线处于静止状态下,长时间观测卫星,以确定观测站的坐标。静态绝对定位方式,可以连续地根据不同历元同步观测不同的卫星,测定卫星至观测站的伪距,获得充分的多余观测量,测后通过数据处理求得观测站的绝对坐标。动态绝对定位是指接收机安置在运动的载体上,确定载体瞬时的位置。动态绝对定位方式,只能得到无多余或很少多余观测量的实时解,所以定位精度低,一般只用于运动载体的导航。不管是静态绝对定位还是动态绝对定位,因为受到卫星轨道误差、钟差以及信号传播误差等因素的影响,精度都不够高,静态绝对定位的精度约为分米级,而动态绝对定位的精度为米级至几十米级,这样的精度一般只能用于导航定位,远不能满足大地测量和工程测量的要求。

b. 相对定位。相对定位也叫差分定位,用两台接收机分别安置在基线的两端,同步观测相同的 GPS 卫星,以确定基线端点的相对位置,称为基线向量,在一个端点坐标已知的情况下,可以用基线向量推求另一待定点的坐标。同样,若使用多台接收机,安置在若干条基线的端点,通过同步观测 GPS 卫星,可以确定多条基线向量,当一个端点坐标已知时,便可利用基线向量推求其他待定点的坐标。

相对定位是在两个观测站或多个观测站,同步观测相同卫星,卫星的轨道误差、卫星钟差、接收机钟差以及电离层和对流层的折射误差等,对观测量的影响具有一定的相关性,利用这些观测量的不同组合(求差)进行相对定位,可有效地消除或减弱相关误差的影响,这种方法定位精度高,测量上广泛采用。

④ 精度衰减因子。在 GPS 导航及定位测量中,可用精度衰减因子(Dilution of Precision,DOP)来衡量观测卫星的空间几何分布对定位精度的影响。一组卫星与测站所构成的几何图形形状与定位精度关系的数值,称为位置精度衰减因子(Position Dilution of Precision,PDOP),它的大小与观测卫星的高度角以及观测卫星在空间的几何分布有关。

假设由观测站与四颗观测卫星所构成的六面体体积为 V,则位置精度衰减因子

PDOP 与该六面体体积 V 的倒数成正比。

一般来说，六面体的体积越大，所测卫星在空间的分布范围也越大，PDOP 值越小；反之，六面体的体积越小，所测卫星的分布范围越小，则 PDOP 值越大。实际观测中，为了减弱大气折射影响，卫星高度角也不能过低，有一定的限制，在这一条件下，尽可能使所测卫星与观测站所构成的六面体的体积接近最大，即 PDOP 值尽量小。

在 GPS 测量时，接收机锁定一组卫星后，会自动计算出 PDOP 值并显示在操作手簿的屏幕上。

（3）卫星定位静态测量

① 外业观测。卫星定位静态测量的外业观测主要包括 GPS 静态测量的方案设计和 GPS 静态测量的外业实施。

GPS 静态测量的方案设计，即依据有关 GPS 测量规范及 GPS 网的用途、用户要求等，对 GPS 测量的网形、精度及基准等进行设计。

GPS 静态测量的外业实施包括观测工作依据的主要技术指标、安置天线、开机观测和记录。

② 数据处理。

a. 数据处理软件及选择。GPS 网数据处理分为基线解算和网平差两个阶段。各阶段数据处理软件可采用随机软件（购置接收机的配套软件）或经正式鉴定的专门软件，对于高精度的 GPS 网成果处理应选用 GPS 软件。

b. 基线解算（数据预处理）。用两台及两台以上接收机同步观测，产生独立基线向量（坐标差），对独立基线向量的平差计算即基线解算，也称作观测数据预处理。预处理的主要目的是对原始数据进行编辑、加工整理、分流并产生各种专用信息文件，为进一步的平差计算做准备，包括：数据传输；数据分流；统一数据文件格式；卫星轨道的标准化；探测周跳、修复载波相位观测值；对观测值进行必要的改正，如加入对流层改正和电离层改正。

c. 观测成果的检核。对野外观测资料首先要进行核查，包括成果是否符合计划和规范的要求、观测数据质量分析是否符合实际等，然后进行项目的检核，主要包括：每个时段同步边观测数据的检核；重复观测边的检核；同步观测环检核；异步观测环检核。

d. GPS 网平差处理。GPS 网平差处理主要内容包括无约束平差和约束平差。在各项质量检核符合要求后，以所有独立基线组成闭合图形，以三维基线向量及其相应方差协方差阵作为观测信息，以一个点的 WGS-84 坐标系三维坐标作为起算依据，进行 GPS 网的无约束平差。无约束平差结果有各控制点在 WGS-84 坐标系下的三维坐标、各基线向量三个坐标差观测值的总改正数、基线边长以及点位和边长的精度信息。在无约束平差确定的有效观测量基础上，在国家坐标系或地方独立坐标系下，进行三维约束平差或二维约束平差。约束点的已知坐标、已知距离或已知方位，可以作为强制约束的固定值，也可作为加权观测值。约束平差的结果有在国家坐标系或地方独立坐标系中的三维或二维坐标，基线向量改正数，基线边长、方位、坐标、边长、方位的精度信息，转换参数及其精度信息。

（4）卫星定位差分测量

① 差分测量概念和分类。差分（Differential）技术，简单理解就是，在不同观测量

之间进行求差，其目的在于消除公共项，包括公共误差和公共参数，在以前的无线电定位系统中已被广泛地应用。卫星定位差分测量，是将一台接收机安置在一个固定不动的点（基准站）上进行观测，根据基准站的已知精密坐标，计算出基准站到卫星的距离改正数，并由基准站通过发送电台（数据链），实时将这一数据发送出去。用户接收机在进行观测（接收卫星信号）的同时，也接收基准站发出的改正数，以此对定位结果进行改正，从而提高定位精度。

差分 GPS（DGPS）定位，根据差分基准站发送的信息方式可分为三类：位置差分、伪距差分和载波相位差分。

② RTK 测量。RTK（Real Time Kinematic）定位技术即实时动态测量技术，是以载波相位观测量为根据的实时差分（Real Time Differential，RTD）测量技术，它是卫星测量技术发展中的一个重大突破。

RTK 测量系统由基准站和移动站两部分组成，测量时，其操作步骤是先启动基准站，后进行移动站操作。

a. 基准站操作。将基准站的接收机组装在对中基座上，然后安装在三脚架上进行对中整平。基准站的发射电台有两种情况：一种是内置方式，即接收机主机、接收机天线、发射电台及发射天线、电池组合在一起；另一种是分离方式，即接收机主机、接收机天线、发射电台及发射天线、电池（或电瓶）是分离的，需通过电缆连接。基站架设好后，打开主机电源，设置为基准站模式。查看卫星信号闪烁灯及电台发射闪烁灯，若均正常表明基准站架设完成。

b. 移动站连接。移动站由接收机、对中杆和控制手簿组成。将接收机安装在对中杆上，利用固定支架将手簿也固定在对中杆的适当位置，以方便操作。接收机与手簿一般通过蓝牙连接（也可以通过电缆连接）。打开移动站接收机电源，设置接收机为移动站，并设置电台模式。打开手簿电源，点开手簿蓝牙，搜索移动站串号与移动站配对，然后打开手簿中的测量软件，配置里面的 COM 口（Cluster Communication Port 即串行通信端口）设置，与蓝牙连接设置保持一致，点击连接并确定连接到移动站接收机，在手簿上看是否接收到卫星信号及电台信号，若均能正常接收，待手簿显示移动站达到固定解，则移动站连接完毕。

c. 测量项目设置。在手簿上，根据软件的提示，新建测量项目（若还是用上次的测量项目则不必新建，只需打开以前的项目即可，查看屏幕上显示的项目名称），选择坐标系（与测量项目要求的坐标系一致），填入正确的当地工作地点的中央子午线数据，确认后，则测量项目建立完毕。如果新建的测量项目、坐标系及工作区域与手簿中存有的项目相同，则直接套用原有项目即可。

d. 求转换参数。如果已经获得工作区域的参数，可根据软件向导的提示，在设置菜单下的测量参数中输入即可。如果没有转换参数，就需要用控制点求转换参数，转换参数有四参数和七参数之分，二者只能用其一。四参数计算至少需要 2 个控制点，七参数计算至少需要 3 个控制点，控制点等级和分布直接决定参数的控制范围。

e. 测量点坐标采集。转换参数求出后，便可正常作业。移动站对中杆立在待测量点上，在手簿屏幕显示固定解的状态下测量，输入测点名并保存。在作业过程中，可以随时查看测量点的数据。

③ CORS RTK 测量。CORS（Continuously Operating Reference Stations），即连续运行参考站网络，可以定义为一个或若干个固定的、连续运行的 GPS 参考站，利用计算机、数据通信和互联网技术组成的网络，实时地向不同类型、不同需求、不同层次的用户，自动地提供经过检验的不同类型的 GPS 观测值（伪距、载波相位）、各种改正数参数、状态信息以及其他 GPS 服务项目。

CORS 差分测量技术使卫星定位测量变得更加快速、高效。CORS 系统摆脱了无线电技术的束缚，采用因特网、通用分组无线业务（General Packet Radio Service，GPRS）或码分多址（Code Division Multiple Access，CDMA）作为差分信号传输的载体，借助成熟的网络和移动通信技术，实现了差分信号传输不受距离的限制，从而充分发挥 RTK 技术的效能，具有以下特点。

a. CORS 系统测量外业无须架设基站，只需携带移动站设备，使外业工作更加轻松便捷。

b. CORS 系统可大大减小系统误差，并有效地避免基准站粗差的产生。成熟的移动通信技术保证差分信号质量，保障移动站的初始化速度。

c. CORS 系统一次求取转换参数，外出测量只需套用即可直接进行测量作业。

d. CORS 系统有效地增加 RTK 作业范围，对于单基站 CORS 系统，基站服务半径约 50km，而对于多基站 CORS 系统及网络 CORS 系统，其作业范围则更大，例如，一些省级网络 CORS 系统，可以在全省范围内任何地方进行测量作业。

e. CORS 系统服务器可实时监控移动站状态，并可保存移动站实时返回的信息，保证 RTK 数据的完整性。

下面简要介绍 CORS RTK 测量的一般操作步骤。

a. 连接接收机和手簿。将接收机安装在对中杆上，打开接收机和手簿电源，默认情况下手簿和接收机会自动进行蓝牙连接。如果弹出提示窗口"端口打开失败"，则需重新连接；点击设置菜单下的连接仪器，软件会自动搜索，搜索连接成功后，手簿屏幕上会有个"R"标志。

b. 新建测量项目。测量软件默认打开上一次的测量项目，如果是新建项目，根据测量软件提示向导，输入项目名称并确认。

c. 配置网络参数。手簿与 GPS 主机连通后，手簿读取主机的模块类型，点击"设置"下拉菜单下面的"网络连接"按钮。连接方式根据手机卡类型选择 GPRS 或 CDMA，然后输入（Internet Protocol，IP）互联网协议地址、域名、端口、用户名和密码（用户名和密码事先联系使用的 CORS 系统中心进行申请）。设置完成后点击"设置"按钮，提示设置成功后退出。该设置只需输入一次，以后无需重复设置。

d. 套用坐标系统。CORS RTK 测量一般是套用手簿中预存的坐标系统，如 1954 年北京坐标系，或 1980 年西安坐标系，或 2000 年国家大地坐标系，或地方坐标系。如果测量项目与预存的坐标系统均不匹配，其转换参数的求取与普通 RTK 测量方法一致，此处不再赘述。

2. 地理信息系统

地理信息（Geographic Information）是指所研究对象的空间地理分布有关的信息，它表示地表物体及环境固有的数量、质量、分布特征、属性、规律和相互联系的数字、文字、音像和图形等的总称。地理信息不仅包含所研究实体的地理空间位置、形状，也包括对实体特征的属性描述。例如，应用于土地管理的地理信息，既能够表示某点的坐标或某一地块的位置、形状、面积等，也能反映该地块的权属、土壤类型、污染状况、植被情况、气温、降雨量等多种信息。因此，地理信息除具有一般信息所共有的特征外，还具有空间位置的区域性和多维数据结构的特征，即在同一地理位置上具有多个专题和属性的信息结构，同时还有明显的时序特征，即随着时间的变化的动态特征。将这些采集到的与研究对象相关的地理信息，以及与研究目的相关的各种因素有机地结合，并由现代计算机技术统一管理、分析，从而对某一专题产生决策，就形成了地理信息系统。

地理信息系统（Geographic Information System，GIS）是在计算机硬件、软件及网络技术支持下，对有关地理空间数据进行输入、处理、存储、查询、检索、分析、显示、更新和提供应用的计算机系统。从学科组构的角度来看，地理信息系统是集计算机科学、地理学、测绘遥感学、环境科学、城市科学、空间科学、信息科学和管理科学于一体的新兴边缘学科和交叉学科。

(1) GIS 的特征

① 统一的地理定位。所有的地理要素，在一个特定投影和比例的参考坐标系统中进行严格的空间定位。

② 信息源输入的数字化和标准化。来自系统外部的多种来源、多种形式的原始信息，由外部格式转换成便于计算机进行分析处理的内部格式，对这些原始信息予以数字化和标准化，即对不同精度、不同比例尺、不同投影坐标系的形式多样的外部信息，按统一的坐标系和统一的记录格式进行格式转换、坐标转换，形成数据文件，并存入数据库内。

③ 多维数据结构。由于地理信息不仅包括所研究对象的空间位置，也包括其实体特征的属性描述，同时还有明显的时序特征，因此，GIS 的空间数据组织形式是一个由空间数据（三维空间坐标及其拓扑关系）、属性数据及时态数据所组成的多维数据结构。

(2) GIS 的构成

完整的 GIS 主要由 4 个部分构成：计算机硬件系统、计算机软件系统、地理空间数据和系统管理操作人员。硬件和软件是 GIS 的必要组成部分，地理数据库是 GIS 的核心部分，而 GIS 人才是整个地理信息系统运作成功与否的关键。

① 计算机硬件系统。GIS 的硬件是指计算机系统的硬件环境及外围设备，包括电子的、电的、磁的、机械的、光的元件或装置。系统的规模、精度、速度、功能、形式、使用方法甚至软件，都与硬件有极大的关系，受硬件指标的支持或制约。

GIS 硬件配置一般包括：计算机主机、数据输入设备、数据存储设备、数据输出设备和网络通信设备等。

② 计算机软件系统。计算机软件系统是指 GIS 运行所必需的各种程序，包括计算机系统软件、地理信息系统软件、应用分析软件等。

③ 地理空间数据。地理空间数据是指以地球表面空间位置为参照的自然、社会和人文景观数据，可以是图形、图像、文字、表格和数字等，由系统的建立者通过数字化仪、扫描仪、键盘、磁带机或其他通信系统输入 GIS，是系统程序作用的对象，是 GIS

所表达的现实世界经过模型抽象的实质性内容。不同用途的 GIS 其地理空间数据的种类、精度都是不同的,但基本上都包括以下几个方面特点:某个已知坐标系中的位置、实体间的空间相关性、非几何属性。由于地理数据具备以上种种特性,在 GIS 中,地理数据的表达非常复杂,难以用简单的数据结构进行表达和再现,因此,要求选用合理的数据结构和数据管理系统统一组织地理数据库系统,才能迅速有效地利用地理数据。

④ 系统管理操作人员。人是 GIS 中的重要构成因素。GIS 人员既包括从事 GIS 系统开发的专业人员,也包括 GIS 产品的用户。从事 GIS 工作的人员应熟悉数据的整合、管理、GIS 应用服务、用户需求调查、工作流程的组织、有关机构的管理协调等。专业 GIS 人员需涉及软件工程、GIS 功能、数据结构、系统设计、地理模型等领域。GIS 系统从设计、建库、管理、运行直到用于分析决策处理问题,自始至终需要有专门的技术人才,他们必须掌握 GIS 的基本知识,熟悉所利用的工具和分析问题的模型及数据的性质,才能使 GIS 系统更好地运作。

(3) GIS 的基本功能

GIS 的基本功能体现在 6 个方面,如图 2.1 所示。

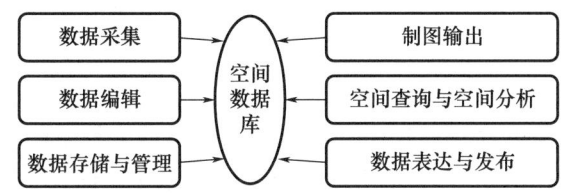

图 2.1 GIS 的基本功能

① 数据采集。GIS 的核心是地理数据库,建立 GIS 的第一步就是要将地面上的实体图形数据和描述它的属性数据输入到数据库中。数据输入即建立 GIS 数据库的过程,就是将系统外部的原始数据传输到系统内,并经过编码将其由外部格式转换为计算机可读的内部格式,此过程也称为数据采集,它包括数字化、规范化和数据编码三个方面的内容。数据输入方法通常有键盘输入、手工数字化、扫描矢量化和已有的数据文件输入。

② 数据编辑

a. 图形数据编辑。通过野外实测、航测内业仪器实测、对现有地图数字化及对航片的扫描等方式获取图形数据后,用功能强大的图形编辑系统对图形进行编辑。图形编辑系统应具备文件管理、数据获取、图形编辑窗口显示、参数控制、符号设计、图形编辑、自动建立拓扑关系、属性数据输入与编辑、地图修饰、图形几何功能、查询及图形接边处理等功能。

b. 属性数据编辑。属性数据是用来描述实体对象的特征和性质等的数据,许多 GIS 都采用关系型数据库管理系统进行管理。关系型数据管理系统能为用户提供一套功能较强的数据编辑和数据库查询语言,系统设计人员可利用数据库语言建立友好的用户界面,以方便用户对属性数据的输入、编辑和查询。

③ 数据存储与管理。地理对象通过数据采集与编辑后,送到计算机的外存设备上,如硬盘、光盘、磁带等。因地理数据庞大,需要数据管理系统来管理,其功效类似于对

图书馆的图书进行编目、分类存放，以便于管理人员或读者快速查找所需的图书。

④ 制图输出。GIS 是一个功能强大的数字化制图系统，它具有输出各种地图的功能。如全要素地图、行政区划图、利用现状图、规划图、交通图、等高线图等分层专题图。通过分析还可以得到各类分析用图，如坡度图、剖面图、透视图等。此外，在及时更新，对数字地图进行整饰、添加符号、颜色和注记，图廓整饰等方面也较为方便。

⑤ 空间查询与空间分析。空间数据间存在着复杂的空间关系，这些关系可归纳为连通、邻接、相邻、相交、包含、相对位置、高度差等。因 GIS 中包容了这些空间关系，只要有与查询稍有关系的信息，即可迅速准确地获得所需的信息，例如，选定废物填埋的合适地点，寻找消防站到失火点的最佳路径，查找某个区域的最佳视点等。可见，GIS 的空间查询非常方便，应用极为广泛。

⑥ 数据表达与发布。随着计算机技术的发展，特别是互联网技术的发展，用户可以查询和使用集中在服务器终端的大量空间数据，实现空间数据的合理共享。为此，空间数据必须具有标准的定义、表达和发布形式。元数据（Metadata）作为描述数据的数据，对数据的质量、表达形式和数据的内容等进行具体描述。GIS 的空间数据发布功能，即利用元数据向用户描述空间数据的过程，从而能使用户合理、有效地使用空间数据。

（4）GIS 的空间数据结构

GIS 的空间数据结构（Spatial Data Structure）是指这种空间数据在系统内的组织和编码形式，也称为图形数据格式，是适合于计算机系统存储、管理和处理地理信息的逻辑结构，是地理实体的空间排列方式和相互关系的抽象描述，是对数据的一种理解和解释。

GIS 空间数据结构主要有两种类型，矢量数据结构和栅格数据结构。两类数据结构都可用来描述地理实体的点、线、面三种类型。

① 矢量数据结构。矢量数据结构是通过记录坐标的方式，用点、线、面等基本要素尽可能精确地表示各种地理实体。点用空间坐标来表示，线用一串坐标来表示，面为由线形成的闭合多边形。矢量数据表示的坐标空间是连续的，可以精确定义地理实体的任意位置、长度、面积等。

② 栅格数据结构。栅格数据是最简单、最直观的一种空间数据结构，它是将地面划分为均匀的网格，每个网格作为一个像元，像元的位置由所在行、列号确定，像元所含有的代码表示其属性类型或仅是与其属性记录相联系的指针。在栅格结构中，一个点（如房屋角）由单个像元表达，一条线（如道路）由具有相同取值的一组线状像元表达，一个面状地物（如池塘）由若干行和列组成的一片具有相同取值的像元表达。

栅格数据的编码方法有多种，常见的有栅格矩阵法、行程编码、块码和四叉树编码等。其中四叉树编码是一种更有效地压缩数据的方法。

四叉树编码又称为四分树、四元树编码，它把 $2^n \times 2^n$ 像元组成的阵列当作树的根结点，树的高度为 n 级（最多为 n 级）。每个结点又分别代表西北、东北、西南、东南 4 个象限的 4 个分支。4 个分支中要么是树叶，要么是树权。树叶用方框表示，若该 1/4 区域完全属于多边形范围，则标记为黑色；若完全不属于多边形范围（位于多边形之外），则标记为空心方块，此类分支无需再划分；树权用圆圈表示，意味着该 1/4 区域部分在多边形内、部分在多边形外,需继续细分,直至成为树叶。四叉树编码正是按照这一原则划分,逐步分解为包含单一类型的方形区域,其最小的方形区域为一个栅格像元。图像区域划分的原则是将区域分为大小相同的象限,而每一个象限又可根据一定规则判断是否继续等分为次一层的4个象限。其终止判据是:不管是哪一层的象限,只要划分到仅代表一种地物或符合既定要求的几种地物时则不再继续划分,否则一直分到单个栅格像元为止。

四叉树编码有许多优点:容易且有效地计算多边形的数量特征;阵列各部分分辨率是可变的,边界复杂部分四叉树较高即分级多,分辨率也高,而不需表示的细节部分则分级少,分辨率低,因而既可精确表示图形结构,又可减少存储量;栅格到四叉树及四叉树到简单栅格结构的转换比其他压缩方法容易;多边形中嵌套不同类型的小多边形表示较方便。

四叉树编码的最大缺点是树状表示的变换不具有稳定性,相同形状和大小的多边形可能得出不同的四叉树结构,故不利于形状分析和模式识别。

③ 矢量数据结构与栅格数据结构的优缺点。

a. 矢量数据结构的优缺点。矢量数据结构优点是数据结构严密,数据量小,精度较高,用网络连接法能完整地描述拓扑关系,图形输出精确美观,能实现图形数据和属性数据的恢复、更新、综合。缺点是数据结构复杂,矢量多边形地图或多边形网很难用叠置方法与栅格图进行组合,显示和绘图费用高,特别是高质量绘图、彩色绘图和晕线图等,技术复杂,数学模拟比较困难,多边形内的空间分析不容易实现。

b. 栅格数据结构的优缺点。栅格数据的优点是数据结构简单,空间数据的叠置和组合十分容易、方便,数学模拟方便,容易进行各类空间分析,技术开发费用低。缺点是图形数据量大,用大像元减少数据量时,可识别的现象结构将损失大量信息,图形输出不精美,难以建立网络连接关系,投影变换耗时多。

从上述比较中可以了解到栅格数据和矢量数据结构的适用范围。对于一个与遥感相结合的地理信息系统来说,栅格数据结构是必不可少的,因为遥感影像是以像元为单位的,可以直接将原始数据或经处理的影像数据纳入栅格数据结构的GIS。而对地图数字化、拓扑建立、矢量绘图来说,矢量数据结构又是必不可少的。目前,大多数GIS软件都支持矢量和栅格两种方式,以充分利用两种数据结构的优点。

3. 测绘遥感

遥感即遥远的感知,是在不直接接触的情况下,对目标物或自然现象进行远距离探测和感知。具体来讲,是指在地表、高空或外层空间的各种平台上,运用各种传感器获取反映地表特征的各种数据,通过传输、变换和处理,提取有用的信息,实现研究地物空间形状、位置、性质、变化及其与环境的相互关系。1960年,美国人伊夫林·L. 布鲁依特(Evelyn L. Pruitt)提出"遥感"这一术语。1962年,在美国环境科学遥感讨论会上,"遥感"一词被正式引用。

(1) 遥感系统构成

遥感系统是实现遥感目的的方法、设备和技术的总称,是一种多层次的立体化观测系统。任何一项遥感任务的实施,均由遥感信息获取、遥感信息提取及遥感应用3个基本环节组成。

遥感信息获取，是指在遥感平台和遥感器所构成的数据获取技术系统的支持下，获取测量信息。按具体任务的性质和要求的不同，可采用不同的组合方式。

遥感信息提取是从遥感数据中提取有用信息，可以通过人工目视判读，也可采用计算机程序进行数据处理。

遥感应用主要包括对某种对象或过程的调查制图、动态监测、预测预报及规划管理等，具有许多其他技术不能取代的优势，如宏观、快速、准确、直观、动态性和适应性等。

(2) 遥感的特点

① 探测范围大。对于航空和航天遥感来讲，航摄飞机高度可达10km左右，地球卫星轨道高度更可达900km左右。一张卫星图像覆盖的地面范围可达3万多km^2。例如，只需要600张左右的卫星图像就可以把我国全部覆盖。

② 获取资料的速度快、周期短。实地测绘地图，要几年、十几年甚至几十年才能重复一次，而遥感只需很短的时间就可以覆盖大范围的区域，以陆地卫星为例，每16天就可以覆盖地球一遍。

③ 受地面条件限制少。航空和航天遥感，不受高山、冰川、沙漠和恶劣气候条件的影响，更无交通状况、作业设备、作业人员等条件的限制。

④ 手段多，获取的信息量大。可用不同的波段和不同的遥感仪器取得所需的信息，不仅能利用可见光波段探测物体，而且能利用人眼看不见的紫外线、红外线和微波波段进行探测；不仅能探测地表，而且可以探测到目标物的一定深度的性质；微波波段还具有全天候工作的能力。

⑤ 用途广。遥感技术已广泛应用于测绘、农业、林业、地质、地理、海洋、水文、气象、环境保护和军事侦察等许多领域。

遥感影像用于测绘、修编、修测中小比例尺的地形图，尤其是测绘云层覆盖、森林覆盖、冰川、水下等一些特殊条件下的地形图和各种专题地图，如地质图、地貌图、气象气候图、土壤图、植被图、行政区域图和城市平面图等，具有成图速度快、价格低廉等特点。尤其是微波雷达探测具有一定的穿透能力，所以其图像用于气候潮湿、多雨、多云雾地区的测绘更具有优越性。

地球观测卫星通过侧向镜可获得良好的立体影像，从而可采集数字高程模型和进行立体测图，并可制作正射影像，也可用作1∶50000比例尺地形图的修测。随着卫星影像分辨率的提高，绘制更大比例尺的地形图将成为可能。优于1m级高空间分辨率的卫星相片，可全面替代测绘1∶25000比例尺地形图的航空摄影，又可用于1∶10000比例尺地形图的修测。

近年来，无人机测量系统发展迅猛，特别是无人机倾斜摄影技术的快速迭代，让利用遥感技术进行大比例尺地形图测绘成为可能。无人机航飞时飞行高度较低，所拍摄相片重叠度高，在重建可量测实景模型过程中，能够提供丰富的多余观测量，使得重建数据内符合精度显著提升。通过该技术提取的数据具备高精度位置信息，完全能够满足大比例尺地形图测绘对于高精度的严格要求。

(3) 遥感信息获取技术

总体而言，遥感信息获取形式包括电磁波（光、热、无线电）和声波两种。电磁波形式又分为可见光与反射红外遥感、热红外遥感和微波遥感几种基本方式；声波形式包括单波束声波和多波束声呐。下面分别对可见光与反射红外遥感、热红外遥感、微波遥感和声波遥感进行简要介绍。

① 可见光与反射红外遥感。可见光与反射红外遥感，是指利用可见光（$0.4\sim0.7\mu m$）和近红外（$0.7\sim2.5\mu m$）波段的遥感。前者是人眼可见的波段；后者是反射红外波段，人眼不能直接看见，但其信息能被特殊遥感器所接受。它们共同的特点是，其辐射源为太阳，在这两个波段上只反映地物对太阳辐射的反射，根据地物反射率的差异，可以获得有关目标物的信息。它们都可以用摄影方式和扫描方式成像。

摄影成像遥感系统选用光学摄影波段，通过照相机直接成像，是一种分幅成像系统，一幅相片的所有内容都在瞬间同时获得。遥感摄影系统以航空摄影系统为主，航空平台高，具有摄影范围大的优势。

扫描成像是逐点逐行地以时序方式获取二维图像，有两种主要的形式：①对物面扫描成像，其特点是对地面直接扫描成像，这类仪器有红外扫描仪、多光谱扫描仪、成像光谱仪、自旋和步进式成像仪及多频段频谱仪等；②瞬间在像面上先形成一条线图像，甚至是一幅二维影像，然后对影像扫描成像，这类仪器有线阵列电荷耦合器件（Charge Coupled Device，CCD）推扫式成像仪、电视摄像机等。

此外，近年来迅速发展的无人机测量系统同样值得重点关注。无人机测量系统包括硬件设备和影像处理软件系统。硬件设备包括无人机飞行平台（固定翼和旋翼）、飞行控制系统、地面监控系统、发射与回收系统、遥感任务设备、任务设备稳定装置、影像位置和姿态采集系统等。软件系统包括影像数据快速检查、纠正、拼接；数字正射影像图（Digital Orthophoto Map，DOM）、数字高程模型（Digital Elevation Model，DEM）、数字栅格地图（Digital Raster Graphic，DRG）、数字线划地图（Digital Line Graphic，DLG）等生产工具。一些无人机测量系统采用全球卫星导航系统（Global Navigation Satellite System，GNSS），按实时动态差分定位模式，实现自主规划飞行路线，无须地面控制点，可达到厘米级精度。

② 热红外遥感。热红外遥感指通过红外（$8\sim14\mu m$）感元件，探测物体的热辐射能量，显示目标的辐射温度或热场图像的遥感。地物在常温下热辐射的绝大部分能量位于此波段，在此波段地物的热辐射能量，大于太阳的反射能量。热红外遥感具有昼夜工作的能力。

③ 微波遥感。微波遥感指利用波长 $1\sim1000mm$ 的电磁波遥感。通过接收地面物体发射的微波辐射能量，或接收遥感仪器本身发出的电磁波束的回波信号，对物体进行探测、识别和分析。

微波遥感的特点是对云层、地表植被、松散沙层和干燥冰雪具有一定的穿透能力，又能夜以继日地全天候工作。

微波遥感有主动、被动之分。记录地球表面对人为微波辐射能的反射属于主动遥感，其主动在于它自身提供能源而不依赖太阳和地球辐射，最有代表性的遥感器是成像雷达；记录地球表面发射的微波辐射属于被动遥感。

④ 声波遥感。声波遥感主要用于水下测深，包括单波束测深和多波束声呐测深。单波束测深，每次测量只能获得测量船正垂下方一个测点的深度数据。多波束声呐探测

深,每发一次声波能获得多达数百个水底测点的深度数据。两者相比,多波束声呐测深实现了海底地形地貌的宽覆盖、高分辨探测,把测深技术从"点-线"测量变成"线-面"测量,促进了水底三维地形的测量效率和水底遥测质量的大幅度提高。

多波束声呐测深,其原理是利用发射换能器基阵向水底发射宽覆盖扇区的声波,由接收换能器基阵对水底回波进行窄波束接收,如图2.2所示。通过发射、接收波束相交,在水底与船行方向垂直的条带区域形成数以百计的照射"脚印",对这些"脚印"内反向散射信号的到达时间和到达角度进行同步估计,并结合预先获得的声速剖面数据,通过精确计算得出各点对应的水深值。通过沿指定测线连续测量,并将多条测线测量结果合理拼接后,便可得到该区域的水底地貌。

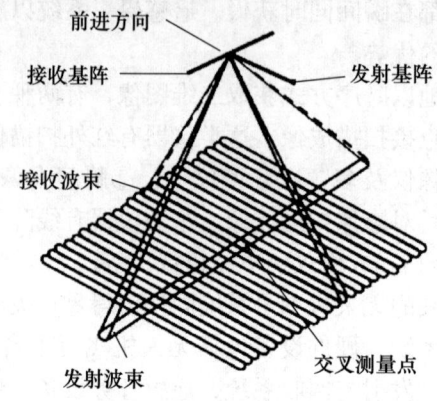

图2.2 多波束声呐测深原理

自20世纪60年代以来,航天技术、传感器技术、控制技术、电子技术、计算机技术及通信技术的发展,大大推动了遥感技术的发展。如今,各种运行于空间、翱翔于空中的遥感平台连续不断地多尺度地对地球进行着观测,各种先进的对地观测系统源源不断地向地面提供着丰富的信息。目前,遥感信息获取技术正朝着"微观"和"宏观"两个方向发展,将来卫星遥感将形成一个多层次、立体、多角度、全方位和全天候的对地观测网。

(4) 遥感信息提取技术

概括地说,遥感信息提取包括目视判读提取和计算机自动提取两种方式。

① 目视判读提取。目视判读是综合利用地物的色调或色彩、形状、大小、阴影、纹理、图案、位置和布局等影像特征,并结合其他非遥感数据资料,进行综合分析和逻辑推理,以达到较高的专题信息提取的准确度。目视判读多用于提取具有较强纹理结构特征的地物,在判读过程中,专家经验会起到关键作用。

② 计算机自动提取。遥感信息提取的数据成果主要是 4D(DOM、DEM、DRG、DLG)基础地理信息产品,此外,三维矢量模型、可量测实景影像也逐渐成为遥感信息的提取内容。当前,遥感信息提取的主流软件有 ERDAS IMAGINE(遥感图像处理系统)、ERDAS LPS(数字摄影测量处理系统)、CARIS HIPS&SIPS(水深数据处理系统)等。

a. ERDAS IMAGINE。ERDAS IMAGINE 是面向企业级的遥感图像处理系统,系统提供大量的工具,支持对各种遥感数据源影像的处理,包括航空、航天遥感的全色、多光谱、高光谱遥感图像、雷达、激光雷达等形成的遥感图像。产品呈现方式从打印地图到 3D（Dimensions，维度）模型。面向不同需求的用户，系统的功能扩展采用开放的体系结构，以多种形式为用户提供了基本、高级、专业三档产品架构。

b. ERDAS LPS。ERDAS LPS 数字摄影测量处理系统，对多种航空、航天遥感资源，可支持数据输入、传感器模型设置、坐标系统定义、传感器内定向、影像自动匹配、区域网空三加密、数字地形模型（Digital Terrain Model，DTM）的自动提取和编辑；也可满足 DOM 生产、DLG 的采集、纹理提取、三维模型建立等全线数据生产需求。

c. CARIS HIPS&SIPS。CARIS HIPS&SIPS 是一种水深数据处理系统。软件主要功能：编辑测船配置文件，建立新主机入侵防御体系（Host-based Intrusion Prevention System，HIPS）项目，将原始数据转换成 HIPS 格式，保存工作过程文件，编辑辅助传感器数据，编辑卫星定位和运动传感器数据，读入和编辑声速剖面文件并进行声速剖面改正（声速剖面改正可选最近距离或最近时间），输入潮位数据，合并数据（将水深数据与辅助传感器数据合并产生三维地理坐标数据），计算每个水深点的总传播误差，建立地域图表（地域图表用于生成数据处理及最终成果图用的加权网格模型），生成网格化水深地形曲面，编辑条带水深数据及子区水深数据（直接手工编辑或统计滤波以地理坐标为参考的水深数据，可同时处理多条测线），重新计算水深地形曲面，生成光滑水深曲面，数据输出，生成各种图件等。

2.2.3 工程地质勘探的任务与特点

工程地质勘探（岩土工程勘探）的主要目的是查明建设场地的工程地质条件，包括岩土层分布、特征及水文地质条件。工程地质测绘和调查，一般在可行性研究或初步勘察阶段开展，也可在详细勘察阶段对某些专门问题进行补充测绘。当需查明场地岩土层的分布和性质，采取岩土试样或进行原位测试时，必须采用钻探、井探、槽探、洞探和地球物理勘探等方法，且勘探方法的选择应符合勘察目的和岩土性质。

1. 工程地质勘探的任务

查明建筑物（构筑物）场地的岩土体特征和地质构造

① 查明建筑物（构筑物）场地的岩土体特征和地质构造。主要包括以下内容：

a. 查明各地层的岩性特征、厚度及空间变化特征，按岩性详细划分地层，尤其需注意软弱地层的分布特征。

b. 查明各岩土层的物理力学性质，查明基岩的强度、完整性、风化程度。

c. 确定岩层的产状。

d. 确定断层破碎带的位置、宽度和性质。

e. 查明节理、裂隙发育程度及随深度的变化，确定岩体的完整程度。

② 查明建设场地的水文地质条件。主要包括以下内容：

a. 查明地下水的类型和赋存状态。

b. 确定主要含水层的分布特征。

c. 查明区域性气候资料，如年降水量，蒸发量及其变化对地下水位的影响。

d. 查明地下室的补给排泄条件、地表水和地下水的补排关系及其地下水的影响。

e. 查明勘察时的地下水位、历史最高水位、近3～5年最高地下水位、水位变化趋势和主要影响因素。

f. 确定是否存在对地下室和地表水的污染源及其可能的污染程度。

③ 查明不良地质作用。主要包括以下内容：

a. 查明各种地貌形态，如河谷阶地、洪积扇、斜坡等的位置、规模和结构。

b. 查明各种不良地质作用的类型、成因、分布范围、发展趋势和危害程度，提出整治方案的建议。

c. 查明埋藏的河道、沟浜、墓穴、防空洞、孤石等对工程有影响的不利埋藏物。

d. 取样、原位测试。

e. 检验与监测，利用勘探工程进行岩土体性状、地下水和不良地质作用的监测，地基加固和桩基础的检验与监测。

f. 其他，如进行孔中摄影及孔中电视摄影，开展喷锚支护灌浆处理钻孔、基坑施工降水钻孔、灌注桩钻孔，以及施工廊道和导坑等相关工作。

2. 工程地质勘探的特点

工程地质勘探具有以下特点：

① 勘探范围取决于场地评价和工程影响所涉及的空间，勘探点平面范围一般为拟建物、地下室的平面分布范围，勘探深度一般应满足地基基础设计、基坑支护设计的要求，有时还要满足查明场地覆盖层厚度的要求。

② 工程勘探应详细查明勘探深度范围内的岩土层分布变化规律，特别是软弱土层的分布范围，同时查明场地的水文地质条件。

③ 为准确查明岩土的物理力学性质，在勘探过程中必须注意保持岩土样的天然结构和天然湿度，尽量减少扰动破坏，采取适当的勘探和取样方法。

④ 为实现工程地质、水文地质综合研究，以及与现场试验、监测等紧密结合，要求工程地质勘探发挥综合效益，对勘探工程的布置和施工顺序进行合理安排。

2.2.4 工程地质勘探的方法

工程地质勘探常用的手段有钻探、井探、槽探、洞探和工程物探等。其中，钻探工程是应用最广泛的一类勘探手段，普遍适用于各类工程的勘探。由于钻探对一些重要的地质体或地质现象可能存在误判、遗漏的情况，因此也将其称为"半直接"勘探手段。井探、槽探、洞探能够让工程勘探人员直接观察地质情况，详细描述岩性和分层，但存在勘探速度慢、劳动强度大、安全性差等缺点。工程物探也称为地球物理勘探，是一种间接的勘探手段，它可以简便而迅速地探测地下地质情况，且具有立体透视性的优点，但其勘探成果具有多解性，使用时往往受到一些条件的局限。考虑到勘探方法的特点，在布置勘探工作时应综合使用，使其互为补充。下面将对工程地质勘探的方法进行详细阐述。

1. 钻探

（1）钻孔的相关规定

钻孔成孔口径应根据钻孔取样、测试要求、地质条件和钻探工艺确定，并应符合表2.7的规定。

表 2.7 钻孔成孔口径要求　　　　　　　　　　　　　　　　（单位：mm）

钻孔性质		第四纪土层	基岩
鉴别与划分地层/岩芯钻孔		≥36	≥59
取Ⅰ、Ⅱ级土样	一般黏性土、粉土、残积土、全风化岩层	≥91	≥75
	湿陷性黄土	≥150	
	冻土	≥130	
原位试验钻孔		大于测试钻头直径	
压水、抽水试验钻孔		≥110	软质岩石 ≥75 / 硬质岩石 ≥59

注：采取Ⅰ、Ⅱ级土样的钻孔，孔径应比使用的取土器外径大一个径级。

① 钻孔深度量测应符合以下规定。

a. 对于钻孔深度和岩土层分层深度的量测精度，陆域最大允许偏差为±0.05m，水域最大允许偏差为±0.2m。

b. 每钻进 25m 和终孔后，应校正孔深，并宜在变层处校核孔深。

c. 当孔深偏差超过规定时，应查出原因，并应更正记录表格。

② 钻孔垂直度或预计的倾斜度与倾斜方向应符合以下规定。

a. 对于垂直钻孔，每 25m 测量一次垂直度，每 100m 的允许偏差为±2°。

b. 对于定向钻孔，每 25m 应量测一次倾斜角和方位角，钻孔倾斜角和方位角的测量精度分别为±0.1°和±3°。

c. 当钻孔倾斜度及方位角偏差超过规定时，应立即采取纠偏措施。

d. 当勘探任务有要求时，应根据勘探任务要求测斜和防斜。

（2）勘探浅部土层的钻进方法

勘探浅部土层可采用的钻进方法有：小孔径麻花钻（或提土钻）钻进；小孔径勺形铲钻进；洛阳铲钻进。

钻探口径和钻具规格应满足现行规范的要求，成孔口径应满足取样、测试和钻进工艺的要求。

（3）钻探的规定

钻探应严格遵循以下规定：

① 钻进深度和岩土层分层深度的量测精度，不应低于±5cm。

② 应严格控制非连续取芯钻进的回次进尺，使分层精度满足要求。

③ 对鉴别地层天然湿度的钻孔，在地下水位以上应进行干钻；当必须加水或使用循环液时，应使用双层岩芯管钻进。

④ 岩芯钻进的岩芯采取率，对于完整和较完整的岩体不应低于80%，对于破碎和较破碎的岩体不应低于65%。对需重点查明的部位（滑动带、软弱夹层）应采用双层岩芯管连续取芯。

⑤ 当需确定岩石质量指标时，应采用 75mm 口径（N 型）的双层岩芯管和金刚石钻头。

⑥钻探结束后应对钻孔进行妥善回填处理。

(4) 钻探记录

钻探记录应在钻探过程中完成，记录内容包括岩土描述和钻探过程记录两个部分。钻探现场记录表的各栏均应按钻进回次逐项填写。当同一回次发生变层时，应分行填写，不得将若干回次或若干层合并成一行记录。现场记录的内容，不得事后追记或转抄，误写之处可用横线标注删除，并在旁边更正，不得在原处涂抹修改。

① 岩土描述。土的鉴定应在现场描述的基础上，结合室内试验的开土记录和试验成果综合确定。岩土描述应符合的规定有：碎石土宜描述颗粒级配、颗粒形状、颗粒排列、母岩成分、风化程度、充填物的形状和充填程度、密实度；砂类土宜描述颜色、矿物组成、颗粒级配、颗粒形状、细粒含量、湿度、密实度；粉土宜描述颜色、包含物、湿度、密实度；黏性土宜描述颜色、状态、包含物、土的结构；特殊性土除应描述上述相应土类内容的规定外，尚应描述其特殊成分和特殊性质，如淤泥应描述嗅味，填土应描述物质成分、堆积年代、密实度和均匀性等；对具有互层、夹层、夹薄层特征的土，尚应描述各层的厚度和层理特征；岩石应描述地质年代、地质名称、风化程度、主要矿物、结构、构造和岩石质量指标；对沉积岩应着重描述沉积物的颗粒大小、形状、胶结物成分和胶结程度；对岩浆岩和变质岩应着重描述结晶物的大小和结晶程度。

岩芯采取率是指所取岩芯的总长度与本回次进尺的百分比。总长度包括比较完整的岩心和破碎的碎块、碎屑和碎粉物质。

② 钻探过程记录。钻探过程记录应包括的内容有：使用的钻进方法、钻具名称、规格、护壁方式；钻进的难易程度、进尺速度、操作手感、钻进参数的变化情况；孔内情况，应注意缩径、回淤、地下水位或冲洗液及其变化；取样及原位测试的编号、深度位置、取样工具名称规格、原位测试类型及其成果；其他异常情况。

(5) 取样

工程地质钻探的任务之一是采取岩土试样，这是工程地质勘探中必不可少的，经常性的工作，通过采取土样，进行土类鉴别，测定岩土的物理力学性质指标，可为定量评价岩土工程问题提供技术指标。

关于试样的代表性，从取样角度来说，应考虑取样的位置、数量和技术方法，以及取样的成本和勘察设计要求，从而必须采用合适的取样技术。下面主要讨论钻孔中采取土样的技术问题，即土样质量等级；钻孔取土器类型及适用条件；原状土样的采取方法；钻孔取样操作要求；试样采取和保管的规定；岩土样的现场检验、封存和运输等6个方面的内容。

① 土样质量等级。土样的质量实质上是土样的扰动问题。土样扰动表现在土的原始应力状态、含水率、结构和组成成分等方面的变化，它们产生于取样之前、取样之中以及取样之后，直至试样制备的全过程之中。实际上，完全不扰动的真正原状土样是无法取得的。

不扰动土样或原状土样的基本质量要求是没有结构扰动；没有含水率和孔隙比的变化；没有物理成分和化学成分的改变。

鉴于不同试验项目对土样扰动程度的控制要求各异，《工程岩体试验方法标准》(GB/T 50266—2013)依据不同试验需求划分了土样质量级别。按照试验目的，将土试样质量划分为4个等级,并明确规定了各级土样可开展的试验项目,见表2.8。

表2.8 土试样质量等级表

等级	扰动程度	试验内容
Ⅰ	不扰动	土类定名、含水量、密度、强度试验、固结试验
Ⅱ	轻微扰动	土类定名、含水量、密度
Ⅲ	显著扰动	土类定名、含水量
Ⅳ	完全扰动	土类定名

注:1. 不扰动是指原位应力状态虽已改变,但土的结构、密度和含水率变化很小,能满足室内试验各项要求。
2. 除地基基础设计等级为甲级的工程外,在工程技术要求允许的情况下可用Ⅱ级土试样进行强度和固结试验,但宜先对土试样受扰动程度做抽样鉴定,判别用于试验的适宜性,并结合地区经验使用试验成果。
Ⅰ级、Ⅱ级土样可视为原状土样,其中Ⅰ级土样的要求高于Ⅱ级土样。上述4个等级土样扰动程度的划分仅为定性且相对的,并无严格的定量标准。

② 钻孔取土器类型及适用条件。在取样过程中,对土样扰动程度影响最大的因素是所采用的取样方法和取样工具。从取样方法来看,主要有两种方法:一是从探井、探槽中直接取样;二是用钻孔取土器从钻孔中采取。目前各种岩土样品的采集大多采用第二种方法。

a. 取土器的基本技术参数。取土器是影响土样质量的重要因素,对取土器的基本要求是取土过程中不掉样;尽可能地使土样不受或少受扰动;能够顺利切入土层中,结构简单且使用方便。由于不同的取样方法和取样工具对土样的扰动程度不同,因此《工程岩体试验方法标准》(GB/T 50266—2013)对于不同等级土试样适用的取样方法和工具做了具体规定,其内容见表2.9。取土器大多是国内外常见的取土器,按壁厚可分为薄壁和厚壁两类,按进入土层的方式可分为贯入式和回转式两类。可以看出,对于质量等级要求较低的Ⅲ级、Ⅳ级土样,在某些土层中可利用钻探的岩芯钻头、螺纹钻头,或标贯试验的贯入器进行取样,而不必采用专用的取土器。由于没有黏聚力,无黏性土的取样过程中容易发生土样散落,所以总体而言,无黏性土对取样器的要求比黏性土要高。取土器的外形尺寸及管壁厚度对土样的扰动程度有着重要的影响。

表2.9 不同等级土试样适用的取样方法和工具

土试样质量等级	取样工具和方法		适用土类									
			黏性土					粉土	砂土			砾砂、碎石土、软岩
			流塑	软塑	可塑	硬塑	坚硬		粉砂	细砂	中砂	粗砂	
Ⅰ	薄壁取土器	固定活塞	++	++	+	−	−	+	+	−	−	−	
		水压固定活塞	++	++	+	−	−	+	+	−	−	−	
		自由活塞	−	+	++	−	−	+	+	−	−	−	
		敞口	+	+	+	−	−	+	+	−	−	−	
	回转取土器	单动三重管	−	+	++	++	++	++	++	+	−	−	
		双动三重管	−	−	−	+	++	+	−	−	++	++	+
	探井(槽)中刻取块状土样		++	++	++	++	++	++	++	++	++	++	++

续表

土试样质量等级	取样工具和方法		适用土类										
			黏性土					粉土	砂土				砾砂、碎石土、软岩
			流塑	软塑	可塑	硬塑	坚硬		粉砂	细砂	中砂	粗砂	
Ⅱ	薄壁取土器	水压固定活塞	++	++	+	-	-	+	+	-	-	-	-
		自由活塞	+	++	++	-	-	+	+	-	-	-	-
		敞口	++	++	+	-	-	+	-	-	-	-	-
	回转取土器	单动三重管	-	+	++	++	+	++	++	++	-	-	-
		双动三重管	-	-	-	+	++	-	-	-	++	++	++
	厚壁敞口取土器		+	++	++	++	++	+	+	-	-	-	-
Ⅲ	厚壁敞口取土器		++	++	++	++	++	++	++	++	+	-	-
	标准贯入器		++	++	++	++	++	++	++	++	++	++	-
	螺纹钻头		++	++	++	++	+	++	-	-	-	-	-
	岩芯钻头		++	++	++	++	++	+	+	+	+	-	+
Ⅳ	标准贯入器		++	++	++	++	++	++	++	++	++	++	-
	螺纹钻头		++	++	++	++	+	-	-	-	-	-	-
	岩芯钻头		++	++	++	++	++	++	++	++	++	++	++

注：1. "++"表示适用，"+"表示部分适用，"-"表示不适用。
　　2. 采取砂类土试样应有防止试样失落的补救措施。
　　3. 若具备相关经验，可采用束节式取土器代替薄壁取土器。

b. 贯入式取土器的类型。贯入式取土器可分为敞口取土器、活塞取土器和回转式取土器等。

敞口取土器。敞口取土器是最简单的取土器，其优点是结构简单，取样操作方便。缺点是不易控制土样质量，土样易于脱落。敞口取土器按管壁厚度分为厚壁和薄壁两种。在取样管内加装内衬管的取土器称为厚壁敞口取土器（图2.3），其外管多采用半合管，易于卸出衬管和土样。其下部连接厚壁管靴，能够适用于软硬变化范围较大的多种土类。然而，由于管壁较厚，其面积比可达30%～40%，这会导致对土样的扰动较大，因此只能取得Ⅱ级以下的土样。薄壁敞口取土器（图2.4）仅以一薄壁无缝管作为取样管，其面积比可降低至10%以下，因而可作为采取Ⅰ级土样的取土器。不过，薄壁取土器仅适用于软土或较为疏松的土层取样。土质过硬，取土器易于受损。此外，薄壁取土器内不可能设衬管，一般是将取样管与土样一同封装送到实验室。这种方式需要准备大量备用取土器，既不经济，也不利于现场作业时的携带与运输。

活塞取土器。如果在敞口取土器的刃口部装一活塞，在下放取土器的过程中，使活塞与取样管的相对位置保持不变，即可排开孔底浮土，使取土器顺利达到预计取样位置。取样时，固定活塞，使土样进入取样管，此时土样顶端始终处于活塞下方。回提取土器时，活塞能够隔绝上、下水压与气压，同时在土样与活塞间维持一定负压，既能防止土样失落，又可避免因上提活塞产生的过度抽吸现象。根据结构与工作原理的差异，活塞取土器主要分为固定活塞取土器、水压固定活塞取土器、自由活塞取土器等类型。

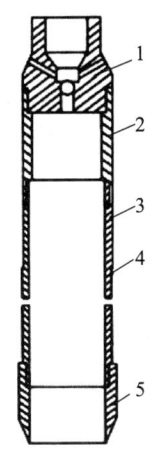 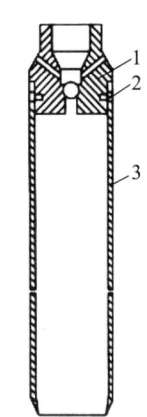

1—球阀；2—废土管；3—半合取样管；4—衬管；5—加厚管靴。　　　1—球阀；2—固定螺钉；3—薄壁取样管。

图 2.3　厚壁敞口取土器　　　　　　　　　　　　图 2.4　薄壁敞口取土器

回转式取土器。贯入式取土器一般只适用于软土及部分可塑状土，对于坚硬、密实的土类则不适用。对于这些土类，必须改用回转式取土器。回转式取土器主要有两种类型：单动二重（三重）管取土器和双动二重（三重）管取土器。单动二重（三重）管取土器类似于岩芯钻探中的双层岩芯管，如在内管内增设衬管则构成三重管。其内管一般与外管齐平或稍超前于外管。取样时外管旋转，而内管保持不动，故称单动。内管容纳土样并保护土样不受循环液的冲蚀。回转式取土器取样时采用循环液冷却钻头并携带岩土碎屑。所谓双动二重（三重）管取土器是指取样时内管、外管同时旋转，适用于硬黏土、密实的砂砾石土以及软岩。内管回转虽然会产生较大的扰动影响，但对于坚硬密实的土层，这种扰动影响不大。

③ 原状土样的采取方法。钻孔中采取原状试样的方法有击入法、压入法和回转法。

击入法是用人力或机械力操纵落锤，将取土器击入土中的取土方法。按锤击次数分为轻锤多击法和重锤少击法，按锤击位置又分为上击法和下击法。经过比较取样试验认为，就取样质量而言，重锤少击法优于轻锤多击法，下击法优于上击法。

压入法可分为慢速压入和快速压入两种。慢速压入法是用杠杆、千斤顶、钻机手把等加压，取土器进入土层的过程是不连续的。在取样过程中对土试样有一定程度的扰动。快速压入法是将取土器快速，均匀地压入土中，采用这种方法对土试样的扰动程度最小。目前普遍使用以下两种：活塞油压筒法，采用比取土器稍长的活塞压筒通过高压，强迫取土器以等速压入土中；钢绳、滑车组法，借机械力量通过钢绳、滑车装置将取土器压入土中。

回转法使用回转式取土器取样，取样时内管压入取样，外管回转削切的废土一般用机械钻机靠冲洗液带出孔口。这种方法可减少取样时对土试样的扰动，从而提高取样质量。

探井、探槽中采取原状试样可采用两种方式：一种是锤击敞口取土器取样；另一种是人工刻切块状土试样。因为后一种方法使用较多，块状土试样的质量高，这里主要介绍人工采用块状土试样。人工采用块状土试样一般应注意：避免对取样土层的人为扰动破坏,开挖至接近预计取样深度时,应留下20~30cm厚的保护层,待取样时再细心铲除;防止地面水渗入,井底水应及时抽走,以免浸泡;防止暴晒导致水分蒸发,坑底暴露时间不能太长,否则会风干;尽量缩短切削土样的时间,及早封装。

块状土试样可以切成圆柱状和方块状。也可以在探井、探槽中采取"盒状土样",这种方法是将装配式的方形土样容器放在预计取样位置,边修切,边压入,从而取得高质量的土试样。

④ 钻孔取样操作要求。土样质量的优劣,不仅取决于取土器具,还取决于取样全过程的各项操作是否恰当。

钻进时应力求不扰动或少扰动预计取样处的土层。为此应做到以下几点。

a. 使用合适的钻具与钻进方法。一般应采用较平稳的回转式钻进。当采用冲击、振动、水冲等方式钻进时,应在预计取样位置1m以上改用回转钻进。在地下水位以上一般应采用干钻方式。

b. 在软土、砂类土中宜用泥浆护壁。若使用套管护壁,应注意旋入套管时管靴对土层的扰动,且套管底部应限制在预计取样深度以上大于3倍孔径的距离。

c. 应注意保持钻孔内的水头等于或稍高于地下水位,以避免产生孔底管涌,在饱和粉、细砂类土中尤应注意。

在钻孔中采取Ⅰ~Ⅱ级砂样时,可采用原状取砂器,并按相应的现行标准执行。在钻孔中采取Ⅰ~Ⅱ级土试样时,应满足下列要求。

a. 在软土、砂类土中宜采用泥浆护壁。如使用套管,应保持管内水位等于或稍高于地下水位,取样位置应低于套管底3倍孔径的距离。

b. 采用冲洗、冲击、振动等方式钻进时,应在预计取样位置1m以上改用回转钻进。

c. 下放取土器前应仔细清孔,清除扰动土,孔底残留浮土厚度不应大于取土器废土段长度(活塞取土器除外)。

d. 采取土试样宜用快速静力连续压入法。

e. 具体操作方法应按标准执行。

对于Ⅰ~Ⅲ级土试样的封装、储存和运输,应符合下列要求。

a. 取出土试样应及时妥善密封,以防止湿度变化,严防暴晒或冰冻。

b. 土样运输前应妥善装箱,填塞缓冲材料,运输过程中避免颠簸。对于易振动液化、灵敏度高的试样宜就近进行试验。

c. 土样从取样之日起至开始试验前的储存时间不应超过3周。

⑤ 试样采取和保管的规定。试样采取和保管的规定主要包括土样、岩石试样和水试样3个方面的内容。

土样的采取和保管应符合下列规定。

a. 在粉土、砂类土中采取Ⅰ、Ⅱ级试样,宜采用原状取砂器。

b. 在钻孔中采取Ⅰ、Ⅱ级土试样时,应满足以下要求:在软土、砂类土中宜采用泥浆护壁;如使用套管,应保持管内水位等于或稍高于地下水位,取样位置应低于套管底3倍孔径的距离;采用冲洗、冲击、振动等方式钻进时,应在预计的取样位置1m以上改用回转钻进;下放取土器前应仔细清孔,清除扰动土,孔底残留土厚度不应大于取土器废土筒段长度（活塞取土器除外）；薄壁取土器取土试样时，宜采用快速静力连续压入法；取土器提出地面后，应小心将土样从取土器中取出，及时密封并标识；土样运输和保存时应竖直安放，严禁倒置，防止受振动，并避免暴晒或冰冻。

岩石试样的采取和保管应符合下列规定。

a. 岩石试样可利用钻探岩芯截取制作，或在探井、探槽、竖井和平洞中采取，采取的样品尺寸应满足试件加工要求；特殊情况下，试样形状、尺寸和方向由岩体力学试验设计确定。

b. 岩石试样应填写标签，标明上下方向。对需进行含水率试验的岩石试样，采取后应及时蜡封。

水试样的采取和保管应符合下列规定。

a. 采取的水试样应代表天然条件下的水质情况。

b. 当有多层含水层时，应做好分层隔水措施，并应分层采取水样。

c. 取水试样前，应洗净盛水容器，不得有残留杂质。

d. 取水试样过程中，应尽量减少水试样的暴露时间，及时封口；对需测定不稳定成分的水样时，应及时加入大理石粉等稳定剂。

e. 采取水试样后，应做好取样记录，内容应包括取样时间、取样深度、取样人、是否加入稳定剂等。

f. 水试样应及时送水质分析，放置时间应符合试验项目的相关要求。

⑥ 岩土样的现场检验、封存和运输。对于钻孔中采取的Ⅰ级试样，应在现场测量取样回收率。试样活塞取土器回收率大于1.00或小于0.95时，应检查尺寸测量是否有误，土试样是否受压，并根据实际情况确定土试样废弃或降级使用。

岩土样的封存应符合下列规定。

a. 现场采取的土样或软质岩样应及时密封，可采用纱布条蜡封或黏胶带密封。

b. 每个岩土样密封后均应填贴标签，标签上下应与土试样上下一致，并牢固地粘贴在容器外壁上。土试样应记载以下内容：工程名称或编号；孔号、岩土样号、取样深度、岩土试样名称、颜色和状态；取样日期；取样人姓名；取土器型号、取样方法、回收率等。

c. 采取的岩土样密封后应置于温度和湿度变化小的环境中，不得暴晒或受冻。土样应直立放置，严禁倒放或平放。

岩土样的运输应符合下列规定。

a. 运输岩土样时，应采用专用土样箱包装，试样之间用柔软缓冲材料填实。

b. 对易于振动液化、水分离析的砂类土试样，宜在现场就近进行试验，并可采用冰冻保存和运输。

c. 岩土试样采取以后至开样试验之间的贮存时间，不宜超过2周。

2. 井探、槽探、洞探

(1) 井探、槽探、洞探的特点及适用条件

当钻探难以查明地下地层岩性、地质构造时，可采用井探、槽探进行勘探。当在大坝坝址、地下洞室、大型边坡等工程勘察中，需详细调查深部岩层性质、风化程度及构造特性时，则采用洞探方法。

探井、探槽主要适用于土层之中，可用机械或人力开挖，并以人力开挖居多。开挖深度受地下水位影响。在交通不便的丘陵、山区或场地狭窄处，大型勘探机械难以就位，用人力开挖探井、探槽方便灵活，获取地质资料翔实准确，编录直观，勘探成本低。

探井的横断面可以为圆形，也可以为矩形。圆形井壁应力状态较有利于井壁稳定，而矩形井则更有利于人力挖掘。为了减小开挖方量，断面尺寸不宜过大，以能容一人下井工作为宜。一般来讲，圆形探井直径为 0.8~1.0m，矩形探井断面尺寸为 0.8m×1.2m。当施工场地许可，需要放坡或分级开挖时，探井断面尺寸可增大。探槽开挖断面为一长条形，宽度为 0.5~1.2m，在场地允许和土层需要的情况下，也可分级开挖。

在探井、探槽开挖过程中，应根据地层情况、开挖深度、地下水位情况采取井壁支护、排水、通风等措施，尤其是在疏松、软弱土层中或无黏性的砂、卵石层中，必须进行支护，且应有专门技术人员在场。此外，探井口部保护也十分重要，在多雨季节施工应设防雨棚，开排水沟，防止雨水流入或浸润井壁。土石方不能随意弃置于井口边缘，以免增加井壁的土压力，导致井壁失稳或支撑系统失效，或者土石块坠落伤人。一般堆土区应布置在下坡方向离井口边缘不少于 2m 的安全距离。由于探井、探槽开挖土方量大，会对场地的自然环境造成一定程度的改变甚至破坏，有可能对以后的施工造成不良影响。在制定勘探方案时，对此应有充分估计。勘探结束后，探井、探槽必须进行妥善回填。

洞探主要是依靠专门机械设备在岩层中掘进，通过竖井、斜井和平硐观察描述地层岩性、构造特征，并开展现场试验，以了解岩层的物理力学性质指标。洞探包括竖井、斜井和平硐，是施工条件最困难、成本最高且最费时间的勘探方法。在掘进过程中，需要支护不稳定的围岩和排除地下水，当掘进深度大时，还需要有专门的出碴和通风设施，因此洞探的应用受到一定限制，但在一些水利水电、地下洞室等工程中，为获取地基和围岩准确详尽的地质结构和地层岩性资料，追索断裂带、软弱夹层、裂隙强烈发育带、强烈岩溶带等，以及进行原位测试（如测定岩土体的变形性能、抗剪强度参数、地应力等），洞探是必不可少的勘探方法，这在详细勘察阶段显得尤其重要。由于竖井存在出碴、排水不便，观察和编录困难等问题，常被斜井代替。在地形陡峭、探测的岩层或断裂带产状较陡时，则广泛采用平硐勘探。

(2) 井探、槽探、洞探观察描述和绘制展示图

① 现场观察探井、探槽、竖井、斜井、平硐的断面形态尺寸，测量掘进深度。详尽地观察和描述四壁与底（顶）的地层岩性、地层接触关系、产状、结构与构造特征、裂隙及充填情况、基岩风化情况，并绘出四壁与底（顶）的地质素描图。观察和记录开挖期间及开挖后井壁、槽壁、洞壁岩土体变形动态，如膨胀、裂隙、风化、剥落及塌落等现象，并记录开挖（掘进）速度和方法。观察和记录地下水动态，如涌水量、涌水点、涌水动态与地表水的关系等。

②绘制展示图。展示图是井探、槽探、洞探编录的主要成果资料。绘制展示图就是沿探井、探槽、竖井、斜井或平硐的壁、底（顶）将地层岩性、地质结构展示在一定比例尺的地质断面图上。井探、槽探、洞探类型特点不同，展示图绘制方法和表示内容也各有不同，其采用的比例尺一般为 1∶100~1∶250，其主要取决于勘察工程的规模和场地地质条件的复杂程度。下面主要介绍探井和竖井展示图、探槽展示图和平硐展示图。

探井和竖井展示图有两种：一种是四壁辐射展开法；另一种是四壁平行展开法。其中需要重点分析的是四壁平行展开法。四壁平行展开法使用较多，它避免了四壁辐射展开法因井较深而存在的不足。采用四壁平行展开法绘制的探井展示图（图2.5）直观地展现了探井和竖井四壁的地层岩性、结构构造特征。

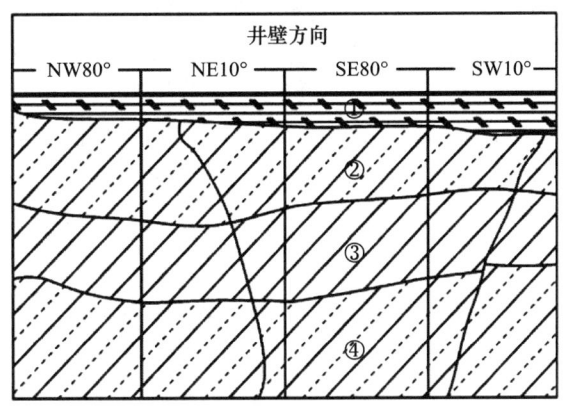

①②③④—地层标号；NW—North West的简称，西北方向；NE—North East的简称，东北方向；
SE—South East的简称，东南方向；SW—South West的简称，西南方向。

图 2.5 采用四壁平行展开法绘制的探井展示图

探槽在追踪地裂缝、断层破碎带等地质界线的空间分布，以及查明剖面组合特征方面应用十分广泛。因此，在绘制探槽展示图前，确定探槽中心线方向及其各段变化，测量水平延伸长度、槽底坡度，绘制四壁地质素描显得尤为重要。探槽展示图有以坡度展开法绘制的展示图和以平行展开法绘制的展示图两种，通常是沿探槽长壁及槽底展开，绘制一壁一底的展示图。其中，平行展示法使用广泛，更适用于坡壁直立的探槽。

平硐展示图绘制从洞口开始，到掌子面结束。其具体绘制方法是按实测数据先画出洞底的中线，然后依次绘制洞底、洞两侧壁、洞顶及掌子面，最后按底、壁、顶和掌子面对应的地层岩性和地质构造，填充岩性图例与地质界线，并应绘制洞底高程变化线，以便于分析和应用，如图 2.6 所示。

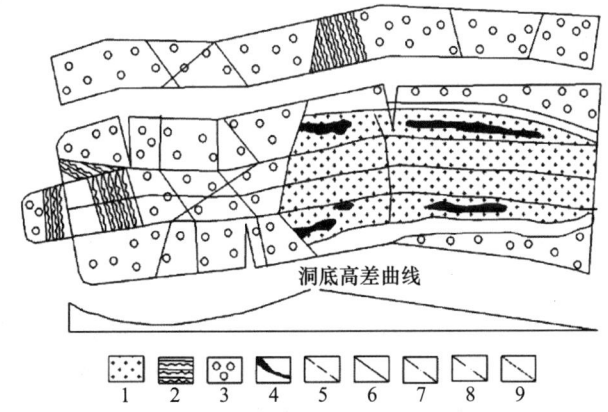

1—凝灰岩；2—凝灰质页岩；3—斑岩；4—细粒凝灰岩夹层；5—断层；
6—节理；7—洞底中线；8—洞底壁分界线；9—岩层分界线。

图 2.6 平硐展示图

3. 工程物探

不同成分、结构、产状的地质体，在地下半无限空间呈现不同的物理场分布。这些物理场可以由人工建立（如交、直流电场，重力场等），也可以是地质体自身具备的（如自然电场、磁场、辐射场、重力场等）。在地面、空中、水上或钻孔中，运用各种仪器测量物理场的分布情况，对其数据进行分析解释，结合有关地质资料推断目标地质体性状的勘探方法，被称为地球物理勘探。用于工程地质勘探时，亦称为工程物探。

工程物探的主要作用：作为钻探的先行工作，了解隐蔽的地质界线、界面或异常点（如基岩面、风化带、断层破碎带、岩溶洞穴等）；作为钻探的辅助工作，在钻孔之间增加地球物理勘探点，为钻探成果的内插、外推提供依据；作为原位测试方法，测定岩土体的波速、动弹性模量、动剪切模量、卓越周期、电阻率、放射性辐射参数、土对金属的腐蚀性等。

常用工程物探方法有电阻率法、地震勘探、电视测井、地质雷达和综合物探。

（1）电阻率法

电阻率法是依靠人工建立直流电场，在地表测量某点垂直方向或水平方向的电阻率变化，从而推断地质体性状的方法。它主要可以解决的地质问题有：确定不同的岩性，进行地层岩性的划分；探查褶皱构造形态，寻找断层；探查覆盖层厚度、基岩起伏及风化壳厚度；探查含水层的分布情况、埋藏深度及厚度，寻找充水断层及主导充水裂隙方向；探查岩溶发育情况及滑坡体的分布范围；寻找古河道的空间位置。

电阻率法包括电剖面法和电测深法，在工程地质勘探中应用最广的是对称四极电测深法、环形电测深法和联合剖面法。

电剖面法可以用来探查松散覆盖层下基岩面起伏和地质构造，了解古河道位置，寻找溶洞等。溶蚀洼地中堆积了低电阻的第四系松散物质，视电阻率曲线的高低起伏正好反映了灰岩面的起伏变化，解释效果良好。

应用对称四极电测深法来确定电阻率有差异的地层，探查基岩风化壳、地下水埋深或寻找古河道，解释效果较好；而复合四极对称装置探查溶蚀漏斗和溶洞可以取得比较满意的效果。

环形电测深法是指在同一个测深点上不同方位（通常是四个方位）的电阻率测深法，观测结果反映该测深点的不同方向的岩层视电阻率的变化，常用来研究岩石的各向异性，如确定断层走向、岩溶发育方向、岩层倾斜方向等。

视电阻率的基本表达见式（2.1）。

$$\rho_s = K \frac{\Delta V}{I} \tag{2.1}$$

式中，ρ_s 为视电阻率，$\Omega \cdot m$；K 为装置系数，m；ΔV 为电位差，mV；I 为电流强度，mA。

运用联合剖面法可以较为准确地推断断裂带的位置。如果沿着所要探查断层的走向上布置几条联合剖面，即可根据 ρ_s 曲线获得该断层的平面延伸情况。而在同一条联合剖面上采用不同极距，则可确定断层面的倾向和倾角。

电阻率法的使用条件：地形比较平缓，具有便于布置极距的一定范围；被探查地质体的大小、形状、埋深和产状，必须在人工电场可控制的范围之内；其电阻率应较稳定，与围岩背景值有较大异常；场地内应有电性标准层存在。该标准层的电阻率在水平和垂直方向上均保持稳定，且与上下地层的差值较大；有明显的厚度，倾角不大于 20°，埋深不太大；在其上部无屏蔽层存在；场地内无不可排除的电磁干扰。

(2) 地震勘探

地震勘探是通过人工激发的地震波在地壳内传播的特点来探查地质体的一种物探方法。在工程地质勘探中运用最多的是高频（<200~300Hz）地震波浅层折射法，可以研究深度在 100m 以内的地质体。

地震勘探需要解决以下问题：测定覆盖层的厚度，确定基岩的埋深和起伏变化；追索断层破碎带和裂隙密集带；研究岩石的弹性性质，测定岩石的动弹性模量和动泊松比；划分岩体的风化带，测定风化壳厚度和新鲜基岩的起伏变化。

地震勘探的使用条件：地形起伏较小；地质界面较平坦和断层破碎带少，且界面以上岩石较均一，无明显高阻层屏蔽；界面上下或两侧地质体有较明显的波速差异。

(3) 电视测井

① 以普通光源为能源的电视测井。利用日光灯光源为能源，投射到孔壁，再经平面镜反射到照相镜头来完成对孔壁的探测。

主要设备：是指由孔内摄像机、地面控制器，图像监视器等组成的孔内电视。

主要工作过程：孔内摄像机为钻孔电视的地下探测头，它将孔壁情况由一块 45°平面反射镜片反射到照相镜头，经照相镜头聚焦到摄像管的光靶面上，便产生图像视频信号。照明光源为特制异型日光灯，在 45°平面镜下端嵌有小罗盘，使所摄取的孔壁图像旁边有指示方位的罗盘图像。摄像机及光源能做 360°的往复转动，因而可对孔壁四周进行摄像。

地面控制器是产生各种工作电源和控制信号的装置，它给地下摄像机发出信号。孔内摄像机将视频信号经电缆传送至图像监视器而显示电视图像。

岩石粗颗粒的形状可直接从屏幕上观察，颗粒大小可用直接量取的数据除以放大倍数。水平裂纹在屏幕上为一水平线。垂直裂纹：摄像机在孔内转动 360°，电视屏幕上将出现不对称的两条垂直线，此两条垂直线方位夹角的平分线所指方位角±90°，即裂隙走向。通过钻孔中心摄像机转动一周，可以看到对称的两条垂直线。当垂直线在屏幕中央时，罗盘所指的方位角即其走向。

倾斜裂隙：在屏幕上呈现波浪曲线，摄像机转动一周，曲线最低点对应的罗盘指针方位角即其倾向。转动到屏幕上出现倾斜的直线与水平线共夹角即其倾角，可直接在屏幕上量得。裂隙宽度可在屏幕上量得后除以放大倍数得出实际数值。当岩石裂隙填充物为泥质时，在屏幕上呈灰白色；若充填物为铁锰质，屏幕上则呈灰黑色。此外，诸如孔、洞以及不同岩石互层等地质特征，均能在电视屏幕上直接观察到。

以普通光源为能源的电视测井的适用条件：多用于钻孔孔径大于 100mm、深度较浅的钻孔中。由于是普通光源，浑水中不能观察，若孔壁上有黏性土或岩粉等黏附时，同样会给观察工作带来困难。

② 以超声波为光源的电视测井。利用超声波为光源，在孔中不断向孔壁发射超声波束，接收从井壁反射回来的超声波，完成对孔壁的探测，从而建立孔壁电视图像。

主要设备：井下设备由换能器、马达、同步信号发生器、电子腔等组成；地面设备由照相记录器、监视器及电源等构成。

主要工作过程：钻孔中，电子腔给换能器以一定时间间隔和宽度的正弦波束做能源，换能器则发射一相应的定向超声波束，此波束在水中或泥浆中传播，遇到不同波阻抗的界面时（如孔壁）产生反射，其反射的能量大小决定于界面的物理特征（如裂隙、空洞）；换能器同时又接收反射回来的超声波束，将其变为电信号送回电子腔；电子腔对信号做电压和功率放大后，经电缆送至地面设备，用以调制地面仪器荧光屏上光点的亮度；用马达带动换能器旋转并缓慢提升孔下设备，完成对整个孔壁的探测。若使照相胶片随着井下设备的提升同步移动，便可在照相胶片上记录下连续的孔壁图像。

当孔壁完整无破碎时，超声波束的反射能量强，荧光屏上的光点亮；反之能量则弱或不反射光，光点则暗。若图像上出现黑线通常代表孔壁裂隙，若出现黑斑则表示空洞。孔壁不同的裂隙、空洞的解释方法，与以普通光源为能源的电视测井相近。

该方法适用于检查孔壁套管情况及基岩中的孔壁岩层、结构情况，其主要优点是可以在泥浆和浑水中使用。

(4) 地质雷达

地质雷达是交流电法勘探的一种。其工作原理是由发射机发射脉冲电磁波，其中一部分沿着空气与介质（岩土体）分界面传播，经一定时间（t_0）后到达接收天线（称直达波），会被接收机所接收；另一部分传入岩土体介质中，在岩土体中若遇到电性不同的另一介质层或介质体（如另一种岩层、土层、裂隙、洞穴）时就发生反射和折射，经一定时间（t_s）后回到接收天线（称回波）。根据接收到直达波和回波的传播时间来判断另一介质体的存在并测算其埋藏深度。

地质雷达具备诸多优势，如分辨能力强，判释精度高，一般不受高阻屏蔽层及水平层、各向异性的影响。在探查浅部介质体方面，包括确定覆盖层厚度、基岩强风化带埋深，以及溶洞、地下洞室和管线等非常有效。

(5) 综合物探

物探方法由于具有透视性和高效性，因而在工程地质勘探中广泛应用，但同时又由于物性差异、勘探深度及干扰因素等原因而使其具有条件性、多解性，从而使其应用受到一定限制。因此，对于一个勘探对象只有使用几种工程物探方法，即综合物探方法，才能最大限度地发挥工程物探方法的优势，为地质勘察提供客观反映地层岩性、地质结构与构造及其岩土体物理力学性质的可靠资料。

为了查明覆盖层厚度，了解基岩风化带的埋深、溶洞及地下洞室、管线位置，追踪断层破碎带、地裂缝等地质界线，常使用直流电阻率法、地震勘探或地质雷达方法。实践证明，只要目的层存在明显的电性或波速差异，且有足够深度，都可以用电阻率法普查，再用地震勘探或地质雷达详查。用直流电阻率法、磁法勘探和重力勘探联合寻找含水溶洞，用地震勘探、直流电阻率法、放射性勘探联合查明地裂缝三维空间展布的可靠程度已接近100%。

2.3 原位测试与室内试验

2.3.1 原位测试

原位测试指的是在土（岩）体的本来位置，对处于天然状态下的土（岩）体所进行的工程性质的测试。它具有直接性、真实性和实用性的特点,对土(岩)体工程性质的判断起着十分重要的作用。随着工程建设需求的增长,原位测试技术不断发展,方法日益丰富,下面主要介绍荷载试验、十字板剪切试验、标准贯入试验、静力触探试验和动力触探试验。

1. 荷载试验

(1) 荷载试验加载装置

荷载试验(Dead Load Test,DLT)的加载装置可分为两种类型。

一种为利用木质或铁质加载平装置(平台、立柱、斜撑等),如图2.7(a)所示,将荷载(堆载)传至刚性平板,这种装置要求底部采用较大的承压板(常宜为2600～10000 cm^2),否则,由于上大下小、头重脚轻,易出现歪斜现象,甚至倒塌事故,故目前较少采用。

另一种为千斤顶加载装置,如图2.7(b)和图2.7(c)所示,其构造由加载稳定装置、反力装置和观测装置三部分组成。加载稳定装置包括承压板、油压千斤顶、油泵和压力表等,根据地基土软硬程度的不同,承压板面积为2500～10000 cm^2,密实土取小值,松散土取大值,常用标准压板为5000 cm^2(方形压板70.7cm×70.7cm,圆形压板直径79.8cm),对均质密实土,如老黏土承压板面积为1000 cm^2,软土承压板面积不应小于5000 cm^2。反力装置包括堆载系统和地锚系统两种形式。前者千斤顶的向上反力由堆放在钢梁上的重物来平衡,按堆放工艺要求,一次堆足重物,再用千斤顶逐级加载;后者千斤顶的向上反力一般经由反力梁传给与该梁连接的地锚,也可用桁架替代这种梁,地锚系统的抗拔能力须经过试验设计确定。量测装置包括百分表和固定百分表用的支架,支架必须架在不受试验沉降影响的小木桩上。

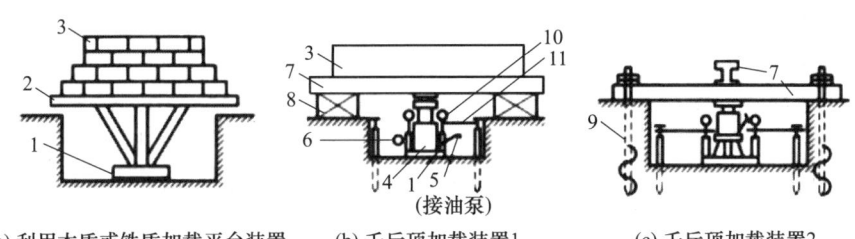

(a) 利用木质或铁质加载平台装置　(b) 千斤顶加载装置1　(c) 千斤顶加载装置2

1—承压板;2—加载平台;3—堆重;4—千斤顶;5—油管;6—压力表;
7—钢梁;8—枕木垛;9—地锚;10—百分表;11—固定支架。

图2.7 荷载试验加载装置

(2) 荷载试验方法

① 试坑的准备工作。试坑底宽应不小于承压板宽度或直径的3倍,以便排除承压板周围超载的影响。坑底应铺设厚度1cm左右的砂垫层(中砂或粗砂),确保承压板与土层平整均匀接触。为保证试验土层的天然状态,当测试土层为软塑黏土或饱和松砂时,试验开始前承压板周围应预留20～30cm厚的原状土作为保护层。

② 设备标定和稳压工作。试验前必须进行千斤顶、油泵和压力表等加载系统的标定;试验中须考虑加压过程中压力的稳定性,往往由于地锚的上拔、承压板的下降、加载设备的变形和千斤顶的漏油,千斤顶的压力(表现在油表的读数上)不易稳定,若出

现松压现象，必须及时补充压力，保持恒压。

③加荷方式。加荷方式有三种。第一种为常规的慢速加载法，采取分级加载，待沉降稳定后再施加下一级荷载。第二种为快速加载法，同样采取分级加载，每级荷载只需维持2h便可施加下一级荷载，而不必等待沉降稳定，最后一级荷载沉降观测达稳定标准或仍维持2h。第三种为等沉降速率法，控制承压板按一定的沉降速率下沉，测量与沉降相应的所施加的荷载，直至破坏状态。

(3) 荷载试验的技术要求规定

①浅层平板荷载试验的试坑宽度或直径不应小于承压板宽度或直径的3倍；深层平板荷载试验的试井直径应等于承压板直径；当试井直径大于承压板直径时，紧靠承压板周围土的高度不应小于承压板直径。

②试坑或试井底的岩土应避免扰动，保持其原状结构和天然湿度，并在承压板下铺设不超过20mm的砂垫层找平，尽快安装试验设备；螺旋板头入土时，应按每转一圈一个螺距进行操作，减少对土的扰动。

③荷载试验宜采用圆形刚性承压板，根据土的软硬或岩体裂隙密度选用合适的尺寸；土的浅层平板荷载试验承压板面积不应小于$0.25m^2$，对软土和粒径较大的填土不应小于$0.5m^2$；土的深层平板荷载试验承压板面积宜选用$0.5m^2$；岩石荷载试验承压板的面积不宜小于$0.07m^2$。

④荷载试验加荷方式应采用分级维持荷载沉降相对稳定法（常规慢速法）；有地区经验时，可采用分级加荷沉降非稳定法（快速法）或等沉降速率法；加荷等级宜取10~12级，并不应少于8级，荷载量测精度不应低于最大荷载的±1%。

⑤承压板的沉降量可采用百分表或电测位移计量测，其精度不应低于±0.01mm。

⑥对于慢速法，当试验对象为土体时，每级荷载施加后，间隔5min、5min、10min、10min、15min、15min测读一次沉降量，以后间隔30min测读一次沉降量，当连续2h每小时沉降量小于或等于0.1mm时，可认为沉降量已达相对稳定标准，施加下一级荷载；当试验对象是岩体时，间隔1min、2min、2min、5min测读一次沉降量，以后每隔10min测读一次，当连续三次读数差小于或等于0.01mm时，可认为沉降量已达相对稳定标准，施加下一级荷载。

⑦当出现下列情况之一时，可终止试验：承压板周边的土出现明显侧向挤出，周边岩土出现明显隆起或径向裂缝持续发展；本级荷载的沉降量大于前级荷载沉降量的5倍，荷载与沉降曲线出现明显陡降；在某级荷载下24h沉降速率不能达到相对稳定标准；总沉降量与承压板直径（或宽度）之比超过0.06。

(4) 荷载试验资料整理

通过静力荷载试验，可给出每级荷载下的时间(t)-沉降(s)曲线，即t-s曲线和荷载(p)-沉降(s)曲线，即p-s曲线，这两条曲线即荷载试验的主要成果。

除试验设备及其安装、量测仪表等准确可靠外，在加载过程中精确读数，及时描绘上述两条曲线亦很重要，以便根据地基情况和破坏形式分析各次量测的可靠性。由t-s曲线可看出每一级荷载作用下随时间的沉降过程和各级荷载作用下曲线的变化规律，可供分析地基极限荷载时参考。将各级荷载下的沉降量点在图纸上，可直接得出p-s曲线，但往往由于承压板和地基之间不紧贴，或加载设备的某个部件不够紧固，致使p-s曲线的直线段不通过原点，在资料整理时应进行修正，确保初始直线段通过原点。

2. 十字板剪切试验

十字板剪切试验（Field Vane Test，FVT），是用十字板剪切仪在现场原位测试软土地基不排水抗剪强度的试验。相较于室内试验，它避免了土样扰动，并保存了其天然状态，且所需设备简单，操作方便，是一种有效的测试方法。

（1）十字板剪切试验的原理

十字板剪切试验的基本原理是将装在轴杆下的十字板头压入钻孔孔底下土中测试深度处，再在杆顶施加水平扭矩，由十字板头旋转将土剪破。根据该圆柱体侧面和顶底面上土的抗剪强度产生的阻抗力矩之和与外加水平扭矩平衡的原理，计算见式（2.2）。

$$M = \pi DH \times \frac{D}{2}S_u + \frac{2\pi D^2}{4} \times \frac{D}{3} \times S_H \tag{2.2}$$

式中，M 为土体产生剪切破坏时，所施加的外力总扭矩，$kN \cdot m$；D 为十字板头宽度，m；H 为十字板头高度，m；S_u 为圆柱体侧面处土的抗剪强度，kN/m^2；S_H 为圆柱体上下两底面上土的抗剪强度，kN/m^2。

若考虑上下底面上剪应力的分布规律，相关计算见式（2.3）。

$$S_u = \frac{2M}{\pi D^2 \left(H + \frac{D}{\eta}\right)} \tag{2.3}$$

式中，η 为系数。

实际上外力作用于十字板头圆柱体剪切面上的扭矩 M 应为外力施加的总扭矩减去轴杆与土体间的摩擦力矩和仪器机械的阻力矩，见式（2.4）。

$$M = (P_f - f)R \tag{2.4}$$

式中，P_f 为剪破土体时所施加的总作用力，kN；f 为轴杆与土体间的摩擦力和仪器机械阻力之和，kN；R 为施力旋盘的半径，m。

（2）十字板剪切试验装置

十字板剪切仪有普通型和轻便型两种，近年来还发展出了电阻应变式量测装置。十字板剪切仪的主要部件为十字板头、施加扭矩装置、扭力量测装置和轴杆等。常用的十字板头尺寸为 50mm（宽）×100mm（高），板厚为 2mm，刃口为 60°，轴杆直径为 20mm，轴杆和十字板的连接有分离式和套筒式两种。

（3）普通十字板剪切试验方法和步骤

① 钻孔下 ϕ127mm 套管至预定试验深度以上 75cm，再用取土器逐段取土清孔，一直清至管底以上约 15cm。为防止软土从孔底涌起和保持试验土层的天然状态，清孔后须在套管内灌水。

② 将十字板头、离合器、导杆和轴杆等逐节接好，下入孔内至十字板头，与孔底接触。

③ 用摇把套在导杆上，并向右转动，使十字板离合器啮合，然后将十字板慢慢压入土中至预定测试深度。

④ 装好底座和加力测力装置，以约每 10s 转 1°的速度旋转转盘，每转 1°量测钢环变形读数 1 次，直至读数不再增加或开始减小为止，此时便表明土体已被剪破。钢环的变形读数与其变形系数的乘积，即为施加于钢环上的作用力。

⑤ 拔下连接导杆与测力装置的特制键，套上摇把，连续转动导杆、轴杆和十字板头等6次，使土完全扰动。再按步骤④以相同剪切速度进行试验，可得扰动土的总作用力。

⑥ 按下特制键，将十字板轴杆向上提3～5cm，使连接轴杆与十字板轴杆头的离合器分开，然后仍按步骤④便可测得轴杆与土体间的摩擦力和仪器机械阻力之和。

⑦ 拔出十字板头，继续钻进，进行下一测试深度的试验。

十字板剪切仪结构及试验安装如图2.8所示。

3. 标准贯入试验

标准贯入试验（Standard Penetration Test，SPT），它是用重635N的穿心锤，以760mm高的落距，将置于试验土层上的特制的对开式标准贯入器（图2.9），先不记锤击数打入孔底15cm，然后再打入30cm，并记下锤击数 N，最后提出钻杆和标准贯入器，取出土样，进行土的物理力学性质试验。标准贯入试验实际上也属于土的动力触探试验类型之一，只不过探头不是圆锥探头，而是标准的圆筒形探头，由两个半圆筒合成的取土器。

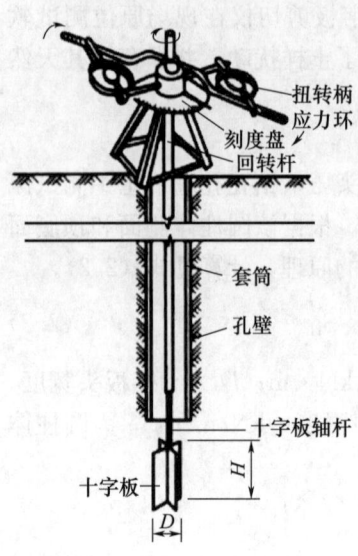

图2.8 十字板剪切仪结构及试验安装

N-H 测试结果如图2.10所示，包括地基中指定深度处或不同深度处的标准贯入击数和相应地基土层的分布情况。这种试验一般适用于黏性土和砂性土地基。

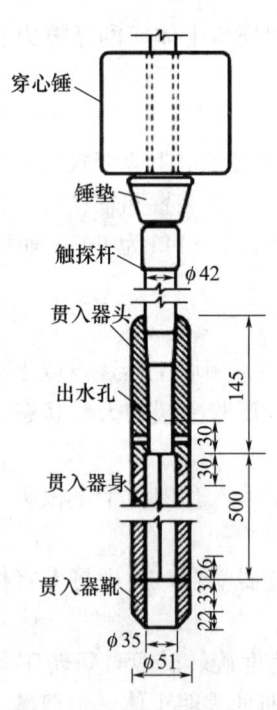

图2.9 标准贯入试验装置

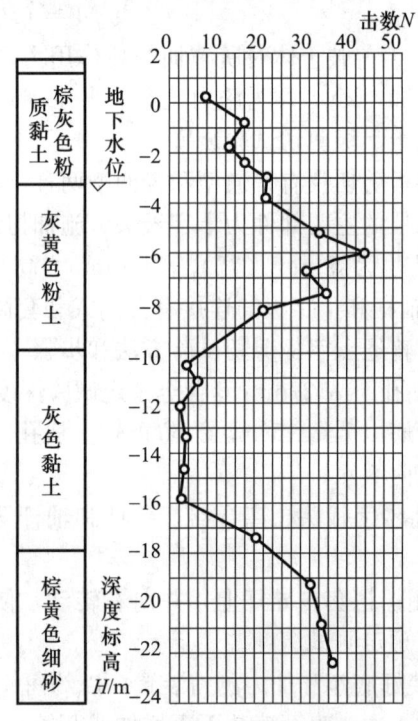

图2.10 N-H 测试结果

按一般理解,土层越硬或越密实,对取土器冲击而锤入土中一定深度(30cm)所需的锤击次数 N 就越大,即 N 反映了土层的软硬或密实程度。从理论上讲,集中表现在 N 值大小的标准贯入试验的机理是比较复杂的,它是地基土层与贯入器的一种共同作用,在重复的冲击荷载作用下,取土器打入土中时,一方面土要进入取土器,另一方面周围的土体被向外挤出并压实,此时土体还可能具有局部排水的性状。

(1) 标准贯入试验的技术要求

① 锤击速度不应超过 30 击/min。

② 宜采用回转钻进方法,以尽可能减少对孔底土的扰动。钻进过程中,应保持孔内水位高于地下水位一定高度,维持孔底土的平衡状态,防止孔底涌砂变松而影响 N 值;下套管不要超过试验标高;要缓慢地下放钻具,避免孔底土的扰动;细心清孔;为防止涌砂或塌孔,可采用泥浆护壁。

③ 由于手拉绳牵引贯入试验时,绳索与滑轮的摩擦阻力及运转中绳索所引起的张力,消耗了一部分能量,减少了落锤的冲击能,使锤击数增加;而自动落锤完全克服了上述缺点,能比较真实地反映土的性状。

④ 通过标贯实测,发现真正传输给杆件系统的锤击能量有很大差异,它受机具设备、钻杆接头的松紧、落锤方式、导向杆的摩擦、操作水平及其他偶然因素等支配;美国标准制定了实测锤击的力-时间曲线,用应力波能量法分析,即计算第一压缩波应力波曲线积分可得传输杆件的能量;通过现场实测锤击应力波能量,可以对不同锤击能量的 N 值进行合理的修正。

(2) 标准贯入试验成果的分析整理

① 修正问题。国外传统上对 N 值的修正包括饱和粉细砂修正、地下水位修正、土的上覆压力修正;国内长期以来并不考虑这些修正,而着重考虑杆长修正;杆长修正是依据牛顿撞击理论,杆件系统质量不得超过锤重 2 倍,限制标贯使用深度小于 $21m$,但实际使用深度已远超过 $21m$,最大深度已达 $100m$ 以上;通过实测杆件的锤击应力波,发现锤击传输给杆件的能量变化远大于杆长变化时能量的衰减,故可不将杆长修正的 N 值作为基本的数值;但考虑到过去建立的 N 值与土性参数、承载力的关系,所用 N 值均经杆长修正,而抗震规范评定砂类土液化时,N 值又不做修正;故在实际应用 N 值时,应按具体岩土工程问题,参照有关规范考虑是否做杆长修正或其他修正;勘察报告应提供不做杆长修正的 N 值,应用时再根据情况考虑修正或不修正,用何种方法修正。

② 由于 N 值离散性大,故在利用 N 值解决工程问题时,应持慎重态度,依据单孔标贯资料提供设计参数是不可信的;在分析整理时,与动力触探相同,应剔除个别异常的 N 值。

③ 依据 N 值提供定量的设计参数时,应有当地的经验,否则只能提供定性的参数,供初步评定用。在利用成果资料时,要先对 N 值进行修正。国内外针对成果资料的不同应用,对 N 值是否需要修正及修正方法进行了广泛深入的研究,取得了许多研究成果,在我国则应根据颁布的有关规范进行国内工程 N 值的修正。总体来讲,修正需综合考虑不同深度处上覆土压力的不同钻杆长度,落锤方法及地下水位等因素,将实测击数乘以修正系数,得到校正后的锤击数。当考虑钻杆长度时,若杆长小于或等于 $3.0m$,修正系数等于 1.0;杆长等于 $12m$,修正系数等于 0.81;其他杆长情况,可查阅有关资料。

根据修正后的锤击次数，可用以确定砂类土的密实程度（密实、中密或松散）和抗剪强度、砂类土和黏性土地基的承载力，甚至砂类土的液化强度和单桩的轴向承载力等。

4. 静力触探试验

静力触探试验（Cone Penetration Test，CPT），它是将一锥形金属探头，按一定的速率（一般为 0.5～1.2m/min）匀速地静力压入土中，量测其贯入阻力，而进行的一种原位测试方法。

静力触探是一种快速的现场勘探和原位测试方法，具有设备简单、轻便、机械化和自动化程度高、操作方便等一系列优点，受到了国内外工程界的普遍重视。

(1) 静力触探设备

① 静力触探仪。静力触探仪按贯入能力大致可分为轻型（20～50kN）、中型（80～120kN）、重型（200～300kN）三种；按贯入的动力及传动方式可分为人力给进、机械传动及液压传动三种；按测力装置可分为油压表式、应力环式、电阻应变式及自动记录等不同类型。2Y-16 型双缸液压静力触探仪构造示意如图 2.11 所示，该仪器由加压及锚定、动力及传动、油路、量测等 4 个系统组成。

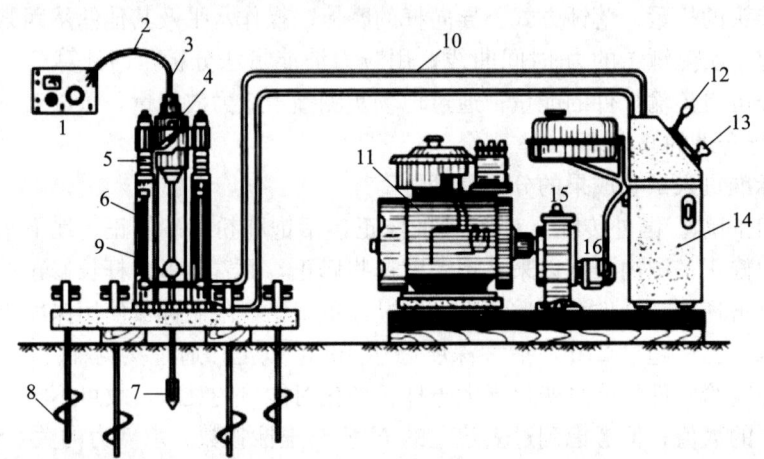

1—电阻应变仪；2—电缆；3—探杆；4—卡杆器；5—防尘罩；6—贯入深度标尺；7—探头；8—地锚；9—油缸；10—高压软管；11—汽油机；12—手动换向阀；13—溢流阀；14—高压油箱；15—变速箱；16—油泵。

图 2.11 2Y-16 型双缸液压静力触探仪构造示意

a. 加压及锚定系统。加压及锚定系统双缸液压千斤顶的活塞与卡杆器相连，卡杆器将探杆固定，千斤顶在油缸的推力下带动探杆上升或下降，该加压系统的反力则由固定在底座上的地锚来承受。

b. 动力及传动系统。动力及传动系统由汽油机、变速箱和油泵组成，其作用是完成动力的传递和转换，汽油机输出的扭矩和转速，经减速箱驱动油泵转动，产生高压油，从而把机械能转变为液体的压力能。

c. 油路系统。油路系统由操纵阀、压力表、油箱及管路组成，其作用是控制油路的压力、流量、方向和循环方式，使执行机构按预期的速度、方向和顺序动作，并确保液压系统的安全。

d. 量测系统。量测系统是静力触探仪的重要组成部分，测量静力触探的贯入阻力，国外常用油压法或电测法,在我国几乎均采用电测法。

② 探头。探头由金属制成,有锥尖和侧壁两个部分,锥尖为圆锥体,锥角一般为60°。探头在土中贯入时,探头总贯入阻力为锥尖总阻力和侧壁总摩阻力之和。

根据量测贯入阻力的方法不同,探头可分为两大类:一类只能量测总贯入阻力,不能区分锥尖阻力和侧壁总摩阻力,这类探头称为单用探头或综合型探头,其特点是探头的锥尖与侧壁连在一起。另一类能分别量测探头锥尖总阻力和侧壁总摩阻力,这类探头称为双用探头,其探头和侧壁套筒分开,并有各自测量变形的传感器。

(2) 静力触探的基本原理

静力触探的贯入阻力与探头的尺寸和形状有关。在我国,对于一定规格的圆锥形探头,单桥探头采用比贯入阻力 p_s（简称贯入阻力），双桥探头则采用锥尖阻力 q_e 和侧壁摩阻力 f_s。计算见式（2.5）～式（2.7）。

$$p_s = \frac{P}{A} \tag{2.5}$$

$$q_e = \frac{Q_e}{A} \tag{2.6}$$

$$f_s = \frac{P_f}{F} \tag{2.7}$$

式中，P 为探头总贯入阻力，N；A 为探头截面面积，cm²；Q_e 为锥尖总阻力，N；P_f 为探头侧壁总摩阻力，N；F 为探头套筒侧壁表面积，cm²。

当静力触探探头在静压力作用下向土层中匀速贯入时,探头附近土体受到压缩和剪切破坏,形成剪切破坏区、压密区和未变化区三个区域,同时对探头产生贯入阻力,通过量测系统,可测出不同深度处的贯入阻力。贯入阻力的变化,反映了土层物理力学性质的变化,同一种土层贯入阻力大,土的力学性质好,承载力就大；相反,贯入阻力小,土层就相对软弱,承载力就小。利用贯入阻力与现场荷载试验对比,或与桩基承载力及土的物理力学性质指标对比,运用数理统计方法,建立各种相关经验公式,便可确定土层的承载力等设计参数。

(3) 静力触探试验的技术要求规定

探头圆锥锥底截面积应采用10cm²或15cm²,单桥探头侧壁高度应分别采用57mm或77mm,双桥探头侧壁面积应采用150～300cm²,锥尖锥角应为60°；探头应匀速垂直压入土中,贯入速率为1.2m/min；探头测力传感器应连同仪器、电缆进行定期标定,室内探头标定测力传感器的非线性误差、重复性误差、滞后误差、温度漂移、归零误差均应小于1%,现场试验归零误差应小于3%,绝缘电阻不小于500MΩ；深度记录的误差不应大于触探深度的±1%；当贯入深度超过30m,或穿过厚层软土后再贯入硬土层时,应采取措施防止孔斜或断杆,也可配置测斜探头,量测触探孔的偏斜角,校正土层界线的深度；孔压探头在贯入前,应在室内保证探头应变腔为已排除气泡的液体所饱和,并在现场采取措施保持探头的饱和状态,直至探头进入地下水位以下的土层为止；在孔压静探试验过程中不得上提探头；当在预定深度进行孔压消散试验时,应量测停止贯入后不同时间的孔压值,其计时间隔由密而疏合理控制；试验过程不得松动探杆。

5. 动力触探试验

动力触探试验（Dynamic Penetration Test，DPT），它是用一定质量的落锤（冲击锤），提升到与型号相应的高度，让其自由下落，冲击钻杆上端的锤垫，使其与钻杆下端相连的探头贯入土中，根据贯入的难易程度，即贯入规定深度所需的锤击次数（击数），来判定土的工程性质，这种原位测试方法称为动力触探试验。在我国，动力触探仪按锤的质量大小可分为轻型、重型和超重型三类。每类动力触探仪都是由圆锥形探头、钻杆（或称探杆）、冲击锤三个主要部分构成。

（1）动力触探试验技术要求

采用自动落锤装置；触探杆最大偏斜度不应超过2%，锤击贯入应连续进行；同时防止锤击偏心、探杆倾斜和侧向晃动，保持探杆垂直度；锤击速率每分钟宜为15~30击；每贯入1m，宜将探杆转动一圈半；当贯入深度超过10m时，每贯入20cm宜转动探杆一次；对轻型动力触探，当锤击数≥100或贯入15cm锤击数超过50时，可停止试验；对重型动力触探，当连续三次锤击数≥50时，可停止试验或改用超重型动力触探。

采用动力触探可直接获得锤击数沿土层深度的分布曲线，即动力触探曲线，如图2.12所示。

动力触探试验的成果除了用锤击数表示外，还可用动贯入阻力q_d来表示。q_d一般应由仪器直接量测，进行校核和计算见式（2.8）。

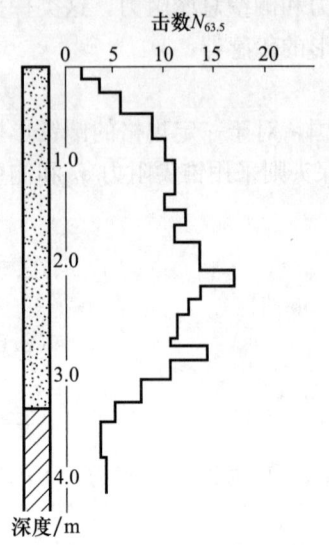

$N_{63.5}$—采用重型触探仪，即锤重635N、落距76cm、探头直径74mm、锥角60°和钻杆直径42mm的条件下，探头在某一深度处贯入土中10cm所施加的锤击次数。

图2.12 动力触探曲线

$$q_d = \frac{M}{l(M+M')} \times \frac{MgH}{A} \quad (2.8)$$

式中，q_d为动贯入阻力，MPa；M为落锤质量，kg；l为贯入度，cm；M'为探头、钻杆、锤垫和导向杆的质量，kg；g为重力加速度，其值为9.81m/s²；H为落距，m；A为探头的截面面积，cm²。

式（2.8）是根据牛顿撞击理论得出的，该理论假定碰撞后锤与垫完全不分开，且不考虑弹性能的损耗，故在应用时受下述条件的限制：$l=2$~50mm；触探深度一般不超过12m；$M'/M<2$。

（2）动力触探成果分析

① 根据触探击数、曲线形态，结合钻探资料可进行力学分层，分层时注意超前滞后现象，不同土层的超前滞后量是不同的。上为硬土层，下为软土层，超前为0.5~0.7m，滞后为0.2m；上为软土层，下为硬土层，超前为0.1~0.2m，滞后为0.3~0.5m。

② 在整理触探资料时，应剔除异常值，在计算土层的触探指标平均值时，超前滞后范围内的值不反映真实土性；临界深度以内的锤击数偏小，不反映真实土性，故不应参加统计。动力触探本来是连续贯入的，但也有配合钻探间断贯入的做法，间断贯入时临界深度以内的锤击数同样不反映真实土性，不应参加统计。

③ 整理多孔触探资料时，应结合钻探资料进行分析，对均匀土层，可用厚度加权平均法统计场地分层平均触探击数值。

2.3.2 室内试验

在进行室内试验前,需要进行室内制样。土样的制备是获得正确试验成果的前提。为保证试验成果的可靠性以及试验数据的可比性,应严格按照规程要求的程序进行制备。土样制备可分为原状土和扰动土的制备。扰动土的制备程序则主要包括取样、风干、碾散、过筛、制备等,这些程序步骤的正确与否,都会直接影响到试验成果的可靠性。土样的制备都融合在今后的每个试验项目中。

室内试验的内容主要包括土的物理性质指标、砂类土的粒度测定、细粒土的粒度测定、土的颗粒密度测定、土的干密度测定、土的含水率测定、细粒土的液限测定、细粒土的塑限测定、土的压缩性测定、土的剪切强度测定、岩石的单轴抗压强度测定、岩石的抗拉强度测定和岩石的剪切强度测定,具体介绍如下。

1. 土的物理性质指标

(1) 土的三相比例指标

土是岩石风化的产物,与一般建筑材料相比,具有以下 3 点特性:散体性、多样性和自然变异性。土的物质成分包括作为土骨架的固态矿物颗粒、土骨架孔隙中的液态水及其溶解物质以及土孔隙中的气体。因此,土是由颗粒(固相)、水(液相)和气体(气相)所组成的三相体系。

各种土的土粒大小(即粒度)和矿物成分都有很大差别,土的粒度成分或颗粒级配(即土中各个粒组的相对含量)反映土粒均匀程度对土的物理力学性质的影响。土中各个粒组的相对含量是粗粒土的分类依据。土粒及其周围的土中水又发生了复杂的物理化学作用,对土的性质影响很大。土中封闭气体对土的性质亦有较大影响。

因此,要研究土的物理性质就必须先认识土的三相组成物质、相互作用及其在天然状态下的结构等特性。从地质学观点来看,土是没有胶结或弱胶结的松散沉积物,或是三相组成的分散体;而从土质学观点来看,土是无黏性或有黏性、具有土骨架孔隙特性的三相体。土粒形成土体的骨架,土粒大小、形状、矿物成分及其组成状况是决定土的物理力学性质的重要因素。通常,土粒的矿物成分与土粒大小密切相关,粗大土粒的矿物成分往往是保持母岩的原生矿物,而细小土粒主要是化学风化形成的次生矿物,以及土生成过程中混入的有机物质。土粒的形状也与土粒大小有直接关系,粗大土粒的形状都是块状或柱状,而细小土粒主要呈片状。土的物理状态与土粒大小有很大关系,粗大土粒具有松密的状态特征,细小土粒则因与土中水相互作用而呈现软硬的状态特征。

土的三相组成物质的性质和三相比例指标的大小,必然在土的轻重、松密、湿干、软硬等一系列物理性质上有不同的反映。土的物理性质在一定程度上决定了其力学性质,所以物理性质是土最基本的工程特性。在处理土相关工程问题和进行土力学计算时,不仅要了解土的物理性质指标及其变化规律,从而认识各类土的特性,还必须掌握各指标的测定方法以及三相比例指标间的相互换算关系,并熟悉土的分类方法。

土的三相组成各部分的质量和体积之间的比例关系,随着各种条件的变化而改变。表示土的三相比例关系的指标称为土的三相比例指标,包括土粒比重(土粒相对密度)(Specific Gravity of Soil Particle)、土的含水率(Water Content or Moisture Content)、土的密度(Density)、特殊条件下土的密度(包括土的干密度、土的饱和密度、土的浮密度)、描述土的孔隙体积相对含量的指标(包括土的孔隙比、土的孔隙率、土的饱和度)。

(2) 土的胀缩性、湿陷性和冻胀性

土的胀缩性(Expansibility and Contractility)是指黏性土具有吸水膨胀和失水收缩的两种变形特性。黏粒成分主要是由亲水性矿物组成具有显著胀缩性的黏性土,习惯称为膨胀土(Ex-pansive Soil)。膨胀土一般强度较高,压缩性低,易被误认为是建筑性能较好的地基土。当膨胀土成为建筑地基时,如果对它的胀缩性缺乏认识,或者在设计和施工中没有采取必要的措施,结果反而会给建筑物造成危害,尤其对低层轻型的房屋或构筑物以及土工建筑物带来的危害更大。

土的湿陷性(Collapsibility)是指土在自重压力作用下,或自重压力和附加压力综合作用下,受水浸湿后土的结构迅速被破坏并发生显著附加下陷的特征。湿陷性黄土(Collapsed Loess)在我国广泛分布,此外,在干旱或半干旱地区,特别是在山前洪坡积扇中常遇到湿陷性的碎石类土和砂类土,在一定压力作用下浸水后也常具有强烈的湿陷性。

土的冻胀性(Frost Heaving)是指土的冻胀和冻融给建筑物或土工建筑物带来危害的变形特性。在冰冻季节,因大气负温影响,使土中水分冻结成为冻土(Frozen Soil)。冻土根据其冻融情况分为季节性冻土、隔年冻土和多年冻土。季节性冻土是指冬季冻结,夏季全部融化的冻土;冬季冻结,1~2年内不融化的土层称为隔年冻土;凡冻结状态维持在3年或3年以上的土层称为多年冻土。

(3) 黏性土的可塑性及界限含水率

黏性土是指当土中巨粒(土粒粒径大于60mm)和粗粒(0.075~60mm)的含量不超过50%时的土。同一种黏性土随其含水率的不同,而分别处于固态、半固态、可塑状态及流动状态,其界限含水率分别为缩限、塑限和液限。所谓可塑状态,就是当黏性土在其含水率范围内,可用外力塑成任何形状而不发生裂纹,并当外力移去后仍能保持所得形状。土的这种性能称为可塑性(Plasticity)。黏性土由一种状态转为另一种状态的界限含水率,称为阿太堡界限(Atterberg Limits)。它对黏性土的分类及工程性质的评价有重要意义。

土由可塑状态转到流动状态的界限含水率称为液限,或称塑性上限或流限,用符号ω_L表示;相反,土由可塑状态转为半固态的界限含水率,称为塑限,用符号ω_P表示;土由半固态不断蒸发水分,则体积继续逐渐缩小,直到体积不再收缩时,对应土的界限含水率称为缩限,用符号ω_S表示。界限含水率通常以百分数表示(省去%符号)。

(4) 黏性土的物理状态指标

① 塑性指数。土的塑性指数是指液限ω_L和塑限ω_P的差值(省去%符号),即土处在可塑状态的含水率变化范围,用符号I_P表示。

显然,塑性指数愈大,土处于可塑状态的含水率范围也愈大。换句话说,塑性指数的大小与土中结合水的可能含量有关。从土的颗粒来说,土粒愈细,则其比表面(积)愈大,结合水含量愈高,因而I_P也随之增大。从矿物成分来说,黏土矿物(尤以蒙脱石类)含量愈多,水化作用剧烈,结合水含量愈高,因而I_P也随之增大。从土中水的离子成分和浓度来说,当水中高价阳离子的浓度增加时,土粒表面吸附的反离子层中阳离子数量减少，层厚变薄，结合水含量相应减少，I_P 也变小；反之随着反离子层中低价阳离子的增加，I_P 变大。在一定程度上，塑性指标综合反映了黏性土及其三相组成的基本特性。因此，在工程上常按塑性指数对黏性土进行分类。

② 液性指数。土的液性指数是指黏性土的天然含水率和塑限的差值与塑性指数之比，用符号 I_L 表示。

当土的天然含水率 ω 小于 ω_P 时，I_L 小于 0，天然土处于坚硬状态；当 ω 大于 ω_L 时，I_L 大于 1，天然土处于流动状态；当 ω 在 ω_P 与 ω_L 之间时，即 I_L 在 0～1 之间，则天然土处于可塑状态。因此，可以利用液性指数 I_L 作为黏性土状态的划分指标。I_L 值愈大，土质愈软；反之，土质愈硬。

黏性土界限含水率指标都是采用重塑土测定的，它们仅反映黏土颗粒与水的相互作用，并不能完全反映具有结构性的黏性土体与水的关系，以及作用后表现出的物理状态。因此，保持天然结构的原状土，在其含水率达到液限后，并不处于流动状态，而成为流塑状态。

③ 天然稠度。土的天然稠度（Natural Consistency）是指原状土样测定的液限和天然含水率的差值与塑性指数之比，用符号 ω_c 表示。

土的天然稠度是衡量土的固态或流动性程度的量，具体指土的软硬程度或土受外力作用所引起变形或破坏的抵抗能力，是黏性土最主要的物理状态特征。这种稠度状态可分为流体状、塑体状和固体状，根据含水量的不同，土体受外力作用后所具有的活动程度也会有所不同。

天然稠度的试验通常采用直接法和间接法。直接法是按烘干法测定原状土的天然含水率，用稠度公式计算土的天然稠度。间接法则是用 LP-100 型液塑限联合测定仪测定天然结构土体的锥入深度，并用联合测定结果确定土的天然稠度。

(5) 黏性土的活动度、灵敏度和触变性

① 黏性土的活动度。黏性土的活动度 A 反映了黏性土中所含矿物的活动性。在实验室里，有两种土样的塑性指数可能很接近，但性质却有很大差异。为了把黏性土中所含矿物的活动性显示出来，可用塑性指数 I_P 与黏粒（粒径小于 0.002mm 的颗粒）含量 m 百分数之比值（即称为活动度）来衡量所含矿物的活动性。

② 黏性土的灵敏度。天然状态下的黏性土通常都具有一定的结构性（Structure Character），它是天然土的结构受到扰动影响而改变的特性。当受到外来因素的扰动时，土粒间的胶结物质以及土粒、离子、水分子所组成的平衡体系受到破坏，土的强度降低和压缩性增大。土的结构性对强度的这种影响，一般用灵敏度（Sensitivity）来衡量。土的灵敏度是以原状土的强度与该土经过重塑（土的结构性彻底破坏）后的强度之比来表示，重塑试样具有与原状试样相同的尺寸、密度和含水率。土的强度测定通常采用无侧限抗压强度试验。对于饱和黏性土的灵敏度计算见式 (2.9)。

$$S_t = \frac{q_u}{q'_u} \tag{2.9}$$

式中，S_t 为饱和黏性土的灵敏度；q_u 为原状试样的无侧限抗压强度，kPa；q'_u 为重塑试样的无侧限抗压强度，kPa。

③ 黏性土的触变性。饱和黏性土的结构受到扰动，导致强度降低，但当扰动停止

后,土的强度又随时间而逐渐部分恢复。黏性土的这种抗剪强度随时间恢复的胶体化学性质成为土的触变性(Thixotropy)。饱和软黏土易于触变的实质是这类土的微观结构为不稳定的片架结构,含有大量结合水。黏性土的强度主要来源于土粒间的联结特征,即粒间电分子力产生的原始黏聚力和粒间胶结物产生的固化黏聚力。当土体被扰动时,这两类黏聚力被破坏或部分被破坏,土体强度降低。但扰动破坏的外力停止后,被破坏的原始黏聚力可随时间部分恢复,因而强度有所恢复。然而,固化黏聚力的破坏是无法在短时间内恢复的。因此,易于触变的土体,被扰动而降低的强度仅能部分恢复。

(6) 无黏性土的密实度

当土中巨粒(土粒粒径大于60mm)和粗粒(0.075~60mm)的含量超过全重50%时,属无黏性土(Non-cohesive Soils)。砂类土是一种典型的无黏性土。砂类土的密实度(Compactness)在一定程度上可根据天然孔隙比e的大小来评定。但对于级配相差较大的不同类土,则天然孔隙比e难以有效判定密实度的相对高低。例如某级配不良的砂类土所确定的天然孔隙比,根据该孔隙比可评定为密实状态;而对于级配良好的土,同样具有这一孔隙比,可能判为中密或者稍密状态。因此,为了合理判定砂类土的密实度状态,在工程上提出了相对密实度D_r的概念,它的表达式见式(2.10)。

$$D_r = \frac{e_{\max} - e}{e_{\max} - e_{\min}} \tag{2.10}$$

式中,$e_{\max}$为砂类土在最松散状态时的孔隙比,即最大孔隙比;$e_{\min}$为砂类土在最密实状态时的孔隙比,即最小孔隙比;e为砂类土在天然状态时的孔隙比。

2. 砂类土的粒度测定

砂类土的粒度一般采用筛析法和密度计法或移液管法。筛析法适用于粒径大于0.075mm且小于或等于600mm的土。当粒径小于等于0.075mm的试样质量大于试样总质量的10%时,应按密度计法或移液管法测定。

(1) 使用的仪器设备应符合的规定

分析筛:粗筛,孔径为60mm、50mm、40mm、20mm、10mm、2mm。

细筛:孔径为2.0mm、1.0mm、0.5mm、0.25mm、0.075mm。

天平:称量为5000g,最小分度值为1g;称量为1000g,最小分度值为0.1g;称量为200g,最小分度值为0.01g。

振筛机:筛析过程中应能上下振动。

其他:烘箱、研钵、瓷盘、毛刷等。

筛析法的取样数量,应符合规定。

(2) 筛析法的试验步骤

① 从准备好的土样中取代表性试样,数量为:最大粒径小于2mm的,取100~300g;最大粒径为2~10mm的,取300~1000g;最大粒径为10~20mm的,取1000~2000g;最大粒径为20~40mm的,取2000~4000g;最大粒径大于40mm的,取4000g以上。

② 将试样过2mm筛,称筛上和筛下的试样质量。当筛下的试样质量小于试样总质量的10%时,不作细筛分析;筛上的试样质量小于试样总质量的10%时,不作粗筛分析。

③ 取筛上的试样倒入依次叠好的粗筛中，筛下的试样倒入依次叠好的细筛中，进行筛析。细筛宜置于振筛机上振筛，振筛时间宜为 10~15min，再按由上而下的顺序将各筛取下，称各级筛上及底盘内试样的质量，应准确至 0.1g。

④ 筛后各级筛上和筛底上试样质量的总和与筛前试样总质量的差值，不得大于试样总质量的 1%。

（3）含有细粒土颗粒的砂类土筛析法试验步骤

① 按规定称取代表性试样，置于盛水容器中充分搅拌，使试样的粗细颗粒完全分离。

② 将容器中的试样悬液通过 2mm 筛，取筛上的试样烘至恒量，称烘干试样质量，应准确到 0.1g，并进行粗筛分析；取筛下的试样悬液，用带橡皮头的研杵研磨，再过 0.075mm 筛，并将筛上试样烘至恒量，称烘干试样质量，应准确至 0.1g，然后进行细筛分析。

③ 当采用密度计法或移液管法测定小于 0.075mm 的颗粒组成时，小于某粒径的试样质量占试样总质量的百分比计算见式（2.11）。

$$X = \frac{m_A}{m_B} \times d_x \tag{2.11}$$

式中，X 为小于某粒径的试样质量占试样总质量的百分比，%；m_A 为小于某粒径的试样质量，g；m_B 为筛析时的试样总质量，g；d_x 为粒径小于 2mm 的试样质量占试样总质量的百分比，%。

以小于某粒径的试样质量占试样总质量的百分比为纵坐标，颗粒粒径为横坐标，在单对数坐标上绘制颗粒大小分布曲线。必要时计算级配指标、不均匀系数和曲率系数。

3. 细粒土的粒度测定

测定细粒土的粒度采用密度计法。

(1) 试验设备规定

本试验所用的主要仪器设备，应符合下列规定。

① 密度计：甲种密度计，刻度为 $-5°$~$50°$，最小分度值为 $0.5°$；乙种密度计，刻度为 0.995~1.02，最小分度值为 0.0002。

② 量筒。内径约 60mm，容积 1000mL，高约 420mm，刻度为 0~1000mL，最小分度值为 10mL。

③ 洗筛。孔径为 0.075mm。

④ 洗筛漏斗。上口直径大于洗筛直径，下口直径略小于量筒内径。

⑤ 天平。称量为 1000g，最小分度值为 0.1g；称量为 200g，最小分度值为 0.01g。

⑥ 搅拌器。轮径为 50mm，孔径为 3mm，杆长约 450mm，带螺旋叶。

⑦ 煮沸设备。附冷凝管装置。

⑧ 温度计。刻度为 0~50℃，最小分度值为 0.5℃。

⑨ 其他。秒表、锥形瓶（容积 500mL）、研钵、木杵、电导率仪等。

(2) 试验试剂规定

本试验所用试剂，应符合下列规定。

① 4% 六偏磷酸钠溶液，溶解 4g 六偏磷酸钠 $(NaPO_3)_6$ 于 100mL 水中。

② 5％酸性硝酸银溶液，溶解 5g 硝酸银（$AgNO_3$）于 100mL 的 10％硝酸（HNO_3）溶液中。

③ 5％酸性氯化钡溶液，溶解 5g 氯化钡（$BaCl_2$）于 100mL 的盐酸（HCl）溶液中。

（3）密度计法试验步骤

① 试验的试样。宜采用风干试样。当试样中易溶盐含量大于 0.5％时，应洗盐。易溶盐含量的检验方法可用电导法或目测法。

电导法：按电导率仪使用说明书操作，测定温度 T℃时，试样溶液（土水比为 1：5）的电导率。可按式（2.12）计算 20℃时的电导率。

$$K_{20} = \frac{K_T}{1+0.02(T-20)} \tag{2.12}$$

式中，K_{20} 为 20℃时悬液的电导率，$\mu s/cm$；K_T 为 T℃时悬液的电导率，$\mu s/cm$；T 为测定时悬液的温度，℃。

当 K_{20} 大于 100 时应洗盐。洗盐方法：称取干土质量为 30g 的风干试样，准确至 0.01g，倒入 500mL 的锥形瓶中，加纯水 200mL，搅拌后用滤纸过滤或抽气过滤，并用纯水洗滤到滤液的电导率 K_{20} 小于 $1000\mu s/cm$（或兑 5％酸性硝酸银溶液和 5％酸性氯化钡溶液无白色沉淀反应）为止。

目测法：取风干试样 3g 于烧杯中，加适量纯水调成糊状研散，再加纯水 25mL，煮沸 10min，冷却后移入试管中，放置过夜，观察试管，出现凝聚现象应洗盐。

② 试样风干含水率。称取具有代表性风干试样 200～300g，过 200mm 筛，求出筛土试样占试样总质量的百分比。取筛下土测定试样风干含水率。

③ 试样风干质量。试样干质量为 30g 的风干试样质量按式（2.13）和式（2.14）计算。

当易溶盐含量小于 1％时：

$$m_0 = 30(1+0.01)\omega_0 \tag{2.13}$$

当易溶盐含量大于或等于 1％时：

$$m_0 = \frac{30(1+0.01\omega_0)}{1-W} \tag{2.14}$$

式中，m_0 为试样风干质量，m；ω_0 为含水率，％；W 为溶盐含量，％。

④ 将风干试样或洗盐后在滤纸上的试样，倒入 500mL 锥形瓶，注入纯水 200mL，浸泡过夜，然后置于煮沸设备上煮沸，煮沸时间宜为 40min。

⑤ 将冷却后的悬液移入烧杯中，静置 1min，通过洗筛漏斗将上部悬液过 0.075mm 筛，遗留杯底沉淀物用带橡皮头研杵研散，再加适量水搅拌，静置 1min；然后将上部悬液过 0.075mm 筛，如此重复倾洗（每次倾洗，最后所得悬液不得超过 1000mL）直至杯底砂粒洗净，将筛上和杯中砂粒合并洗入蒸发皿中，倒去清水，烘干，称量并进行细筛分析，并计算各级颗粒占试样总质量的百分比。

⑥ 将过筛悬液倒入量筒，加入 4％六偏磷酸钠 10mL，再注入纯水至 1000mL。

⑦ 将搅拌器放入量筒中，沿悬液深度上下搅拌 1min，取出搅拌器，立即开动秒表，将密度计放入悬液中，测记 0.5min、1min、2min、5min、15min、30min、60min，

120min，180min 和 1440min 时的密度计读数。每次读数均应在预定时间前 10～20s，将密度计放入悬液中，且接近读数的深度，保持密度计浮泡处在量筒中心，不得贴近量筒内壁。

⑧ 密度计读数均以弯月面上缘为准。甲种密度计读数应准确至 0.5，乙种密度计读数应准确至 0.0002。每次读数后，应取出密度计放入盛有纯水的量筒中，并应测定相应的悬液温度，准确至 0.5℃，放入或取出密度计时，应小心轻放，不得扰动悬液。

小于某粒径的试样质量占试样总质量的百分比应按式（2.15）和式（2.16）计算。

甲种密度计：

$$X = \frac{100}{m_d} C_G (R + m_T + n - C_D) \tag{2.15}$$

式中，X 为小于某粒径的试样质量百分比，%；m_d 为试样干质量，g；C_G 为土粒相对密度校正值；R 为甲种密度计读数；m_T 为悬液温度校正值；n 为弯月面校正值；C_D 为分散剂校正值。

乙种密度计：

$$X = \frac{100V_x}{m_d} C'_G [(R'-1) + m'_T + n' + C'_D] \rho_{w20} \tag{2.16}$$

式中，X 为土粒相对密度校正值；V_x 为悬液体积（=1000mL）；m_d 为试样干质量，g；C'_G 为土粒相对密度校正值；R' 为乙种密度计读数；m'_T 为悬液温度校正值；n' 为弯月面校正值；C'_D 为分散剂校正值；ρ_{w20} 为 20℃时纯水的密度（=0.998232g/cm^3）。

4. 土的颗粒密度测定

对小于、等于和大于 5mm 土颗粒组成的土，应分别采用比重瓶法、浮称法和虹吸筒法测定相对密度。

（1）比重瓶法

本试验方法适用于粒径小于 5mm 的各类土。

① 主要仪器设备的规定。本试验所用的主要仪器设备应符合下列规定。

a. 比重瓶，容积 100mL 或 50mL，分长颈和短颈两种。

b. 恒温水槽，准确度应为 ±1℃。

c. 砂浴，应能调节温度。

d. 天平，称量为 200g，最小分度值为 0.001g。

e. 温度计，刻度为 0～50℃，最小分度值为 0.5℃。

② 比重瓶的校准步骤。比重瓶的校准步骤如下。

a. 将比重瓶洗净，烘干，置于干燥器内，冷却后称量，准确至 0.001g。

b. 将煮沸经冷却的纯水注入比重瓶。对长颈比重瓶注水至刻度处；对短颈比重瓶应注纯水，塞紧瓶塞，多余水自瓶塞毛细管中溢出，将比重瓶放入恒温水槽直至瓶内水温稳定。取出比重瓶，擦干外壁，称瓶、水总质量，准确至 0.001g。测定恒温水槽内水温，准确至 0.5℃。

c. 调节数个恒温水槽内的温度，温度差宜为 5℃，测定不同温度下的瓶、水总质量。每个温度时均应进行两次平行测定，两次测定的差值不得大于 0.002g，取两次测定值的平均值为测定结果。绘制温度与瓶、水总质量的关系曲线。

③ 比重瓶法试验步骤。比重瓶法试验步骤如下。

a. 将比重瓶烘干。称烘干试样15g（当用50mL的比重瓶时，称烘干试样10g）装入比重瓶，称试样和瓶的总质量，准确至0.001g。

b. 向比重瓶内注入半瓶纯水，摇动比重瓶，并放在砂浴上煮沸，煮沸时间自悬液沸腾起砂类土不应少于30min，黏土、粉土不得少于1h，沸腾后应调节砂浴温度，比重瓶内悬液不得溢出。对砂类土宜用真空抽气法，对含有可溶盐、有机质和亲水性胶体的土必须用中性液体（煤油）代替纯水。采用真空抽气法排气，真空表读数宜接近当地一个大气负压值，抽气时间不得少于1h。

c. 将煮沸经冷却的纯水（或抽气后的中性液体）注入装有试样悬液的比重瓶。当用长颈比重瓶时注纯水至刻度处；当用短颈比重瓶时应将纯水注满，塞紧瓶塞，多余的水分自瓶塞毛细管中溢出。将比重瓶置于恒温水槽内至温度稳定，且瓶内上部悬液澄清。取出比重瓶，擦干瓶外壁，称比重瓶、水、试样总质量，准确至0.001g，并应测定瓶内的水温，准确至0.5℃。

d. 从温度与瓶、水总质量的关系曲线中查得各试验温度下的瓶、水总质量。

（2）浮称法

本试验方法适用于粒径等于或大于5mm的各类土，且其中粒径大于20mm的土质量应小于总土质量的10%。

① 主要仪器设备的规定。本试验所用的主要仪器设备应符合下列规定。

a. 铁丝筐：孔径小于5mm，边长为10～15cm，高度为10～20cm。

b. 盛水容器：尺寸应大于铁丝筐。

c. 浮秤天平：称量为200g，最小分度值为0.5g（图2.13）。

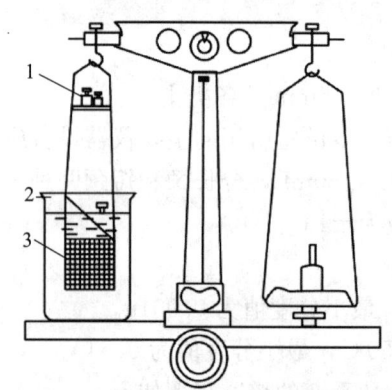

1—平衡砝码；2—盛水容器；3—盛粗粒土的铁丝筐。

图2.13 浮秤天平

② 浮称法试验步骤。浮称法试验步骤如下。

a. 取代表性试样500～1000g，表面清洗洁净，浸入水中一昼夜后取出，放入铁丝筐，并缓慢地将铁丝筐浸没于水中，在水中摇动至试样中气泡逸出。

b. 称铁丝筐和试样在水中的质量，取出试样烘干，并称烘干试样质量。

c. 称铁丝筐在水中的质量，并测定盛水容器内水温，准确至0.5℃。土粒相对密度G_s计算见式（2.17）。

$$G_s = \frac{m_d}{m_d - (m_{1s} - m_1')} \times G_{wT} \qquad (2.17)$$

式中，m_{1s} 为铁丝框和试样在水中质量，g；m_d 为试样干质量，g；m_1' 为铁丝框在水中质量，g；G_{wT} 为不同温度时水的相对密度，可查相关物理手册。

（3）虹吸筒法

本试验方法适用于粒径等于或大于 5mm 的各类土，且其中粒径大于 20mm 的土质量等于或大于总土质量的 10%。

① 主要仪器设备的规定。本试验所用的主要仪器设备应符合下列规定。

a. 虹吸筒装置：由虹吸筒、虹吸管、橡皮管、管夹等组成。

b. 天平：称量为 1000g，最小分度值为 0.3g。

c. 量筒：容积应大于 500mL。

② 虹吸筒法试验步骤。虹吸筒法试验步骤如下。

a. 取代表性试样 700~1000g，试样应清洗洁净，浸入水中一昼夜后取出晾干，对大颗粒试样宜用干布擦干表面，并称晾干试样质量。

b. 将清水注入虹吸筒至虹吸管口有水溢出时关管夹，试样缓缓放入虹吸筒中，边放边搅拌，至试样中无气泡逸出为止，搅动时水不得溅出筒外。

c. 当虹吸筒内水面平稳时开管夹，让试样排开的水通过虹吸管流入量筒，称量筒与水的总质量，准确至 0.5g，并测定量筒内水温，准确至 0.5℃。

d. 取出试样烘至恒量，称烘干试样质量，准确至 0.1g，称量筒质量，准确至 0.5g。土粒的相对密度计算见式（2.18）。

$$G_s = \frac{m_d}{(m_{cw} - m_c) - (m_{ad} - m_d)} \times G_{wT} \qquad (2.18)$$

式中，m_c 为量筒质量，g；m_{cw} 为量筒与水的总质量，g；m_{ad} 为晾干试样的质量 g。

5. 土的干密度测定

土的干密度测定主要有环刀法和蜡封法两种试验方法。

（1）环刀法

本试验方法适用于细粒土。

① 主要仪器设备的规定。本试验所用的主要仪器设备应符合下列规定。

a. 环刀：内径为 61.8mm 和 79.8mm，高度为 20m。

b. 天平：称量为 500g，最小分度值为 0.1g；称量为 200g，最小分度值为 0.01g。

② 测定内容。环刀法测定密度，应对原状土制样步骤进行试验，称重并求得试样的湿密度。

本试验应进行两次平行测定，两次测定的差值不得大于 $0.03g/cm^3$，取两次测值的平均值。

（2）蜡封法

本试验方法适用于易破裂土和形状不规则的坚硬土。

① 主要仪器设备的规定。本试验所用的主要仪器设备应符合下列规定。

a. 蜡封设备：应附熔蜡加热器。

b. 天平：应符合环刀法天平的规定。

② 蜡封法试验步骤。

a. 从原状土样中，切取体积不小于 30cm³ 的代表性试样，清除表面浮土及尖锐棱角，系上细线，称试样质量，准确至 0.01g。

b. 持线将试样缓缓浸入刚过熔点的蜡液中，浸没后立即提出，检查试样周围的蜡膜，当有气泡时应用针刺破，再用蜡液补平，冷却后称蜡封试样质量。

c. 将蜡封试样挂在天平的一端，浸没于盛有纯水的烧杯中，称蜡封试样在纯水中的质量，并测定纯水的温度。

d. 取出试样，擦干蜡面上的水分，再称蜡封试样质量，当浸水后试样质量增加时，应另取试样重做试验。

试样的干密度 ρ_0 计算见式 (2.19)。

$$\rho_0 = \frac{m_0}{\dfrac{m_n - m_{nw}}{\rho_{wT}} - \dfrac{m_n - m_0}{\rho_n}} \tag{2.19}$$

式中，m_0 为试样风干质量，g；m_n 为蜡封试样质量，g；m_{nw} 为蜡封试样在纯水中的质量，g；ρ_{wT} 为纯水在常温下的密度，g/cm³；ρ_n 为蜡的密度，g/cm³。

本试验应进行两次平行测定，两次测定的差值不得大于 0.03g/cm³，取两次测值的平均值。

6. 土的含水率测定

本试验方法适用于粗粒土、细粒土、有机质土和冻土。

(1) 试验设备规定

本试验所用的主要仪器设备应符合下列规定。

① 电热烘箱。应能控制温度为 105～110℃。

② 天平。称量为 200g，最小分度值为 0.01g；称量为 1000g，最小分度值为 0.1g。

(2) 含水率试验步骤

① 取具有代表性试样 10～30g 或用环刀中的试样（有机质土、砂类土和整体状构造冻土为 50g），放入称量盒内，盖上盒盖，称盒加湿土质量，准确至 0.01g。

② 打开盒盖，将盒置于烘箱内，在 105～110℃ 的恒温下烘至恒量。烘干时间对黏土、粉土不得少于 8h，对砂类土不得少于 6h，对含有机质超过干土质量 5% 的土，应将温度控制在 65～70℃ 的恒温下烘至恒量。

③ 将称量盒从烘箱中取出，盖上盒盖，放入干燥容器内冷却至室温，称量盒加干土质量，准确至 0.01g。试样的含水率 ω_0 计算见式 (2.20)，准确至 0.1%。

$$\omega_0 = \left(\frac{m_0}{m_d} - 1\right) \times 100\% \tag{2.20}$$

式中，m_d 为干土质量，g；m_0 为湿土质量，g。

(3) 层状和网状构造的冻土含水率试验步骤

① 用四分法切取 200～500g 试样（视冻土结构均匀程度而定，结构均匀少取，反之多取）放入搪瓷盘中，称量盘和试样质量，准确至 0.1g。

② 待冻土试样融化后，调成均匀糊状（土太湿时，多余的水分让其自然蒸发或用吸球吸出，但不得将土粒带出；土太干时，可适当加水），称土糊和盘质量，准确至 0.1g。

层状和网状冻土的含水率应按式（2.21）计算，准确至 0.1%。

$$\omega = \left[\frac{m_1}{m_2}(1+0.01\omega_h) - 1\right] \times 100\% \tag{2.21}$$

式中，ω 为含水率，%；m_1 为冻土试样质量，g；m_2 为糊状试样质量，g；ω_h 为糊状试样的含水率，%。

本试验必须对两个试样进行平行测定，测定的差值：当含水率小于40%时，取值为1%；当含水率等于或大于40%时，取值为2%；对层状和网状构造的冻土不大于3%，取两个测值的平均值，以百分数表示。

7. 细粒土的液限测定

细粒土的液限采用碟式仪液限试验。本试验方法适用于粒径小于 0.5mm 的土。

(1) 试验设备规定

本试验所用的主要仪器设备应符合下列规定。

① 碟式液限仪。由铜碟、支架及底座组成，底座应为硬橡胶制成。

② 开槽器。带量规，具有一定的形状和尺寸。

(2) 碟式仪的校准步骤

① 松开调整板的定位螺钉，将开槽器上的量规垫在铜碟与底座之间，用调整螺钉将铜碟提升高度调整到10mm。

② 保持量规位置不变，迅速转动摇柄以检验调整是否正确。当蜗形轮碰击从动器时，铜碟不动，并能听到轻微的声音，表明调整正确。

③ 拧紧定位螺钉，固定调整板。

(3) 碟式仪法试验步骤

① 将制备好的试样充分调拌均匀，铺于铜碟前半部，用调土刀将铜碟前沿试样刮成水平，使试样中心厚度为10mm。用开槽器经蜗形轮的中心沿铜碟直径将试样划开，形成"V"形槽。

② 以每秒两转的速度转动摇柄，使铜碟反复起落，坠击于底座上，记录击数，直至槽底两边试样的合拢长度为13mm 时，记录击数，并在槽的两边取试样不应少于10g，放入称量盒内，测定含水率。

③ 将加不同水量的试样，重复本方法①、②的步骤测定槽底两边试样合拢长度为13mm 所需要的击数及相应的含水率，试样宜为 4～5 个，槽底试样合拢所需要的击数宜控制在 15～35 击。以击次为横坐标，含水率为纵坐标，在单对数坐标纸上绘制击次与含水率关系曲线，取曲线上击次为25所对应的整数含水率为试样的液限。

8. 细粒土的塑限测定

细粒土的塑限采用滚搓法塑限试验。本试验方法适用于粒径小于 0.5mm 的土。

(1) 试验设备规定

本试验所用的主要仪器设备应符合下列规定。

① 毛玻璃板。尺寸宜为 200mm×300mm。

② 卡尺。分度值为 0.02mm。

(2) 滚搓法试验步骤

① 取 0.5mm 筛下的代表性试样 100g，放在盛土皿中加纯水拌匀，湿润过夜。

②将制备好的试样在手中揉捏至不粘手,捏扁,当出现裂缝时,表示其含水率接近塑限。

③取接近塑限含水率的试样8～10g,用手搓成椭圆形,放在毛玻璃板上用手掌滚搓,滚搓时手掌的压力要均匀地施加在土条上,不得使土条在毛玻璃板上无力滚动,土条不得有空心现象,土条长度不宜大于手掌宽度。

④当土条直径搓成3mm时产生裂缝,并开始断裂,表示试样的含水率达到塑限含水率。当土条直径搓成3mm时不产生裂缝或土条直径大于3mm时开始断裂,表示试样的含水率高于塑限或低于塑限,都应重新取样进行试验。

⑤取直径3mm有裂缝的土条3～5g,测定土条的含水率。本试验应进行两次平行测定,两次测定的差值符合要求时,取两次测值的平均值。

9. 土的压缩性测定

土的压缩性采用标准固结试验。本试验方法适用于饱和的黏土。当只进行压缩时允许用于非饱和土。

(1) 试验设备规定

本试验所用的主要仪器设备应符合下列规定。

① 固结仪。固结仪的组成如图2.14所示。

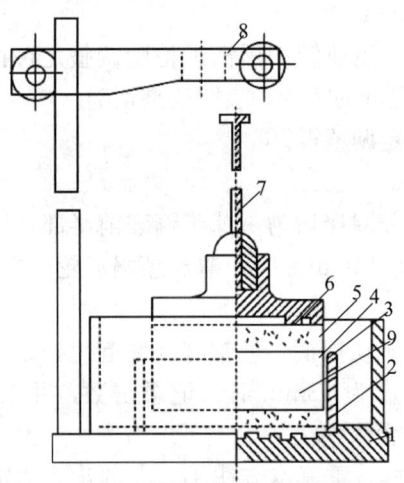

1—水槽;2—护环;3—环刀;4—导环;5—透水板;6—加压上盖;
7—位移计导杆;8—位移计架;9—试样。

图2.14 固结仪

② 环刀。内径为61.8mm和79.8mm,高度为20mm。环刀应具有一定的刚度,内壁应保持较高的光洁度,宜涂一薄层硅脂或聚四氟乙烯。

③ 透水板。由氧化铝或不受腐蚀的金属材料制成,其渗透系数应大于试样的渗透系数。用固定式容器时,顶部透水板直径应小于环刀内径0.2～0.5mm;用浮环式容器时上、下端透水板直径相等,均应小于环刀内径。

④ 加压设备。应能垂直地在瞬间施加各级规定的压力,且没有冲击力,压力准确度应符合国家标准《岩土工程仪器基本参数及通用技术条件》(GB/T 15406—2007)的规定。

⑤ 变形量测设备。量程为10mm，最小分度值为0.01mm的百分表或准确度为全量程0.2%的位移传感器。

(2) 固结试验步骤

固结仪及加压设备应定期校准，并应作出仪器变形校正曲线。测定试样的含水率和密度，取切下的余土测定土粒相对密度。试样需要饱和时，应进行抽气饱和。固结试验应按下列步骤进行。

① 在固结容器内放置护环、透水板和薄型滤纸，将带有试样的环刀装入护环内，放上导环，试样上依次放上薄型滤纸、透水板和加压上盖，并将固结容器置于加压框架正中，使加压上盖与加压框架中心对准，安装百分表或位移传感器。

② 施加1kPa的预压力使试样与仪器上、下各部件之间接触，将百分表或传感器调整到零位或测读初读数。

③ 确定需要施加的各级压力，压力等级宜为12.5kPa、25kPa、50kPa、100kPa、200kPa、400kPa、800kPa、1600kPa、3200kPa。第一级压力的大小应视土的软硬程度而定，宜用12.5kPa、25kPa或50kPa。最后一级压力应大于土的自重压力与附加压力之和。只需测定压缩系数时，最大压力不小于400kPa。

④ 需要确定原状土的先期固结压力时，初始段的荷重率应小于1，可采用0.5或0.25。施加的压力应使测得的曲线下段出现直线段。对超固结土，应进行卸压、再加压来评价其再压缩特性。

⑤ 对于饱和试样，施加第一级压力后应立即向水槽中注水浸没试样。非饱和试样进行压缩试验时，需用湿棉纱围住加压板周围。

⑥ 需要测定沉降速率、固结系数时，施加每一级压力后宜按下列时间顺序测记试样的高度变化。不需要测定沉降速率时，则施加每级压力后24h测定试样高度变化作为稳定标准。只需测定压缩系数的试样，施加每级压力后，每小时变形达0.01mm时，测定试样高度变化作为稳定标准。按此步骤逐级加压至试验结束。

⑦ 需要进行回弹试验时，可在某级压力下固结稳定后退压，直至退到要求的压力，每次退压至24h后测定试样的回弹量。

⑧ 试验结束后吸去容器中的水，迅速拆除仪器各部件，取出整块试样，测定含水率。试样的初始孔隙比e_0计算见式(2.22)。

$$e_0 = \frac{(1+\omega_0)G_s\rho_w}{\rho_0} - 1 \quad (2.22)$$

式中，ρ_0为试样的湿密度，g/cm³；ω_0为含水率，%；G_s为土粒相对密度；ρ_w为水的密度，g/cm³。

各级压力下试样固结稳定后的单位沉降量应按式(2.23)计算。

$$S_i = \frac{\sum \Delta h_i}{h_0} \times 10^3 \quad (2.23)$$

式中，S_i为某级压力下的单位沉降量，mm/m；h_0为试样初始高度，mm；$\sum \Delta h_i$为某级压力下试样固结稳定后的总变形量（等于该压力下固结稳定读数减去仪器变形量），mm；$\times 10^3$为单位换算系数。

各级压力下试样固结稳定后的孔隙比e_i计算见式(2.24)。

$$e_i = e_0 - (1+e_0)\frac{\Delta h_i}{h_0} \tag{2.24}$$

式中，Δh_i 为某级压力下试样固结稳定后的变形量，mm。

分别以孔隙比为纵坐标，以压力、压力的对数为横坐标，绘制孔隙比与压力的关系曲线和孔隙比与压力的对数关系曲线。

(3) 固结系数确定方法

① 时间平方根法。对某一级压力，以试样的变形为纵坐标，以时间平方根为横坐标，绘制变形与时间平方根关系曲线。延长曲线开始段的直线，交纵坐标于 d 为理论零点，过 d 作另一直线，令其横坐标为前一直线横坐标的 1.15 倍，则后一直线与 d-t（t 为时间）曲线交点所对应的时间平方即试样固结度达 90% 所需的时间 t_{90}，该级压力下的固结系数计算见式（2.25）。

$$C_v = \frac{0.848\bar{h}^2}{t_{90}} \tag{2.25}$$

式中，C_v 为固结系数，cm^2/s；$\bar{h}$ 为最大排水距离，等于某级压力下试样的初始和终了高度的平均值一半，cm；t_{90} 为试样固结度达 90% 所需的时间，s。

② 时间对数法。对某一级压力，以试样的变形为纵坐标，以时间的对数为横坐标，绘制变形与时间对数关系曲线。在关系曲线的开始段，选任一时间 t_1，查得相对应的变形值 d_1，再取时间 t_2（$t_2 = t_1/4$），查得相对应的变形值 d_2，则 $2d_2 - d_1$ 即 d_{01}；另取一时间依同法求得 d_{02}、d_{03}、d_{04} 等，取其平均值为理论零点 d，延长曲线中部的直线段和通过曲线尾部数点切线的交点即理论终点 d_{100}，则 $d_{50} = (d_2 + d_{100})/2$，对应于 d_{50} 的时间，即试样固结度达 50% 所需的时间。t_{50} 在某一级压力下的固结系数计算见式（2.26）。

$$C_v = \frac{0.197\bar{h}^2}{t_{50}} \tag{2.26}$$

式中，t_{50} 为试样固结度达 50% 所需的时间，s。

10. 土的剪切强度测定

(1) 三轴压缩试验

测定土的剪切强度采用三轴压缩试验。本试验方法适用于细粒土和粒径小于 20mm 的粗粒土。本试验应根据工程要求分别采用不固结不排水剪试验、固结不排水剪测孔隙水压力试验和固结排水剪试验。本试验必须制备 3 个以上性质相同的试样，在不同的周围压力下进行试验，周围压力宜根据工程实际荷重确定。对于填土，最大一级周围压力应与最大的实际荷重大致相等。

① 主要仪器设备。

a. 应变控制式三轴仪的组成如图 2.15 所示。

b. 附属设备。包括击样器、饱和器、切土器、原状土分样器、切土盘，承膜筒和对开圆膜，应符合要求。

c. 天平。称量为 200g，最小分度值为 0.01g；称量为 1000g，最小分度值为 0.1g。

d. 橡皮膜。应具有弹性的乳胶膜，对直径 39.1mm 和 61.8mm 的试样，厚度以 0.1~0.2mm 为宜；对直径 101mm 的试样，厚度以 0.2~0.3mm 为宜。

e. 透水板。直径与试样直径相等，其渗透系数宜大于试样的渗透系数，使用前在水中煮沸并泡于水中。

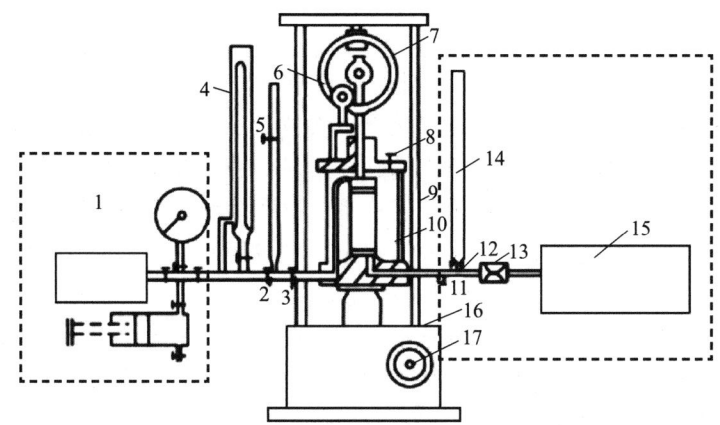

1—周围压力系统；2—周围压力阀；3—排水阀；4—体变管；5—排水管；6—轴向位移表；
7—测力计；8—排气孔；9—轴向加压设备；10—压力室；11—孔压阀；12—量管阀；
13—孔压传感器；14—量管；15—孔压量测系统；16—离合器；17—手轮。

图 2.15 应变控制式三轴仪

② 试验时仪器的规定。试验时仪器应符合下列规定。

a. 周围压力的测量准确度应为全量程的 1%，根据试样的强度大小，选择不同量程的测力计，应使最大轴向压力的准确度不低于 1%。

b. 孔隙水压力量测系统内的气泡应完全排除。系统内的气泡可用纯水冲出或施加压力使气泡溶解于水，并从试样底座溢出。整个系统的体积变化因数应小于 $1.5 \times 10^{-5} cm^3/kPa$。

c. 管路应畅通，各连接处应无漏水，压力室活塞杆在轴套内应能滑动。

d. 在使用橡皮膜前，应对其进行仔细检查，其方法是扎紧两端，向膜内充气，在水中检查，应无气泡溢出，方可使用。

③ 具体试验方法。本试验采用的试样最小直径为 35mm，最大直径为 101mm，试样高度宜为试样直径的 2~2.5 倍，试样的允许最大粒径应符合规定。对于有裂缝，软弱面和构造面的试样，试样直径宜大于 60mm，具体试验方法如下。

a. 对于较软的土样，先用钢丝锯或切土刀切取一稍大于规定尺寸的土柱，放在切土盘上、下圆盘之间，用钢丝锯或切土刀紧靠侧板，由上往下细心切削，边切削边转动圆盘，直至土样被削成规定的直径为止。试样切削时应避免扰动，当试样表面遇有砾石或凹坑时，允许用削下的余土填补。

b. 对较硬的土样，先用切土刀切取一稍大于规定尺寸的土柱，放在切土架上，用切土器切削土样，边削边压切土器，直至切削到超出试样高度约 2cm 为止。

c. 取出试样，按规定的高度将两端削平，称量，并取余土测定试样的含水率。

d. 对于直径大于 10cm 的土样，可用分样器切成 3 个土柱，按上述方法切取直径 39.1mm 的试样。

扰动土试样制备应根据预定的干密度和含水率，在击样器内分层击实，粉土宜为 3~5 层，黏土宜为 5~8 层，各层土料数量应相等，各层接触面应刨毛。击完最后一层，将击样器内的试样两端整平，取出试样称量，对制备好的试样，应量测其直径和高度。试样的平均直径 D_0 按式（2.27）计算。

$$D_0 = \frac{D_1 + 2D_2 + D_3}{4} \tag{2.27}$$

式中，D_1、D_2、D_3 为试样上、中、下部位的直径，mm。

砂类土的试样制备应先在压力室底座上依次放上不透水板、橡皮膜和对开圆模。根据砂样的干密度及试样体积，称取所需的砂样质量，分三等份，将每份砂样填入橡皮膜内，填至该层要求的高度，依次按第二层、第三层顺序填入，直至膜内填满为止。当制备饱和试样时，在压力室底座上依次放透水板、橡皮膜和对开圆模，在模内注入纯水至试样高度的 1/3，将砂样分三等份在水中煮沸，待冷却后分 3 层，按预定的干密度填入橡皮膜内，直至膜内填满为止。当要求的干密度较大时，填砂过程中，轻轻敲打对开圆模，使所称的砂样填满规定的体积，整平砂面，放上不透水板或透水板及试样帽，扎紧橡皮膜。对试样内部施加 5kPa 负压力使试样能站立，拆除对开圆模。

④ 试样饱和宜选方法

a. 抽气饱和。将试样装入饱和器内。

b. 水头饱和。将试样安装于压力室内。试样周围不贴滤纸条。施加 20kPa 周围压力。提高试样底部量管水位，降低试样顶部量管水位，使两管水位差在 1m 左右，打开孔隙水压力阀、量管阀和排水管阀，使纯水从底部进入试样，从试样顶部溢出，直至流入水量和溢出水量相等为止。当需要提高试样的饱和度时，宜在水头饱和前，从底部将二氧化碳气体（二氧化碳的压力以 5～10kPa 为宜）通入试样，置换孔隙中的空气，再进行水头饱和。

c. 反压力饱和。试样要求完全饱和时，应对试样施加反压力。反压力系统和周围压力系统相同（对不固结不排水剪试验可用同一套设备施加），但应用双层体变管代替排水量管。试样装好后，调节孔隙水压力等于大气压力，关闭孔隙水压力阀、反压力阀、体变管阀，测记体变管读数。开周围压力阀，先对试样施加 20kPa 的周围压力，再开孔隙水压力阀，待孔隙水压力变化稳定，测记读数，关闭孔隙水压力阀。反压力应分级施加，同时分级施加周围压力，以尽量减少对试样的扰动。周围压力和反压力的每级增量宜为 30kPa，开体变管阀和反压力阀，同时施加周围压力和反压力，缓慢打开孔隙水压力阀，检查孔隙水压力增量，待孔隙水压力稳定后，测记孔隙水压力和体变管读数，再施加下一级周围压力和孔隙水压力，计算每级周围压力引起的孔隙水压力增量，当孔隙水压力增量与周围压力增量之比大于 0.98 时，认为试样饱和。

(2) 剪试验

① 不固结不排水剪试验。试样的安装应按下列步骤进行。

a. 在压力室的底座上，依次放上不透水板、试样及不透水试样帽，将橡皮膜用承膜筒套在试样外，并用橡皮圈将橡皮膜两端与底座及试样帽分别扎紧。

b. 将压力室罩顶部活塞提高，放下压力室罩，将活塞对准试样中心，并均匀地拧紧底座连接螺母。向压力室内注满纯水，待压力室顶部排气孔有水溢出时，拧紧排气孔，并将活塞对准测力计和试样顶部。

c. 将离合器调至粗位，转动粗调手轮，当试样帽与活塞及测力计接近时，将离合器调至细位，改用细调手轮，使试样帽与活塞及测力计接触。装上变形指示计，将测力计和变形指示计调至零位。

d. 关闭排水阀,打开周围压力阀,施加周围压力。

剪切试样应按下列步骤进行。

a. 剪切应变速率宜为每分钟应变 0.5%～1.0%。

b. 启动电动机,合上离合器,开始剪切。试样每产生 0.3%～0.4% 的轴向应变(或 0.2mm 变形值),测记一次测力计读数和轴向变形值。当轴向应变大于 3% 时,试样每产生 0.7%～0.8% 的轴向应变(或 0.5mm 变形值),测记一次。

c. 当测力计读数出现峰值时,剪切应继续进行到轴向应变为 15%～20%。

d. 试验结束,关电动机,关周围压力阀,脱开离合器,将离合器调至粗位,转动粗调手轮,将压力室降下,打开排气孔,排除压力室内的水,拆卸压力室罩,拆除试样,描述试样破坏形状,称试样质量,并测定含水率。

轴向应变应按式(2.28)计算。

$$\varepsilon_1 = \frac{\Delta h_1}{h_0} \times 100 \tag{2.28}$$

式中,ε_1 为轴向应变,%;Δh_1 为剪切过程中试样的高度变化,mm;h_0 为试样初始高度,mm。

试样面积的校正按式(2.29)计算。

$$A_a = \frac{A_0}{1-\varepsilon_1} \tag{2.29}$$

式中,A_a 为试样的校正断面积,cm²;A_0 为试样的初始断面积,cm²。

主应力差按式(2.30)计算。

$$\sigma_1 - \sigma_3 = \frac{C \times R}{A_a} \times 10 \tag{2.30}$$

式中,$\sigma_1 - \sigma_3$ 为主应力差,kPa;σ_1 为大总主应力,kPa;σ_3 为小总应力,kP;C 为测力计率定系数,N/0.01mm 或 N/mV;R 为测力计读数,0.01mm;10 为单位换算系数;A_a 为试样的校正断面积,cm²。

以主应力差为纵坐标,轴向应变为横坐标,绘制主应力差与轴向应变关系曲线。取曲线主应力差的峰值作为破坏点,无峰值时,取 15% 轴向应变时的主应力差值作为破坏点。

② 固结不排水剪试验。试样的安装应按下列步骤进行。

a. 开孔隙水压力阀和量管阀,对孔隙水压力系统及压力室底座充水排气后,关孔隙水压力阀和量管阀,压力室底座上依次放上透水板、湿滤纸、试样,试样周围贴浸水的滤纸条 7～9 条。

b. 将橡皮膜用承膜筒套在试样外,并用橡皮圈将橡皮膜下端与底座扎紧。

c. 打开孔隙水压力阀和量管阀,使水缓慢地从试样底部流入,排除试样与橡皮膜之间的气泡,关闭孔隙水压力阀和量管阀,打开排水阀,使试样帽中充水并将其放在透水板上,用橡皮圈将橡皮膜上端与试样帽扎紧,降低排水管,使管内水面位于试样中心以下 20～40mm,吸除试样与橡皮膜之间的余水,关排水阀。

d. 需要测定土的应力应变关系时,应在试样与透水板之间放置中间夹有硅脂的两层圆形橡皮膜,膜中间应留有直径为 1cm 的圆孔排水。

试样排水固结应按下列步骤进行。

a. 调节排水管使管内水面与试样高度的中心齐平，测记排水管水面读数。

b. 开孔隙水压力阀，使孔隙水压力等于大气压力，关孔隙水压力阀，记下初始读数。

c. 将孔隙水压力调至接近周围压力值，施加周围压力后，再打开孔隙水压力阀，待孔隙水压力稳定后测定孔隙水压力。

d. 打开排水阀，当需要测定排水过程时，应测记排水管水面及孔隙水压力读数，直至孔隙水压力消散95%以上。固结完成后，关排水阀，测记孔隙水压力和排水管水面读数。

e. 微调压力机升降台，使活塞与试样接触，此时轴向变形指示计的变化值为试样固结时的高度变化。

剪切试样应按下列步骤进行。

a. 剪切应变速率，黏土宜为每分钟应变0.05%~0.1%，粉土为每分钟应变0.1%~0.5%。

b. 将测力计，轴向变形指示计及孔隙水压力读数均调整至零。

c. 启动电动机，合上离合器，开始剪切。

d. 试验结束，关电动机，关各阀门，脱开离合器，将离合器调至粗位，转动粗调手轮，将压力室降下，打开排气孔，排除压力室内的水，拆卸压力室罩，拆除试样，描述试样破坏形状，称试样质量，并测定试样含水率。

11. 岩石的单轴抗压强度测定

单轴抗压强度试验适用于能制成规则试件的各类岩石。

试件可用岩芯或岩块加工制成。试件在采取、运输和制备过程中，应避免产生裂缝。

(1) 试件尺寸要求

① 圆柱体直径宜为48~54mm。

② 含水颗粒的岩石，试件的直径应大于岩石最大颗粒尺寸的10倍。

③ 试件高度与直径之比宜为2.0~2.5。

(2) 试件精度要求

① 试件两端面不平整度误差不得大于0.05mm。

② 沿试件高度，直径的误差不得大于0.3mm。

③ 端面应垂直于试件轴线，最大偏差不得大于0.25°。

(3) 试件描述内容

① 岩石名称、颜色、矿物成分、结构、风化程度、胶结物性质等。

② 加荷方向与岩石试件内层理、节理、裂隙的关系及试件加工中出现的问题。

③ 含水状态及所使用的方法。试件含水状态可根据需要选择天然含水状态、烘干状态、饱和状态或其他含水状态。在同一含水状态下，每组试验试件的数量不应少于3个。

(4) 主要仪器和设备

① 钻石机、锯石机、磨石机、车床等。

② 测量平台。

③ 材料试验机。

(5) 试验步骤

① 将试件置于试验机承压板中心，调整球形座，使试件两端面接触均匀。

② 以每秒 0.5～1.0MPa 的速度加荷直至破坏。记录破坏荷载及加载过程中出现的现象。

③ 试验结束后，应描述试件的破坏形态。

(6) 试验成果整理要求

岩石单轴抗压强度按式（2.31）计算。

$$R = \frac{p}{A} \quad (2.31)$$

式中，R 为岩石单轴抗压强度，MPa；p 为试件破坏荷载，N；A 为试件截面积，mm²。

计算值取 3 位有效数字。单轴抗压强度试验记录应包括工程名称、取样位置、试件编号、试件描述、试件尺寸和破坏荷载。

12. 岩石的抗拉强度测定

抗拉强度试验采用劈裂法，适用于能制成规则试件的各类岩石。

(1) 试件要求

圆柱体试件的直径宜为 48～54mm，试件的厚度宜为直径的 0.5～1.0 倍，并应大于岩石最大颗粒粒径的 10 倍。

(2) 试验步骤

① 通过试件直径的两端，沿轴线方向画两条相互平行的加载基线。将两根垫条沿加载基线，固定在试件两端。

② 将试件置于试验机承压板中心，调整球形座，使试件均匀受荷，并使垫条与试件在同一加荷轴线上。

③ 以每秒 0.3～0.5MPa 的速度加荷直至破坏。

④ 记录破坏荷载及加荷过程中出现的现象，并对破坏后的试件进行描述。

(3) 试验成果整理要求

岩石抗拉强度按式（2.32）计算。

$$\sigma_t = \frac{2p}{\pi Dh} \quad (2.32)$$

式中，σ_t 为岩石抗拉强度，MPa；p 为试件破坏荷载，N；D 为试件直径，mm；h 为试件厚度，mm。

计算值取 3 位有效数字。抗拉强度试验的记录应包括工程名称、取样位置、试件编号、试件描述、试件尺寸、破坏荷载。

13. 岩石的剪切强度测定

直剪试验适用于岩块、岩石结构面以及混凝土与岩石胶结面。应在现场采取试件，在采取、运输和制备过程中，应防止产生裂缝和扰动。

(1) 试件尺寸要求

① 岩块直剪试验试件的直径或边长不得小于 5cm，试件高度应与直径或边长相等。

② 岩石结构面直剪试验试件的直径或边长不得小于 5cm，试件高度与直径或边长相等。结构面应位于试件中部。

③ 混凝土与岩石胶结面直剪试验试件应为方块体,其边长不宜小于15cm。胶结面应位于试件中部,岩石起伏差应为边长的1%～2%。混凝土骨料的最大粒径不得大于边长的1/6。

④ 含水状态可根据需要采用天然含水状态,饱和状态或其他含水状态。

⑤ 每组试验试件的数量不应少于5个。

(2) 试件描述内容

① 岩石名称、颜色、矿物成分、结构、风化程度,胶结物性质等。

② 层理、片理、节理裂隙的发育程度及其与剪切方向的关系。

③ 结构面的充填物性质、充填程度以及试件在采取和制备过程中受扰动的情况。

④ 对混凝土与岩石胶结面的试件,应测定岩石表面的起伏差,并绘制其沿剪切方向的高度变化曲线。混凝土的配合比,胶结质量及实测标号。

(3) 主要仪器和设备

① 试件制备设备。

② 试件饱和设备。

③ 直剪试验仪。

(4) 试件安装规定

① 将试件置于金属剪切盒内,试件与剪切盒内壁之间的间隙应填料填实,使试件与剪切盒成为一个整体。预定剪切面应位于剪切缝中部。

② 安装试件时,法向荷载和剪切荷载应通过预定剪切面的几何中心。法向位移测表和水平位移测表应对称布置,各测表数量不宜少于2只。

(5) 法向荷载的施加方法规定

① 在每个试件上,分别施加不同的法向应力,所施加的最大法向应力,不宜小于预定的法向应力。

② 对于岩石结构面中具有充填物的试件,最大法向应力应以不挤出充填物为宜。

③ 对于不需要固结的试件,法向荷载一次施加完毕,即测读法向位移,5min后再测读1次,即可施加剪切荷载。

④ 对于需固结的试件,在法向荷载施加完毕后的第一个小时内,每隔15min读数1次,然后每半小时读数1次,当每小时法向位移不超过0.05mm时,即认为固结稳定,可施加剪切荷载。

⑤ 在剪切过程中应使法向荷载始终保持为常数。

(6) 剪切荷载的施加方法规定

① 按预估最大剪切荷载分8～12级施加。每级荷载施加后,即测读剪切位移和法向位移,5min后再测读一次即施加下一级剪切荷载直至破坏。当剪切位移量变大时,可适当加密剪切荷载分级。

② 将剪切荷载退至零。根据需要,待试件充分回弹后,调整测表,按上述步骤,进行摩擦试验。

(7) 试验结束后对试件剪切面的描述

① 准确量测剪切面面积。

② 详细描述剪切面的破坏情况,擦痕的分布、方向和长度。

③ 测定剪切面的起伏差，绘制沿剪切方向断面高度的变化曲线。

④ 当结构面内有充填物时，应准确判断剪切面的位置，并记录其组成成分、性质、厚度、构造。根据需要测定充填物的物理性质。

(8) 试验成果整理要求

① 各法向荷载下的法向应力和剪应力分别见式（2.33）和式（2.34）。

$$\sigma = \frac{P}{A} \tag{2.33}$$

$$\tau = \frac{Q}{A} \tag{2.34}$$

式中，σ 为作用于剪切面上的法向应力，MPa；τ 为作用于剪切面上的剪应力，MPa；P 为作用于剪切面上的总法向荷载，N；Q 为作用于剪切面上的总剪切荷载，N；A 为剪切面积；mm^2。

② 绘制各法向应力下的剪应力与剪切位移及法向位移关系曲线，根据曲线确定各剪切阶段特征点的剪应力。

③ 根据各剪切阶段特征点的剪应力和法向应力绘制关系曲线，按库伦表达式确定相应的岩石抗剪强度参数。

④ 直剪试验记录应包括工程名称、取样位置、试件编号、试件描述、剪切面积、各法向荷载下各级剪切荷载时的法向位移及剪切位移。

2.4 岩土参数的分析与选定

岩土本身存在不均匀性和各向异性，在取样和运输过程中又受到不同程度的扰动，试验仪器、操作方法差异等也会使同类土层所测得的指标值具有离散性。对勘察中获取的大量数据指标可按地质单元及层位分别进行统计整理，以求得具有代表性的指标。统计整理时，应在合理分层基础上，根据测试次数、地层均匀性、工程等级，选择合理的数理统计方法对每层土物理力学指标进行统计分析和选取。

2.4.1 岩土参数的可靠性和适用性分析

岩土参数主要指岩土的物理力学性质指标。在工程上一般可分为两类：一类是评价指标，主要用于评价岩土的性状，作为划分地层和鉴定岩土类别的主要依据；另一类是计算指标，主要用于岩土工程设计，预测岩土体在荷载和自然因素及其人为因素影响下的力学行为和变化趋势，并指导施工和监测。因此，岩土参数应根据其工程特点和地质条件选用，并分析评价所取岩土参数的可靠性和适用性。

岩土参数的可靠性是指参数能正确地反映岩土体在规定条件下的性状，能比较有把握地估计参数真值所在的区间；岩土参数的适用性是指参数能满足岩土工程设计计算的假定条件和计算精度要求。

岩土参数的可靠性和适用性主要受岩土体扰动程度和试验方法的影响，所以主要按以下内容评价其可靠性和适用性。

① 勘探方法（以钻探为主）。

② 取样方法和其他因素对试验结果的影响。
③ 采用的试验方法和取值标准。
④ 不同测试方法所得结果的分析比较。
⑤ 测试结果的离散程度。
⑥ 测试方法与计算模型的配套性。

2.4.2 岩土参数的选取

工程地质勘察报告中，应提供工程场地内各（岩）土层物理力学指标的平均值、标准差、变异系数、数据分布范围和数据的个数。因此，岩土参数的选取，应按工程地质单元、区段及层位分别统计数值和数据个数。按式（2.35）～式（2.37）计算指标的平均值 ϕ_m、标准差 σ_f 和变异系数 δ。

$$\phi_m = \frac{1}{n}\sum_{i=1}^{n}\phi_i \tag{2.35}$$

$$\sigma_f = \sqrt{\frac{\sum_{i=1}^{n}\phi_i^2 - n\phi_m^2}{n-1}} \tag{2.36}$$

$$\delta = \frac{\sigma_f}{\phi_m} \tag{2.37}$$

式中，ϕ_i 为岩土的物理力学指标数据；n、i 为区段及层位范围内数据的个数；ϕ_m 为岩土参数平均值；σ_f 为岩土参数的标准差；δ 为岩土参数的变异系数。

求得平均值和标准差后，可用来检验统计数据中应当舍弃的带有粗差的数据。剔除粗差有不同的标准，常用的有 $\pm\sigma_f$ 方法。

当离差 d 满足式（2.38）的要求时，该数据应舍弃。

$$|d| > g\sigma_f \tag{2.38}$$

式中，d 为离差；g 为由不同标准给出的系数，当采用 3 倍标准差方法时，$g=3$。

3 路基工程地质勘察的主要内容

3.1 路基工程地质问题

3.1.1 国内特殊和不良地质地段分布

特殊地质是指具有特殊性质的地层,包括软土、膨胀土、黄土、盐渍土、高液限土和冻土等。不良地质(地段)是指不利于工程稳定的地质(地段),包括岩溶、滑坡、危岩、崩塌、岩堆、泥石流、采空区和强震区等。

(1) 特殊地质分布

① 软土。软土的成因主要包括滨海沉积、河口三角洲沉积、湖泊沉积、河流沉积以及山区河谷平原沉积等。软土主要分布在沿海地区、平原地带、内陆湖盆、洼地及河流两岸地带等区域。

② 膨胀土。膨胀岩土又称胀缩土是一种特殊土,它是在地质作用下形成的一种主要由亲水性强的黏土矿物组成的,多裂隙并具有显著膨胀性的地质体。公路工程中因膨胀土发生的边坡失稳、路基变形、路面破坏、构造物开裂、倒塌等病害造成的经济损失巨大。国内膨胀土主要分布在华北、华东、中南、西南等地区,其中河南、湖北、安徽、广西等地为典型分布区域。

③ 黄土。黄土是一种灰黄色或棕黄色的特殊土状堆积物,质地均一、富含碳酸钙且易受水侵蚀,结构疏松多孔。在我国,黄土主要分布在黄土高原、华北平原、东北南部和西北地区。

④ 盐渍土。盐分、碱质不断在土壤表层聚积,使土壤变成盐渍土(盐碱土)。我国盐渍土分布广泛,涵盖西北、东北、华北及滨海等区域。

⑤ 高液限土。高液限土是指液限大于50%的细粒土,在我国主要集中分布在南方地区。高液限土具有高含水量、高液限、高塑限的特性,在天然状态下难以压实,失水后含水率低于缩限,易产生大量裂隙,再次浸水饱和后强度降低。公路工程等对高液限土的有明确限制要求。

⑥ 冻土。冻土是指在零摄氏度以下,含有冰的各种岩石和土壤。在国内,冻土根据地理位置和气候条件的不同,可以分为高纬度多年冻土和高海拔多年冻土两大类。高纬度多年冻土主要分布在东北地区,如大兴安岭、小兴安岭等地;高海拔多年冻土则主要分布在西部高山高原地区,如青藏高原、天山、祁连山等。

(2) 不良地质地段分布

① 岩溶。岩溶是指地下水和地表水对可溶性岩石进行化学与物理作用及其形成的

地质现象，也被称为喀斯特地貌。岩溶在我国分布广泛，主要集中于广西、贵州、云南等区域。

② 滑坡和泥石流。滑坡是指斜坡上的土体或岩体，在重力作用下，沿着一定的软弱面或软弱带整体或局部向下滑动的自然现象。泥石流是指在山区或者其他沟谷深壑，地形险峻的地区，因为暴雨、暴雪或其他自然灾害引发的山体滑坡并携带有大量泥沙以及石块的特殊洪流。我国滑坡和泥石流灾害主要分布在四川、云南、贵州、西藏、陕西、甘肃等区域。

③ 危岩、崩塌、岩堆。危岩是指位于陡峭山坡上、被裂缝分开的块石，常发生在坡体大于45°、高差较大的地方。危岩体受到震动或暴雨影响，可能从陡峭的山坡上坠落。崩塌是指陡坡上的岩体或土体在重力作用下突然脱离山体发生崩落、滚动，堆积在坡脚或沟谷的地质现象。崩塌容易发生在已发生过地质灾害的地段，如临坡、临崖、临沟、临谷等区域。岩堆是指由崩塌、滑坡、风化等原因形成的松散堆积物，通常堆积在山坡或山麓地带，形成较大的堆积体。

④ 采空区。采空区是指由人为挖掘或者天然地质运动在地表下面产生的"空洞"，具有隐蔽性强、空间分布规律性差、空间变化大等特点。国内采空区主要分布在山东、安徽、湖南、江苏、山东、广东、安徽、云南等地。

⑤ 强震区。强震区是指地震基本烈度大于或等于6度的地区，在地震发生时，地面震动强度较大，可能会造成严重的破坏和损失。在我国强震区主要在台湾地区、西南地区、西北地区、华北地区和东南沿海地区。

3.1.2 路基工程主要地质问题

路基的主要工程地质问题表现在以下4个方面。

(1) 路基边坡稳定性问题

路基边坡包括天然边坡、傍山路线的半填半挖路基边坡以及深路堑的人工边坡等。具有一定的坡度和高度的边坡在重力作用下，其内部应力状态也不断变化。当剪应力大于岩土体的强度时，边坡即发生不同形式的变化和破坏，其破坏形式主要表现为滑坡、崩塌和错落。

土质边坡的变形主要决定于土的矿物成分，特别是亲水性强的黏土矿物及含量。除受地质、水文地质和自然因素影响外，施工方法是否正确也有很大关系。岩质边坡的变形主要决定于岩体中各种软弱结构面的形状及其组合关系，它对边坡的变形起着控制作用。只有同时具备临空面、滑动面和切割面三个基本条件，岩质边坡的变形才有发生的可能。

一方面，由于开挖路堑形成的人工边坡，加大了边坡的陡度和高度，使边坡的边界条件发生变化，破坏了自然边坡原有应力状态，进一步影响边坡岩土体的稳定性；另一方面，路堑边坡不仅可能产生工程滑坡，而且在一定条件下，还能引起古滑坡复活。由于古滑坡发生的时间长，在各种外应力的长期作用下，其外表形迹早已被改造成平缓的边坡地形，很难被发现。若不注意观测，当施工开挖形成滑动的临空面时，就可能造成边坡失稳。

(2) 路基基底稳定性问题

一般路堤和高填路堤对路基基底要求要有足够的承载力，基底土的变形性质和变形量的大小主要取决于基底土的力学性质、基底面的倾斜程度以及软土层或软弱结构面的性质与产状等。它往往使基底发生巨大的塑性变形而造成路基的破坏。

（3）道路冻害问题

根据地下水的补给情况，道路冻胀的类型可分为表面冻胀和深源冻胀。表面冻胀是在地下水埋深较大地区，其冻胀量一般为30～40mm，最大达60mm。其主要原因是路基结构不合理或养护不周，致使道路排水不良造成。

深源冻胀通常发生在冻结深度大于地下水埋深或毛细管水带接近地表水的地区。这些地区地下水补给丰富，水分迁移强烈，因此冻胀量较大，一般为200～400mm，最大达600mm。

公路的冻害具有季节性。冬季在负气温长期作用下，使土中水分重新分布，形成平行于冻结界面的数层冻层，局部尚有冻透体，因而使土体积增大（约9%）而产生路基隆起现象；春季地表面冻层融化较早，而下层尚未解冻，融化层的水分难以下渗，致使上层土的含水量增大而软化，在外部荷载作用下，路基出现翻浆现象。

（4）建筑材料问题

路基工程需要的天然建筑材料不仅种类多，而且数量较大。同时，要求各种材料在产地沿线两侧零散分布。这些材料品质的好坏和运输距离的远近，直接影响工程的质量和造价，有时还会影响路线的布局。

3.2 初步勘察与详细勘测

3.2.1 初步勘察

1. 一般路基初勘

勘察重点是与地基稳定和边坡稳定及设计有关的地质问题，主要内容有：岩石的名称、岩性、产状、风化破碎程度及风化层厚度；表土类别、名称、密实程度、含水状态；地下水和地表水的活动情况。

勘察资料要求有路基工程地质条件分段说明、工程地质纵断面图、代表性工程地质横断面图和勘探、测试资料汇总表。

2. 高路堤初勘

勘察重点是调查地层层位、层厚、土质类别，调查地下水埋深、分布，确定土的承载能力、抗剪指标和压缩指标；判定在路堤附加荷载作用下，地基沉降和滑移的稳定性；地层中的软弱层应作为重点。当土质地基为软土时，应按《公路软土地基路堤设计与施工技术细则》(JTG/T D31-02—2013)的有关规定办理。

调查与测绘内容：采用初测路线平面图，按1∶5000的精度控制进行调查和测绘，结合勘探资料，编绘路段工程地质平面图；选定路段的控制横断面位置，控制横断面在纵向上一般每200m设1个，地层变化不大时，可以每500m设1个，或每个工段不得少于2个；用1∶200～1∶100的比例尺编绘控制横断面图，左右应超过路堤底宽至少20m。

勘探内容要点：每1个控制横断面上，包括露头、挖探、简便钻探触探、物探等勘探点不得少于2个。勘探深度对小于2~4m的覆盖层应达到基岩面，对于深厚土层应不小于路堤高度并穿过软土层。高填路段及地质构造处，视需要可采用少量钻孔，孔径应满足采样测试的要求。勘察资料要求有路段工程地质说明书、路段地质平面略图、提供处理方案建议和详勘工作建议。

3. 陡坡路堤初勘

陡坡路堤的勘察重点：对于填筑在等于或陡于1：2的斜坡上，以及存在可能沿斜坡滑动的路堤（包括半填路堤），应查明其沿斜坡或下卧基岩面滑动破坏的可能性；调查斜坡上覆盖土层的层位、层厚、土类，斜坡下卧基岩岩石的倾斜度、岩性、产状、风化程度，斜坡地表水和地下水的情况；确定土层和岩土界面的抗滑、抗剪指标。

4. 深路堑初勘

深路堑的勘察重点：对于初拟的路堑边坡高度大于或等于20m者，或边坡高度虽小于20m，但需要特殊处理者，均应对开挖边坡的土层、岩层及沿软弱结构面滑动的稳定性进行调查。

调查岩土组成情况、岩土界面坡度和倾向、岩石风化程度；调查土质边坡的土层层位、层厚。

调查边坡岩层层位、产状、岩性、软弱夹层和构造结构面情况，结构面抗剪、抗滑指标；调查地形、地貌、水文地质情况，特别是地面水活动情况和地下水埋藏及渗流情况。

5. 支挡工程初勘

支挡工程的勘察重点包括以下三项内容。

① 勘察支挡工程构造物位置处承重地基的地层岩性、地质构造、水文条件。重点是探查下卧软弱地层的存在及分布。

② 掌握支挡工程构造物承重地层的物理力学指标。

③ 论证、推荐优选的支挡工程方案。

6. 改河（沟渠）工程初勘

改河（沟渠）工程勘察重点包括以下四项内容。

① 对因路线或桥梁的需要，初拟的河道、沟渠改道地段应列项调查。

② 调查原河段的水流、水力特征，冲刷、淤积规律，原河段的性质、类型和发育阶段。

③ 调查改移河道地段的地形地貌，水文条件、地层岩性、地质构造。

④ 评价改移河道地段的工程地质与水文条件，预测改移河道后两岸和下游岸坡的水流冲刷稳定性及设防护工程的必要性。

3.2.2 详细勘察

1. 一般路基详勘

一般路基详勘的重点：沿路线按微地貌特征分段，查明各段的地质结构、岩土类别、土的密度和含水状态，基岩风化情况，地下水埋深、变化规律和地表水活动情况；确定路基基底的稳定性，边坡结构形式及坡度；确定设置支挡构造物和排水工程的位置；划分土石工程等级。

一般路基的勘探，多沿路线中线布设，对于土质路基段，一般在初勘探点之间增加勘探点；当探点间地质条件变化较大时，应适当增加探点，必要时中线两侧也应布设，深度一般为 2～4m。

一般路基的测试，应按地质条件分段布设测试点，并分层采取代表性样品进行室内试验或在代表性地段进行原位测试。测试间距可按间隔一个勘探点进行，但每一分段均应有测试孔。土的含水率按深度 0.5m、1.0m、2.0m、4.0m 取样测试。

一般路基详勘的资料要求：对高速公路应编写路基工程地质条件分段说明，主要内容包括：地貌条件、岩土组成、地表水、地下水情况；分段代表性地质横断面图或柱状图；勘探、测试资料。一般公路可在工程地质平面图中表示。

2. 高路堤详勘

高路堤详勘的重点：一是对已确定存在沉降和滑移问题的高填路堤的初拟处理方案，应落实其有关地层层位、层厚、岩土类别、分布范围和水文条件；二是对有关地层进行测试，掌握设计所需的各种物理力学指标数据，特别是固结和抗剪指标。

调查与测绘内容：采用详勘路线平面图，精度按 1∶2000 控制进行地调和测绘，加密地质点，补充地调测绘工作，编绘路段工程地质平面图；综合调绘和初勘资料，核定控制横断面位置和数量，一般应每 100m 设 1 个，地质条件变化不大者，可以每 300m 设 1 个，或每个工段设 2～3 个；控制横断面图宽度应超过编绘，左右应超过路堤底各 20m，采用 1∶200～1∶100 的比例尺。

勘探内容包括以下要点：每 1 个控制横断面上，至少应设 1 个钻孔或每一段至少应设 2 个钻孔，辅以触探、挖探、简易钻探等在内，每个控制横断面上应不少于 3 个探点；勘探深度结合设计方案的需要决定，钻探应穿过软土层。

测试工作：钻孔应分层采样进行室内试验，试验项目按设计要求需要确定，测试应以软弱地层作为重点。原位测试应结合勘探工作进行。勘察资料要求包括以下 3 项内容：路段工程地质详勘说明书，评价有关地层物理、力学指标及其使用条件，提供设计方案优化的建议；路段工程地质平面图、纵断面图、控制横断面图，并应附勘探工作基础资料图表；地层物理力学指标汇总表，并应附测试工作基础资料图表。

3. 陡坡路堤详勘

陡坡路堤的详细勘察重点：对于已确定存在不稳定性问题的斜坡路堤的各种初拟处理方案，应查明有关的地层岩性、地质构造、水文地质条件；对有关地层可能滑动的岩土界面进行测试并掌握其各种物理力学指标，重点是抗滑、抗剪指标，以满足设计的需要。

调查与测绘要求：采用详勘路线平面图，精度按 1∶2000 控制，加密地质点，补充工程地质调查和测绘工作，测绘路段工程地质平面图；综合调绘资料，核定控制横断面位置及数量，一般应每 100m 设 1 个地质条件变化不大者，可以每 300m 设 1 个，或每个工段设 2～3 个；控制横断面采用 1∶200～1∶100 比例尺编图，测绘范围应上下超过陡坡路堤宽至少 20m。

勘探与测试要求：每一个控制横断面上至少应设 1 个钻孔，或每个工段至少应设 2 个钻孔，辅以触探、挖探、简易钻探等在内，每个控制横断面上应不少于 3 个勘探点；勘探深度一般应达到预计滑动面（土层、岩土界面或岩体软弱结构面）以下；钻探应以预计的滑动界面岩土为主，分层取样，进行室内试验，试验内容按设计方案需要确定，以抗剪、抗滑指标为重点,层位测试应结合勘探工作进行。陡坡路堤的详细勘察资料应提供路段详勘地质说明书、路段工程地质平面图、纵断面图、控制横断面图,并附勘探工作基础资料图表、地层物理力学性质指标汇总表。

4. 深路堑详勘

深路堑勘察重点:对已确定存在开挖边坡稳定问题路段的设计方案,应查明其他地层岩性、地质构造、水文地质条件及可能滑坍影响范围;对可能滑坍的边坡土体和岩体的结构面的测试,应掌握设计所需的各种物理力学指标,重点是抗剪、抗滑指标。

调查与测绘要求:一般采用详勘路线平面图,精度按1:2000控制,加密地质点,进行补充调查和测绘工作,结合勘探资料测绘路段工程地质平面图,必要时可在大比例的地形图中填绘工程地质平面图;规模大、地质条件复杂的工段,应另测绘1:500~1:200比例尺的工程地质平面图;综合调绘资料,核定控制横断面位置及数量,一般应每100m设1个,根据地层变化和边坡高度可以加密到50m或放宽到200m设1个,或每个工段不少于2个;控制横断面采用1:200~1:100比例尺绘图,测绘范围应根据地层岩性、地质构造、地形地貌、水文条件所影响的滑坍范围确定,对路线中线可不必进行对称测绘。

勘探与测试及提供的工程地质资料要求和深路堑相似。

5. 支挡工程详勘

支挡工程的勘察重点是对已定支挡工程位置处承重地基的地层岩性地质构造和设计所需物理力学指标进行核实。

支挡工程的调查与测绘,一般可进行针对性的补充工作,采用详勘路线平面图,精度按1:2000控制调绘地质平面图,并进行核定支挡工程布局和控制的横断面位置。

支挡工程的勘探,要求在控制横断面上的支挡位置增设钻孔1个,对土层地基钻探应穿过软弱层,或设计基底以下3m。对浅薄土层覆盖的岩石地基应钻入岩面以下3m。全裸露岩石地基或浅薄土层覆盖,工程地质条件良好者可不增设钻孔。

6. 河岸防护工程详勘

河岸防护工程的勘察重点:对已定的河岸防护和导流工程的地基地层岩性、地质构造和承重地层的物理力学指标,进一步勘察核实。

调查与测绘要求:采用详测路线平面图,精度按1:2000控制,加密地质点,进行补充调查和测绘,结合勘探资料测绘路段工程地质平面图,必要时可在大比例的地形图中填绘工程地质平面图;核定防护和导流工程的布局和控制横断面位置。

勘探工作应在控制横断面上的防护、导流工程位置上适量增设钻探孔,辅以挖探、简便钻探或触探,勘探孔深应视具体情况而定。

河岸防护工程勘察资料要求:河岸防护及导流工程详勘说明书,应论证工程布局的合理性、承重地基的稳定性、地基岩土物理力学指标及使用条件,提供防护工程措施优选建议,地基处理方法建议;河岸防护和导流工程轴线地质纵断面图、控制横断面图,并附勘探工作基础资料图表;提供地基岩土物理力学性质指标汇总表,附测试工作基础资料图表。

7. 改河(沟渠)工程详勘

改河(沟渠)工程勘察重点:对已定的改河(沟、渠)方案及其河岸防护、导流工程进一步核实其所涉及的开挖区段和构造物地基的地层岩性；对地质构造和水文地质条件，以及防护、导流工程构造物地基岩土的物理、力学指标等进一步查明。

调查与测绘内容要求：对改河方案变动部分进行补充调查和测绘，精度控制和平面图比例尺与初勘相同；大型的防护、导流工程应测绘 1∶500～1∶200 平面图，并补充调查与测绘工作；精度按 1∶1000 控制编绘工程地质平面图，核定构造物和改河道的控制横断面位置。

3.3 特殊路基工程地质勘察

3.3.1 软土

1. 软土路基工程特性

路基敷设于天然地基上，自身荷载较大，这就要求地基具有足够的承载能力，以保证路基稳定；另外，应让某些自然因素（如地下水、坑穴、胀缩等）不致使路基产生有害的变形。有时土层中黏土或粉土微小颗粒含量极高，或者由孔隙率大的有机质土、泥炭、松砂组成，这一类影响填土和构造物稳定或使结构物产生沉降的路基称为软土路基。

软土是指水下沉积的软弱饱和黏性土层。软土的性质与路基土的成层构造、沉积年代、成因类型等有密切关系。不同年代和成因的软土，其物理性质指标尽管可能相近，但作为路基，工程性质却可能相差很大。软土路基主要具有以下工程特性。

（1）天然含水率高

软土多呈软塑或半流塑状态，其天然含水率很高，一般超过30%。山区软土含水率可高达70%，甚至达到200%。软土的饱和度一般大于90%，液性指数多大于1.0。因此，软土地基具有变形大、强度低的特点。

（2）渗透性低

软土的透水性很差，其渗透系数一般为 10^{-9}～10^{-7} cm/s，有的甚至低至 10^{-10} cm/s，因此软土固结需要相当长的时间。当地基中有机质含量较大时，土中可能产生气泡，堵塞渗流通道，从而降低其渗透性。

（3）孔隙率大、压缩性高

软土的孔隙率大，具有高压缩性。软土的压缩系数一般为 0.5～2.0 MPa^{-1}，最大可达 4.5 MPa^{-1}。如其他条件相同，则软土的液限越大，压缩性也越大。

（4）抗剪强度低

软土的抗剪强度很低，并与排水固结程度密切相关，在不排水剪切时，软土的内摩擦角接近于零，抗剪强度主要由内聚力决定，而内聚力值一般小于 20kPa。经排水固结后，软土的抗剪强度便能提高，但由于其透水性差，当应力改变时，孔隙水渗出过程相当缓慢，因此抗剪强度的增长也很缓慢。

（5）具有触变性

软土为絮凝结构，是结构性沉积物，具有触变性。当其结构未被破坏时，具有一定的结构强度，但一经扰动，土的结构强度便被破坏。软土中含亲水性矿物（如蒙脱石）

多时，结构性强，其触变性较显著。

（6）具有流变性

软土具有流变性，其中包括蠕变特性、流动特性、应力松弛特性和长期强度特性。蠕变特性是指在荷载不变的情况下变形随时间发展的特性；流动特性是指土的变形速率随应力变化的特性；应力松弛特性是指在恒定的变形条件下应力随时间减小的特性；长期强度特性是指土体在长期荷载作用下土的强度随时间变化的特性。

2. 软土路基的现场勘察

（1）软土路基勘察的基本要求

对于复杂场地等级较高的线路，一般应按与设计相适应的勘察阶段进行勘察工作，但对于简单场地、工程地质条件成熟或建筑经验成熟地区、位置已确定的一般工程，以及老路扩（改）建工程，可以适当简化，甚至只进行一次性勘察。

对于重要的建筑物和有特殊要求的软土地基；或对环境有影响的场地，在施工及使用过程中，宜根据工程建设的需要进行必要的监测工作。

勘探方法除采用常用的钻探、取土试验孔外，还应针对软土的结构特征、工程性质、特点，采用相应的原位测试孔取代部分钻探、取土试验孔。如对饱和流塑状黏性土层，宜辅以十字板、旁压试验孔等进行勘察；对厚度较大的软土层或有饱和粉土、砂类土存在时，宜采用静力触探、标准贯入试验孔等进行勘察。

土试样应用薄壁取土器采取。取土时应避免涌土、塌壁现象，运输、贮藏、制备过程中，均应注意防止试样的扰动。

勘探点的间距与深度，根据场地类别、建筑物的级别及有关特殊要求而定。

（2）勘察与试验要点

软土地基勘察，应着重查明和分析以下问题。

① 软土的成因、成层条件、分布规律、层理特性，水平与垂直方向的均匀性、渗透性，地表硬壳层的分布与厚度，地下硬土层或基岩的埋藏条件与分布特征。

② 暗浜、暗塘、墓穴、填土、古河道的分布范围和埋藏深度。

③ 软土的固结历史，强度和变形特征随应力特征的变化，以及结构破坏强度和变形的影响。

④ 地下水对基础施工的影响，地基土在施工开挖、回填、支护、降水、打桩和沉井等过程中及建筑使用期间可能发生的变化、影响，并提出防治方案及建议。

⑤ 在强地震区内的重点工程场地，应搜集场区 $300km^2$ 范围内，历史上曾发生过地震的时间、震级（或烈度）、震中位置等资料；搜集场区地质体系和地震烈度区划资料。必要时，应对场地的地震效应作出鉴定。

软土地基的试验应根据建筑物的需要，其各类软土的物理力学指标可通过室内试验和野外原位测试取得。

3. 软土路基的稳定性评价应注意的问题

公路线路所遇到的各类软土，如影响到路基稳定，则应评价其地基稳定性。软土地基的稳定性评价应注意以下 7 个问题。

① 当建筑物离池塘、河岸、海岸等边坡较近时，应分析评价软土侧向塑性挤出或滑移的危险。

② 当地基土受力范围内有基岩或硬土层，且其表面倾斜时，应分析判定该面以上的地基土沿此倾斜面产生滑移或不均匀变形的可能性。

③ 对含有浅层沼气带的地基，应分析判定沼气的溢出对地基稳定性和变形的影响。

④ 根据对场地地下水位的变化幅度、水力梯度或承压水头等水文地质条件的分布，判定其对软土地基稳定性和变形的影响。

⑤ 当建筑场地位于强地震区时，还应分析场地和地基的地震效应。如对饱和砂类土或粉土的地基进行地震液化判别等，并对场地稳定性和震陷的可能性作出决定。在考虑上覆非液化土层厚度时，应将软土的厚度扣除。

⑥ 根据场地土层特点，分析评价软土地基的均匀性，选择适宜的持力层。当地表有硬壳层时，一般应充分利用。

⑦ 当地基主要受力层范围内，有薄砂层或软土与砂层互层时，应根据其排水、固结条件，分析判定其对地基变形的影响，以充分挖掘地基潜力。

3.3.2 膨胀土

膨胀土一般指黏粒成分主要由亲水性的蒙脱石和伊利石矿物组成，同时吸水后具有显著的膨胀和失水后具有显著的收缩两种特性的高液限黏土。

1. 膨胀土的工程特性

膨胀土的工程特性主要包括以下 6 个方面。

① 胀缩性。膨胀土吸水后体积膨胀，使其上的建筑物隆起，如果膨胀受阻即产生膨胀力；膨胀土失水体积收缩，造成土体开裂，并使其上的建筑物下沉。土中蒙脱石含量越多，其膨胀量和膨胀力也越大；土的初始含水率越低，其膨胀量与膨胀力也越大；击实膨胀土的膨胀性比原状膨胀土大，密实度越高，膨胀性也越大。

膨胀土产生膨胀的强弱与黏土颗粒含量、黏粒的矿物成分以及晶体结构的差异有关。膨胀土黏性成分含量很高，其中粒径小于 0.002mm 的胶体颗粒一般超过 20%，黏粒成分主要由亲水矿物组成。我国膨胀土的主要成分为蒙脱石、伊利石和高岭石等。蒙脱石是一种鳞状矿物，具有强烈的结构膨胀性；伊利石的晶格结构和蒙脱石类似，但是活动能力较低，仅有中等膨胀性；高岭石晶体结构比较稳定，属于低膨胀性土。

② 多裂隙性。普遍发育各种形态的裂隙是膨胀土的另一个显著特征。膨胀土的形成与其成土过程、胀缩效应、风化作用等相关。裂隙分为两类，即原生裂隙和次生裂隙。地表以下 3m 的土体很少受气候变化的影响，称为原生裂隙；分布在 3m 以内，用肉眼就能很容易观察到的，称为次生裂隙。

③ 超固结性。由于膨胀土大多是在更新世以前沉积的土层，在历史上曾经受过超压密作用，因此膨胀土大多具有超固结性，其天然孔隙率小，密实度大，初始强度高。膨胀土随着土体开挖，将产生明显的卸载膨胀，使土体内聚集的能量逐渐释放。

④ 崩解性。膨胀土浸水后体积膨胀，发生崩解。强膨胀土浸水后几分钟即完全崩解。

⑤ 风化特性。膨胀土受气候的影响很敏感，极易产生风化破坏。路基开挖后，在风化作用下，土体很快会产生破裂、剥落，从而造成土体结构破坏，强度降低。

⑥ 强度衰减快。膨胀土的抗剪强度为典型的变动强度，具有峰值强度极高而残余

强度极低的特性。由于膨胀土的超固结性，其初期强度极高，现场开挖很困难；然而随着胀缩效应和风化作用时间的增加，其抗剪强度又大幅度地衰减。

2. 膨胀土的判别分类

膨胀土判别应将现场定性和室内定量两者相结合，按下列方法进行初判和详判。

(1) 膨胀土的初判

可根据下列膨胀土的工程地质特征表现进行初判。

① 土的颜色为灰白、灰绿、棕、红、灰、黄褐色等。

② 网状裂隙发育，有蜡面，易风化呈细粒状，鳞片状裂隙发育，常有光滑面和擦痕，有的裂隙中充填着灰白、灰绿色黏土。

③ 黏土细腻，含有少量粉砂，滑感较强，含较多钙质或铁锰结核，以钙质结核为主，在旱季呈坚硬或硬塑状态，在雨季黏滑。

④ 出露于二级或二级以上阶地、山前和盆地边缘丘陵地带，地形平缓，无明显自然陡坎。

⑤ 坡面常见浅层溜坍、滑坡、地面裂隙。当坡面有数层土时，其中膨胀土层往往形成凹形坡，新开挖（槽）壁易发生坍塌等。

⑥ 浅层基础的单层或多层建筑物出现裂缝，且建筑物裂缝随气候变化而张开和闭合。

(2) 膨胀土的详判

膨胀土的详判采用自由膨胀率、标准吸湿含水率、塑性指数三项指标。膨胀土的判别指标见表3.1，分级标准见表3.2。

表3.1 膨胀土的判别指标

名称	自由膨胀率 F_s/%	标准吸湿含水率 w_a/%	塑性指数 I_p
判别指标	$F_s \geqslant 40$	$w_a \geqslant 2.5$	$I_p \geqslant 15$

注：分类以标准吸湿含水率为控制指标，只有当未对标准吸湿含水率进行试验时，才可参考自由膨胀率、塑性指数指标对膨胀土进行分类。

表3.2 膨胀土的分级标准

分级指标	自由膨胀率 F_s/%	标准吸湿含水率 w_a/%	塑性指数 I_p
非膨胀土	$F_s < 40$	$w_a < 2.5$	$I_p < 15$
弱膨胀土	$40 \leqslant F_s < 60$	$2.5 \leqslant w_a < 4.8$	$15 \leqslant I_p < 28$
中等膨胀土	$60 \leqslant F_s < 90$	$4.8 \leqslant w_a < 6.8$	$28 \leqslant I_p < 40$
强膨胀土	$F_s \geqslant 90$	$w_a \geqslant 6.8$	$I_p \geqslant 40$

注：表中"非膨胀土"并不是指该土没有膨胀性，只是其胀缩性未达到定义为"膨胀土"的程度。

3. 膨胀土路基现场勘察

膨胀岩土地区的勘察除按一般地区的要求外，应注意以下内容。

(1) 工程地质调查与测绘

膨胀岩土地区工程地质调查与测绘宜采用1：2000～1：1000比例尺，应着重研究下列内容。

① 研究微地貌、地形形态及其演变特性，划分地貌单元，查明天然斜坡是否有胀缩剥落现象。

② 查明场地内岩土膨胀造成的滑坡、地裂、小冲沟等的分布。
③ 查明膨胀岩土的成因、年代、竖向与横向分布规律及岩土膨胀性的各向异性程度。
④ 查明膨胀岩节理、裂隙构造及其空间分布规律。
⑤ 调查地表水排泄、积聚情况，地下水类型，水位及其变化幅度，土层中含水率的变化规律。
⑥ 搜集历年降雨量、蒸发量、气温、地温等气象资料。
⑦ 调查当地建筑物的结构类型、基础型式和埋深、建筑物的损害部位、破裂机制、破裂的发生发展过程及胀缩活动带的空间展布规律。
⑧ 调查当地天然及人工植被的分布、浇灌方法。

（2）勘探

勘察方法及工作量根据工程的等级及勘察阶段决定。

膨胀岩土地区勘探点的深度应考虑基础埋深及土层湿度和土层湿度变化的影响深度，一般不小于5m，部分勘探点深度小于8m。

控制性勘探孔和一般勘探孔均应取岩土试样以测定天然含水率。

膨胀岩土应测定自由膨胀率、收缩系数以及膨胀压力。对膨胀土需测定50kPa压力下的膨胀率。对膨胀岩尚应测定黏土、蒙脱石或伊利石含量，体积膨胀量及无侧限抗压强度。为确定膨胀岩土的承载力、膨胀压力，还可以进行浸水荷载试验、剪切试验及旁压试验等。

（3）试验

对膨胀岩土除一般物理力学性质指标试验外，尚需进行自由膨胀率、膨胀率、收缩系数、膨胀压力等工程特性指标方面的试验。除上述外，为了确定地基土承载力和浸水时的膨胀变形量，还需进行野外现场浸水荷载试验。

3.3.3 黄土

1. 黄土的分布

黄土是第四世纪以来，在干旱、半干旱气候条件下，陆相沉积的一种特殊土。其主要特征为：颜色以黄色为主，为淡黄、棕黄或棕红色，具有多孔性；有肉眼能看到的大孔隙，孔隙比一般为0.7~1.1，颗粒成分以粉粒（粒径为0.005~0.075mm）为主，占50%~75%，一般不含粗大颗粒；富含碳酸钙成分及其结核，并含有少量中溶盐和易溶盐；一般无明显层理，有堆积间断的剥蚀面和埋藏的古土壤层，且具有垂直节理；在天然状态下边坡能保持直立，天然状态下含水率低，遇水易崩解；表层多具有湿陷性，易产潜蚀形成陷穴等。

我国的黄土主要分布在黄河中游，范围包括乌鞘岭以东、太行山以西、长城以南、秦岭以北的广大地区，由此形成了著名的黄土高原。该地区黄土不仅分布面积广阔，而且沉积厚度较大。

2. 黄土的工程特性

黄土的工程特性主要有以下3个方面。
① 黄土垂直渗透性远较水平方向大。
② 黄土各向抗剪强度有明显差别。其中以水平方向最大，垂直方向最小；洪积有

水平层理关系的黄土则正好相反，水平方向最小而垂直方向最大。

③ 黄土易遭冲刷和冲蚀，具有湿陷性质。根据湿陷性，黄土可分为两类，即湿陷性黄土和非湿陷性黄土。在上覆土层自重应力作用下，或者在自重应力和附加应力共同作用下，因浸水后土的结构破坏而发生显著附加变形的土称为湿陷性土，属于特殊土。非湿陷性黄土是指在自重和外部荷载作用下被水浸湿后完全不发生湿陷或湿陷系数 $\delta_s <$ 0.015 的黄土。黄土湿陷系数是指在一定压力下，土样浸水前后高度之差与土样原始高度之比。它是评价黄土湿陷性的一个重要指标，可由试验直接测出。

④ 黄土干燥状态下黏聚强度较大，可形成较陡边坡。

3. 黄土地区路基的工程特点

由于黄土特有的性质和黄土类型复杂，黄土地区的路基工程具有以下特点。

① 黄土地貌具有独特的形态，形成所谓塬、梁、峁的地貌景观。塬是面积较大的平坦高地，梁是长条形高地，峁是圆形丘陵。由于冲沟发育，黄土地区山高谷深。因此，黄土地区路基多高填深挖，工程规模大、施工难度高。

② 黄土路堑边坡容易产生变形。黄土路堑边坡常见剥落、冲蚀、溜坍和崩塌等变形现象。因此，根据施工区域黄土类型和特性，合理选择路堑边坡形式与坡度，是预防边坡变形的关键。

③ 黄土高路堤容易出现下沉问题，一方面是由于黄土的湿陷性，另一方面是因为黄土天然含水率低，在施工中难以达到规定的压实密度。

④ 黄土路堤边坡在雨水作用下容易产生冲蚀。

⑤ 黄土具有垂直节理、多孔隙及丰富的易溶盐，容易产生陷穴。

4. 黄土路基现场勘察应注意的问题

黄土路基现场勘察应特别注意以下问题。

① 黄土地基的勘察工作应着重查明地层时代成因、湿陷性土层的厚度，湿陷性随深度变化、场地湿陷类型和湿陷级别的分布，地下水位变化幅度和其他工程地质条件。结合工程的要求，对场地和地基作出评价和处理措施建议。

② 采取不扰动土试样必须保持其天然湿度和结构。探井中取样竖向间距为 1m，土样直径不应小于 10cm，钻孔中取样，必须注意施钻工艺，应严禁向钻孔内加水钻进。取土勘探点中，应有一定数量的探井，在自重湿陷性黄土场地，探井数量不得少于 1/3。

③ 为评价地层均匀性和土的力学性质，勘探点中应有一定数量的静力触探孔，并可采用标贯试验或旁压试验等原位测试手段。

④ 取样勘探点，初步勘察时应按地貌单元和控制性的地段布置，其数量不得少于全部勘探点的 1/2；详细勘察时不得少于全部勘探点的 2/3，若勘探点的间距较大或数量不多时，全部勘探点可作为取样勘探点；勘探点深度应大于压缩层深度，应有一定数量的取样勘探点穿透湿陷性土层。

5. 黄土湿陷性评价

(1) 黄土湿陷性的影响因素

黄土湿陷性强弱与其微结构特征、颗粒组成、化学成分等因素有关，在同一地区，土的湿陷性又与其天然孔隙比和天然含水率有关，并取决于浸水程度和压力大小。

① 微结构特征。根据对黄土微结构的研究，黄土中骨架颗粒的大小、含量和胶结

物的聚集形式,对于黄土湿陷性的强弱有着重要的影响。骨架颗粒愈多,彼此接触,则粒间孔隙大,胶结物含量较少,成薄膜状包围颗粒,粒间连接脆弱,因而湿陷性愈强;相反,骨架颗粒较细,胶结物丰富,颗粒被完全胶结,则粒间连接牢固,结构致密,湿陷性弱或无湿陷性。

② 颗粒组成。黄土中的黏土的含量愈多,并均匀分布在骨架颗粒之间,则具有较大的胶结作用,土的湿陷性愈弱。

③ 化学成分。黄土中的盐类,若其以较难溶解的碳酸钙为主,并且具有胶结作用时,湿陷性减弱,而石膏及易溶盐含量愈大,土的湿陷性愈强。

④ 天然孔隙比和天然含水率。影响黄土湿陷性的主要物理性质指标为天然孔隙比和天然含水率。当其他条件相同时,黄土的天然孔隙比愈大,则湿陷性愈强。黄土湿陷性随其天然含水率的增加而减弱。

⑤ 浸水程度和压力大小。在一定的天然孔隙比和天然含水率情况下,黄土的湿陷变形量将随浸湿程度和压力的增加而增大,但当压力增加到某一定值后,湿陷量又随压力的增加而减少。

⑥ 堆积年代与成因。黄土的湿陷性从根本上与其堆积年代和成因有密切关系。我国黄土按形成年代的早晚,有老黄土和新黄土之分。黄土的形成年代愈久,由于盐分溶滤较充分,固结成岩程度大,大孔结构退化,土质愈趋密实,强度高而压缩性小,湿陷性减弱甚至不具湿陷性。按成因而言,风成的原生黄土及暂时性流水作用形成的洪积、坡积黄土均具有较大的孔隙性,且可溶盐未及充分溶滤,故均具有较大的湿陷性,而冲积黄土一般湿陷性较小或无湿陷性。此外,对于同一堆积年代和成因和黄土的湿陷性强烈程度还与其所处环境条件有关。如在分水岭地区,地下水位深度愈大的地区的黄土,湿陷性愈大;埋藏深度愈小而土层厚度愈大的,黄土的湿陷性愈强烈。

(2) 黄土湿陷性判定

黄土的湿陷性判定,主要是利用现场采集的不扰动试样,通过室内浸水试验求得湿陷系数。当湿陷系数<0.015 时,应定为非湿陷性黄土;湿陷系数≥0.015 时,应定为湿陷性黄土。

测定湿陷系数的一定压力,自基础底面(初勘时,自地面下 1.5m)算起,10m 以内的土层采用 200kPa;10m 以下至非湿陷性土层顶面,应用其上覆土的饱和自重压力(当大于 300kPa 时,仍采用 300kPa)。

根据湿陷系数的大小,可大致判断湿陷性黄土湿陷性的强弱:湿陷系数≤0.03 为弱湿陷性;0.03<湿陷系数≤0.07 为中等湿陷性;湿陷系数>0.07 为强湿陷性。

(3) 湿陷等级的划分

场地的湿陷等级,应按实测自重湿陷量或计算自重湿陷量判定。当自重湿陷量≤7cm 时,应定为非自重湿陷性黄土场地;当自重湿陷量>7cm 时,应定为自重湿陷性黄土场地。实测自重湿陷量应按现场试坑浸水试验确定。

(4) 承载力的确定

影响黄土承载力的因素,主要为黄土的堆积年代、土的含水率密度和塑性等方面。湿陷黄土承载力的确定除根据经验公式确定外,还可以用野外原位测试方法确定,尤其是荷载试验。

3.3.4 盐渍土

1. 盐渍土的定义

盐渍土是盐土和碱土以及各种盐化、碱化土壤的总称。在公路工程中,盐渍土一般指地表以下1m深的土层内易溶盐平均含量大于0.3%的土。其主要分布在内陆干旱、半干旱地区,滨海地区也有分布。

土中最常见的易溶盐类主要有氯化钠、氯化镁、氯化钙、硫酸钠、硫酸镁、碳酸钠、碳酸氢钠、硝酸钾、硝酸钠等,常见的中溶盐有硫酸钙,难溶盐有碳酸钙。

2. 盐渍土的分类

① 盐渍土按含盐性质的不同,可分为五类,见表3.3。

表3.3 盐渍土按含盐性质分类

离子含量比值	盐渍土名称				
	氯盐渍土	亚氯盐渍土	亚硫酸盐渍土	硫酸盐渍土	碳酸盐渍土
Cl^-/SO_4^{2-}	>2	1~2	0.3~<1.0	<0.3	—
$CO_3^{2-}+HCO_3^-/Cl^-+SO_4^{2-}$	—	—	—	—	>0.3

注:Cl^-为氯离子;SO_4^{2-}为硫酸根离子;CO_3^{2-}为碳酸根离子;HCO_3^-为碳酸氢根离子;离子含量以1kg土中离子的毫摩尔数计(mol/kg)。

② 盐渍土按盐渍化程度的不同,可分为四类,见表3.4。

表3.4 盐渍土按盐渍化程度分类

盐渍土名称	细粒土(土层的平均含盐量,以质量百分数计)/%		粗粒土(通过10mm筛孔土的平均含盐量,以质量百分数计)/%	
	氯盐渍土及亚氯盐渍土	硫酸盐渍土及亚硫酸盐渍土	氯盐渍土及亚氯盐渍土	硫酸盐渍土及亚硫酸盐渍土
弱盐渍土	0.3~1.0	0.3~0.5	2.0~5.0	0.5~1.5
中盐渍土	>1.0~5.0	>0.5~2.0	>5.0~8.0	>1.5~3.0
强盐渍土	>5.0~8.0	>2.0~5.0	>8.0~10.0	>3.0~6.0
过盐渍土	>8.0	>5.0	>10.0	>6.0

注:离子含量以100g干土内的含盐总量计。

3. 盐渍土路基的主要病害

盐渍土作为一种特殊路基填料,具有诸多的特殊性。例如,硫酸盐在结晶时会结合一定数量的水分子,体积增大,脱水时体积又缩小。这种反复作用会破坏土体结构,引发溶蚀、盐胀、冻胀、翻浆等病害,进而降低路基稳定性。这些特性是一般土所不具有的。

(1)溶蚀

溶蚀主要是针对氯盐渍土而言,其次是硫酸盐渍土,是指浸水后土中盐分溶解的现象,可形成雨沟、洞穴,甚至湿陷、坍陷等。

(2)盐胀

盐胀病害主要是针对硫酸盐类的盐渍土而言的。盐渍土所处的特殊外部环境决定了硫酸盐盐胀作用的强烈性。盐渍土中的易溶盐在一年中随着气温、降水、蒸发和水文条件的变化而发生周期性的聚集与淋溶现象；在冷季，路基土内的盐胀，可使路基面不平、鼓胀、开裂；路基边坡及路肩表层在昼夜温度变化所引起的盐胀反复作用下，变得疏松、多孔、易遭风蚀。路基土盐胀的形成，是土体内硫酸钠迁移聚积、结晶体膨胀和土体膨胀三个过程的综合结果，是土中液态或粉末状硫酸钠在外界条件变化时吸水结晶而产生体积膨胀所造成的。其中，土体硫酸钠的存在及迁移聚积是造成盐胀的物质基础，土体毛细水上升、水汽蒸发和低温作用是促使盐水向上迁移聚积的基本条件，其反应机理为盐渍土在结晶时可结合一定数量的水分子。

（3）冻胀

冻胀主要是冬季路基土沿着温度的降低方向生成冰晶体形状的霜柱，使路面产生隆起的一种现象。冻胀作用使道路产生的破坏状态在中央部分冻胀量最大，因而沿着中心线的纵断方向产生纵向裂缝。春融期，路基土由霜柱结构的冰层从上部向下开始融化，其附近的土层处于饱和状态。特别是融解的水被未解冻的土层阻挡，停留在保持冻结的土层上，土融解后，土的密实度减小，因而部分土基的承载力明显降低。如果道路处于这种状态，则当大量的重车通过时，沥青混凝土面层或者水泥混凝土板下表面的拉应力将增大，土基表面的垂直变形也要增加，当超过其极限值时，在轮迹处就会产生网状裂缝，随着路面下沉，遭到破坏。

当氯盐渍土含盐量在一定范围内时，由于冰点降低、水分聚流时间过长，可加重冻胀。但含盐量更多时，由于冰点降低多，路基将不冻结或减少冻结，从而不产生冻胀或只产生轻冻胀。硫酸盐渍土对冻胀具有和氯盐渍土类似的作用，但冰点降低不如氯盐渍土多，影响不如氯盐渍土显著。碳酸盐渍土由于透水性差，可减轻冻胀。

（4）翻浆

翻浆是指在寒冷地区天暖解冻时，路面下的冻土开始融化，使路基土层饱水软化，在行车作用下造成路面破裂，从裂缝中冒出泥浆的现象。

当氯盐渍土含盐量在一定范围内时，不仅可加重冻胀，也可加重翻浆。当含盐量更多时，也因不冻结或减少冻结而不翻浆或减轻翻浆。硫酸盐渍土在降低冰点方面其作用和氯盐渍土类似，可加重翻浆，但不如氯盐渍土显著。春融时，结晶硫酸钠脱水可加重翻浆。

4. 盐渍土的工程特性

（1）氯化物盐渍土的工程特性

① 土的液、塑限随着含盐量的增大而减小，需在低含水率下压实。

② 湿化后密度降低，强度丧失快；干时有黏固性，使得土很硬。

③ 含盐量多、有结晶时压实后遇水出现空隙、空洞，所以压实时要注意含盐量。最佳含盐量对轻型标准为 $5\%\sim8\%$，对重型标准为 $3\%\sim6\%$。

④ 结晶时体积不变化，不会出现盐胀导致土体结构破坏的现象。

（2）硫酸盐渍土的工程特性

① 土的液、塑限随着含盐量的增大而增大，压实时需较大含水率。

② 湿化后强度降低，并且含盐量越大，强度降低得越多；干时黏固性小。

③ 密实度随含盐量的增加而降低，当含盐量超过 2% 时，松胀严重。

④ 结晶时体积膨胀。

若土中含有氯盐和硫酸盐,则性质介于二者之间。

(3) 碳酸盐渍土的工程特性

① 液、塑限随含盐量的增加而增大,故压实时需较大含水率。

② 密实度随含盐量的增加而降低,最佳含水率随含盐量的增加而增大。Na_2CO_3(碳酸钠)含量超过 0.5% 时,膨胀量显著增大。

③ 湿化强度降低不明显,干时黏固性大。

④ 吸附性 Na^+(钠离子)多,因此膨胀严重,不透水,毛细现象不明显。

5. 盐渍土地区路基的初步勘察

(1) 盐渍土路基初步勘察重点

① 地形、地貌调绘。收集工程地质图或土壤分布图,其比例可为 1∶50000～1∶10000;调绘盐渍土分布的地貌单元与微地貌。

② 气象、水文调绘。收集气象资料,侧重于多年或至少连续一年的降水、蒸发、气温、地温(地面下 25cm、50cm、75cm、100cm 地温)变化资料;调绘沟、渠、河网的分布、流向、纵坡及洪水泛滥时淹没范围、排泄路径;确定路线经过地段在公路自然区划图上的位置,侧重核对气候指标。

③ 植被调绘。调绘植被覆盖程度,喜湿、耐旱、耐盐碱植物种群分布(侧重于指示性植物);调查农作物品种、生长状况与土壤盐渍化程度关系的分带性。

④ 地质调绘。收集区域地质构造、新构造活动特征;调绘沿线地层构造及其岩性变化;收集区域水文地质资料,了解地下水补给、渗透的趋势;调绘井、泉、湿地的分布,调查地下水位,地下水矿化度、矿化类型的变化规律及总的趋势;调查水库的修建,农田水利建设,灌溉习惯对地下水位的影响程度;调查古河道走向及深层淡水的埋藏和开采条件。

⑤ 盐渍土调绘。调绘盐渍土的地面特征;调绘土壤盐渍化程度、类型在平面上、剖面上的分布规律;调绘土壤盐渍化程度、类型随埋深变化的规律;调查土壤盐分聚积、淋溶、迁移与气候、水文、微地形条件的变化规律。

⑥ 盐渍土对建筑物危害的调查。调查沿线各种建筑物造成的破坏状况及破坏规律。调查沿线各种建筑物由盐渍土化学腐蚀导致的破坏状况及破坏速度。调查当地防治盐渍土公路病害的成败经验及农田土壤改良的经验。调查原有公路路基横断面、地下水位,盐渍土类型、路面结构,路面变形破坏形式及状况。调查暴雨、洪水泛滥时路基经常被溶蚀破坏的状况及部位,并查明洪水的流向。

(2) 勘探

盐渍土勘探宜以挖探,洛阳铲勘探为主要手段;水源勘探应采用钻探。对于新建公路,可视所通过盐渍土地面特征,选择代表性横断面布置勘探线,每个横断面不少于 3 个勘探点。

对于原有公路,应视盐渍土地面特征与路基、路面破坏程度,选择代表性横断面布置勘探线。每处横断面在原地面、路肩、路中均应设有勘探点。

在代表性横向勘探线间盐渍土地面特征变化处设勘探点,共同组成纵向勘探线。若变化点间距过大时,应按不大于 250m 的间距加密勘探点。

勘探深度一般控制在地下水位以下能够取出水样为限;若地下水毛细上升水位埋深

大于 2m，勘探深度控制在 2m（不含水源勘探孔）。

盐渍土的取样，应于干旱季节进行，自地表往下，按 0～0.05m，0.05～0.25m，0.25～0.5m，0.5～0.75m，0.75～1.0m 逐段连续取样，按深度百分比（即按 5%、20%、25%、25%、25%）计算平均含盐量。

（3）试验

土工试验，除按常规要求外，还应进行毛细水上升高度、毛细水上升速度试验。

一般勘探点的土样，水样可作简易分析；代表性勘探点的土样应作全面定性、定量分析。

饮用水水源的水质分析要求，按《生活饮用水卫生标准》(GB 5749—2022)的规定执行。

6. 盐渍土路基的详细勘察

（1）盐渍土路基的详细勘察内容

盐渍土路基详细勘察包含以下内容。

① 沿路线中线查明微地形、地貌、地层岩性变化与盐渍土含盐类型、盐渍化程度局部变化的关系，并查明变化的具体界限桩号。

② 查明沿线地下水位、埋深、矿化度、矿化类型、地层岩性分布、土壤毛细上升与盐渍土含盐类型、盐类化程度变化的关系，并查明变化的具体界限桩号。

③ 查明地下水位多年变化趋势和一个水文年内的变化规律。

④ 查明雨季洪水泛滥范围、排泄路径及可能造成溶沉的具体桩号界线。

⑤ 按构造物的位置查明盐渍土病害、地层岩性、地基承载力。

在初勘基础上，进一步查明盐渍土含盐类型、盐渍化程度、界限号，在初勘确定的界线附近沿中线以 200m 间距加密勘探点。试验同初勘要求。

（2）盐渍土工程地质详勘资料

盐渍土工程地质详勘资料包括工程地质说明书、工程地质图及其他成果资料。工程地质说明可并入全线工程地质说明书内，其分段叙述内容如下：概述盐渍土形成演化的自然地理条件；论述盐渍土含盐类型、盐渍化程度区段的划分；论证各不同区段盐渍土可能形成的道路病害，并分段提出路基标准横断面图；分区段按构造物工点，论述防治盐渍土病害的方案；提出设计、施工应注意的事项。工程地质图比例尺要求：平面图比例尺 1∶10000～1∶2000；剖面图水平比例尺为 1∶10000～1∶2000；垂直比例尺为 1∶1000～1∶200。其他成果资料包括：收集的区域地质、水文地质、气象资料，调绘的原始记录、勘探成果资料、试验成果资料、整理统计分析资料，应分别编目成册，除原始记录外，均应列入基础资料。

3.4 不良地质地段路基工程地质勘察

3.4.1 岩溶

1. 岩溶地段路基工程地质勘察内容

岩溶工程地质勘察应查明以下内容。

① 岩溶地貌的成因、类型、规模、形态特征、分布范围。

② 岩溶发育与地层岩性、地质构造、水文地质条件及新构造运动的关系。
③ 覆盖层的成因、类型、分布、厚度、土质名称、地层结构。
④ 基岩的岩性、地质年代、地层层序、分布范围、埋深和岩面起伏变化情况。
⑤ 褶皱、断裂、节理的类型、规模、性质、分布范围和产状。
⑥ 土洞、岩溶洞隙、暗河的分布范围、规模及其稳定性。
⑦ 地下水的类型、分布、富水程度、埋藏条件、水位变化及运动规律。
⑧ 地下水与地表水的水力联系，地表水的消水位置和洪水痕迹的分布高程。
⑨ 土洞、岩溶水害、岩溶塌陷的成因、分布和发育规律。
⑩ 当地治理岩溶、土洞和地面塌陷的工程经验。

2. 岩溶分类

① 根据埋藏条件，岩溶可按表 3.5 进行分类。

表 3.5 岩溶按埋藏条件分类

类型	主要特征
裸露型	可溶性岩层大部分出露地表，低洼地带分布有厚度一般不超过 10m 的第四纪覆盖层，地表岩溶景观显露，地表水与地下水连通密切
浅覆盖型	可溶性岩层大部分被第四系土层覆盖，厚度一般不超过 30m，少部分岩溶景观显露地表，地表水与地下水连通较密切
深覆盖型	可溶性岩层基本被第四系土层覆盖，厚度一般超过 30m，几乎没有岩溶景观显露地表，地表水与地下水连通不密切
埋藏型	可溶性岩层被非可溶性岩层（如泥岩、砂岩、页岩等）覆盖，没有岩溶景观显露地表，地表水与地下水连通不密切

② 根据形成的地质年代，岩溶可按表 3.6 进行分类。

表 3.6 岩溶按地质年代分类

类型	主要特征
古岩溶型	岩溶形成于新生代以前，溶蚀凹槽和溶洞中常见填充有新生代以前沉积的岩石
近代岩溶型	岩溶形成于新生代之后，溶蚀凹槽和洞隙呈空洞状或填充第三系、第四系沉积物

3. 工程地质调绘

工程地质调绘应符合以下规定。
① 岩溶地区工程地质调绘应与路线及沿线构筑物的设置结合。
② 地层接触线、可溶岩与非可溶岩界线、断层、土洞、岩溶塌陷、落水洞、暗河、井及泉等地下水露头、岩溶水的消水位置和洪水痕迹、覆盖层发育的代表性路段等应布置调绘点。
③ 覆盖层发育地带，与路线设置关系密切的隐伏岩溶、土洞等宜辅以物探、挖探等进行调绘。

4. 工程地质勘探

工程地质勘探应符合以下规定。
① 岩溶工程地质勘探应在工程地质调绘的基础上进行，采用钻探、物探等进行综

合勘探。勘探测试点的数量和位置应根据现场地形地质条件、岩溶发育程度、构筑物的类型及规模等综合确定。

② 岩溶地区填方和挖方路基勘探深度应符合下列规定：勘探深度应至基底以下完整地层内不小于10m。在该深度内遇岩溶洞穴时，应在洞穴底板稳定基岩内再钻进3～5m。

③ 应分层采集岩土试样，记录钻具自然下落或自然减压，以及漏水、水色突变、冲洗液发生异常变化的位置及起止深度，并测定岩芯的岩溶率。

④ 岩溶发育地段，宜在方法试验的基础上选择地质雷达、高密度电法、孔间CT等物探方法与钻探结合进行综合勘探。

⑤ 岩溶复杂路段，应在施工阶段进行必要的补充勘察或开展施工阶段地质工作。

5. 工程地质测试

工程地质测试应符合以下规定。

① 暗河发育路段，宜做连通试验，对暗河发育情况进行调查。

② 必要时，采取代表性岩土试样测试其矿物成分和化学成分。

③ 地表水和地下水除常规试验项目外，尚应测试其游离CO_2（二氧化碳）和侵蚀性CO_2含量。

6. 初步勘察

初步勘察应符合以下规定。

① 初步勘察应沿路线及其两侧各宽不小于200m的带状范围进行路线工程地质调绘，路线工程地质调绘的比例尺为1∶2000；岩溶发育、水文地质条件复杂的特长、长隧道应进行专项区域水文地质调绘，水文地质调绘的比例尺为1∶50000～1∶10000，其范围应根据水文地质评价的需要确定。

② 路基勘探测试应符合下列规定：应在工程地质调绘的基础上对岩溶发育情况进行分段，结合各岩溶路段地质条件开展必要的综合物探，并通过钻孔对物探异常情况进行验证。一般地区，勘探钻孔平均间距不宜大于200m；岩溶复杂地段，应根据现场情况增加勘探钻孔。

③ 岩溶初勘应提供以下资料。

a. 文字说明：应对路线及构筑物场地工程地质条件进行说明，对岩溶勘察要求查明的内容进行说明，分析评价工程建设场地的适宜性，提出工程地质建议。

b. 图表资料：应对岩溶的形态、分布范围等进行图示和说明。对公路工程有影响的大型岩溶洞穴、暗河应根据实测资料编制调查成果图，比例尺为1∶400～1∶100，图示测图导线、测图断面的位置、岩溶洞穴的平面和断面位置、形态及充填情况，并对地层、地质构造、地下水、节理裂隙的发育情况、顶板岩体的完整性和坍塌、稳定情况等进行说明。

7. 详细勘察

详细勘察应符合以下规定。

① 岩溶区工程地质调绘应对初勘工程地质调绘资料进行复核。当线位偏离初步设计线位或地质条件需进一步查明时，应进行补充工程地质调绘，补充工程地质调绘的比例尺为1∶2000。对影响构筑物稳定的暗河、溶洞、竖井等应进行实地调绘。

② 详细勘察应充分利用初勘资料，在确定的线位和构筑物位置上进行，除应符合

本章3.2.2节和本节"6. 初步勘察"的规定外,尚应符合下列规定:路基勘探应在工程地质调绘的基础上开展综合物探,圈定异常范围,结合钻孔进行综合勘探。

③ 岩溶勘察应按本章3.2.2节和本节"6. 初步勘察"的规定提供资料。

3.4.2 滑坡

1. 滑坡地段路基工程地质勘察内容

滑坡工程地质勘察应查明以下内容。

① 地形地貌、地层岩性、地质构造、水文地质条件、地震动参数及当地气象资料。

② 滑坡的成因、类型、规模、分布范围、发育规律及诱发因素。

③ 滑坡周界、滑坡裂缝、滑坡擦痕、滑坡台阶、滑坡壁、滑坡鼓丘、滑坡洼地等滑坡要素的分布位置和发育情况。

④ 滑动面(带)的分布位置、层数、厚度、形态特征、物质组成、含水状态及其物理力学性质。

⑤ 滑坡体的物质组成及其分级、分块和分层情况。

⑥ 滑床的形态特征、物质组成、物理力学性质和地质结构。

⑦ 沟系、洼地、陡坎等微地貌特征和植被情况。

⑧ 地下水的类型、分布、埋藏条件、成因、水质、水量。

⑨ 滑坡的稳定性。

⑩ 当地滑坡的勘察、设计资料和治理经验。

2. 滑坡分类

① 根据滑坡体的体积,滑坡可按以下标准进行分类:当V(滑坡体体积)$\leqslant 4\times 10^4 m^3$时,为小型滑坡;当$4\times 10^4 m^3 < V \leqslant 3\times 10^5 m^3$时,为中型滑坡;当$3\times 10^5 m^3 < V \leqslant 1\times 10^6 m^3$时,为大型滑坡;当$V > 1\times 10^6 m^3$时,为巨型滑坡。

② 根据滑动方式,滑坡可按以下标准进行分类:中上部滑体挤压推动前缘段产生滑动形成的滑坡,为推移式滑坡;前缘段发生滑动后牵引后部滑体形成的滑坡,为牵引式滑坡。

③ 根据滑动面的埋藏深度,滑坡可按以下标准进行分类:当H(滑动面埋深)$\leqslant 6m$时,为浅层滑坡;当$6m < H \leqslant 20m$时,为中层滑坡;当$H > 20m$时,为深层滑坡。

④ 根据滑坡体的物质组成,滑坡可分为堆积层滑坡、基岩滑坡、黄土滑坡、破碎岩体滑坡和膨胀土滑坡等类型。

3. 工程地质调绘

工程地质调绘应符合以下规定。

① 滑坡工程地质调绘应与路线及构筑物的设置相结合,查明滑坡工程地质勘察要求查明的内容。

② 岩层露头,滑坡边界、滑坡裂缝、滑坡台阶、滑坡壁、滑坡鼓丘,地下水露头,地层接触线等部位应布置调绘点。

③ 滑坡剪出口、裂缝等露头不良时,宜辅以挖探等手段进行调绘。

4. 工程地质勘探

工程地质勘探应符合以下规定。

① 滑坡工程地质勘探宜采用物探、挖探、钻探等方式进行综合勘探。勘探测试点的数量和位置应在工程地质调绘的基础上，根据滑坡的类型、规模、复杂程度，结合路线及整治工程设计确定。

② 滑坡勘探点（断面）的布置应符合以下要求：

a. 勘探点（线）应沿滑坡的主滑方向布置。当滑坡的规模大，性质复杂时，勘探点（断面）应结合滑坡的级块划分、滑坡稳定性分析以及整治工程设计等进行布置。

b. 滑坡的勘探深度应距离滑坡体以下的稳定地层内不小于3m。设置支挡工程部位，勘探点的深度应满足支挡工程设计的要求。

c. 滑坡工程地质钻探应根据滑坡体及滑动面（带）的物质组成选择干钻、无泵反循环或双层岩芯管钻探等方法。

d. 钻探应严格控制钻进回次。至预估的滑动面（带）以上5m或发现滑动面（带）迹象时，必须进行干钻，回次进尺不得大于0.3m，并及时检查岩芯，确定滑动面位置。

e. 应在滑坡体及滑床地层中，分层采取岩、土、水试样；滑动面（带）应采取原状样。

f. 物探断面宜与钻探断面一致。采用的物探方法应在方法试验的基础上确定。

5. 工程地质测试

工程地质测试应符合以下规定。

① 滑坡室内测试项目可按表3.7选用。砂土、碎石土可只作颗粒分析。岩石应结合支挡工程设计选择代表性岩样做抗压强度试验和剪切试验。

表3.7 滑坡室内测试项目表

测试项目		滑坡体	滑动面	支挡工程
颗粒分析		（+）	（+）	（+）
天然含水率 $w/\%$		+	+	+
密度 ρ (g·cm^{-3})		+	+	+
塑限 $w_P/\%$		+	+	+
液限 $w_L/\%$		+	+	+
压缩系数 a/MPa^{-1}				（+）
剪切试验	黏聚力 c/kPa	（+）	+	+
	内摩擦角 ϕ/(°)	（+）	+	+

注：表列测试项目适用于粉土、黏性土；"+"为必做项目，"（+）"为选做项目。

② 滑动面（带）的抗剪强度试验应结合滑动条件、岩土性质选择滑面重合剪、重塑土多次剪试验等。有条件时，宜进行原位大面积剪切试验。

③ 钻探过程中遇地下水时，应量测初见水位、稳定水位，确定含水层厚度。地下水发育时，应做抽水试验。

④ 宜采集水样进行水质分析，评价环境水的腐蚀性。

6. 滑坡稳定性分析与抗剪强度指标确定

① 应利用调绘、勘探、测试等手段取得的各项资料，对滑坡的稳定性进行定性和定量分析。定量分析宜采用极限平衡条分法、有限元强度折减法。

② 用于滑坡推力计算的抗剪强度指标应结合抗剪强度试验、力学指标反算、既有工程经验等综合分析确定。

7. 初步勘察

初步勘察应符合以下规定。

① 滑坡工程地质调绘的比例尺为 1∶2000，调绘的范围应包括滑坡及对滑坡有影响的区域。滑坡边界、滑坡台阶等滑坡要素应实测。

② 勘探测试除应符合本章 3.2.1 节和本节 "4. 工程地质勘探" "5. 工程地质测试" 的规定外，尚应符合以下规定：

a. 每条勘探断面上的勘探点［钻孔或探坑（井）］数量不得少于 2 个。

b. 宜与物探结合进行综合勘探。

c. 稳定性难以判明的滑坡，应进行位移、变形观测。

③ 滑坡初勘应提供以下资料：

a. 对规模小、地质条件简单，不需要处治的滑坡，可列表说明其工程地质条件。

b. 对规模大、性质复杂的滑坡，应按工点编制工程地质勘察报告。

ⓐ 文字说明：应对滑坡勘察要求查明的内容进行说明，分析滑坡的稳定性，提出工程地质建议。

ⓑ 图表资料：应对滑坡分布的范围、分级与分块情况、滑坡要素、地下水等进行图示和说明。提供 1∶2000～1∶500 滑坡工程地质平面图；1∶500～1∶200 滑坡工程地质断面图；1∶200～1∶50 滑坡工程地质钻孔柱状图；1∶200～1∶50 滑坡探坑（井、槽）展示图；土工试验资料；物探曲线图表；水文地质测试资料；滑坡动态观测资料及照片等。

8. 详细勘察

详细勘察应符合以下要求。

① 滑坡详细勘察应对初勘工程地质调绘资料进行复核。地质条件需进一步查明时，应结合滑坡处治工程设计进行 1∶2000～1∶500 补充工程地质调绘。

② 勘探测试除应符合本章 3.2.2 节和本节 "7. 初步勘察" 的规定外，尚应符合以下规定：

a. 滑坡详勘应充分利用初勘资料，在补充工程地质调绘的基础上，结合滑坡的分级、分块、分层和排水工程设计，确定勘探测试点的数量和位置。

b. 抗滑支挡工程宜沿工程设置部位的轴线方向布置勘探断面，探明基底和锚固部位地质条件。

c. 滑坡勘探断面上的地形、滑坡边界、滑坡裂缝、地下水出露点等应实测。

③ 滑坡详细勘察应按本节 "7. 初步勘察" 的规定提供资料。

3.4.3 危岩、崩塌与岩堆

1. 危岩、崩塌与岩堆地段路基工程地质勘察内容

危岩、崩塌与岩堆工程地质勘察应查明以下内容。

① 地形地貌的类型及形态特征，气象、水文及地震动参数资料。

② 地层岩性、软质岩与硬质岩的分布情况、岩石的风化程度。

③ 地质构造特征，节理、层理、断裂等结构面的产状、规模、结合程度，边坡岩

体的结构类型和完整性。

④ 地表水和地下水类型、分布、成因、水质、水量。

⑤ 危岩的分布、规模及稳定性。

⑥ 崩塌的类型、规模、分布范围及崩塌、落石情况。

⑦ 岩堆的类型、分布范围、物质组成及稳定性。

2. 崩塌分类

① 根据崩塌的规模,崩塌可按表3.8进行分类。

表3.8 崩塌按规模分类

类型	崩塌体体积 V/m^3
小型崩塌	$V \leqslant 500$
中型崩塌	$500 < V \leqslant 5000$
大型崩塌	$V > 5000$

② 根据崩塌产生的机理,崩塌可按表3.9进行分类。

表3.9 崩塌按形成机理分类

类型	形成机理
倾倒式崩塌	倾倒
滑移式崩塌	滑移
膨胀式崩塌	膨胀、下沉
拉裂式崩塌	拉裂
错断式崩塌	错断

③ 根据发生崩塌的地层,崩塌可分为岩石崩塌、黄土崩塌和黏性土崩塌等。

3. 工程地质调绘

工程地质调绘应符合以下规定。

① 危岩、崩塌与岩堆路段的工程地质调绘应收集地震、气象、水文资料,并与路线及构筑物的设置相结合,查明危岩、崩塌与岩堆工程地质勘察要求查明的内容。

② 地层界线、断层、节理、层理、张裂隙、地下水出露点等部位应布置调绘点。

③ 宜辅以挖探等对被覆盖的张裂隙、层理等进行调绘。

4. 工程地质勘探测试

工程地质勘探测试应符合以下规定。

① 勘探宜采用挖探、钻探、物探等方式进行综合勘探。勘探测试点的数量和位置应根据地形地质条件及危岩、崩塌与岩堆的发育特点确定。

② 控制危岩、崩塌的结构面,应结合危岩、崩塌的稳定性分析,采用挖探、钻探、硐探等进行综合勘探。

③ 岩堆勘探深度应至稳定地层中不小于3m,且应大于最大块石直径的1.5倍。

④ 钻探应分层采取土样,取样后应立即开展动力触探试验。

⑤ 钻探过程中遇地下水时,应量测地下水的初见水位和稳定水位。

⑥ 崩塌、岩堆室内测试项目可按表3.10选用。

表 3.10　崩塌、岩堆测试项目表

测试项目		地层		
		粉土、黏性土	砂土、碎石土	岩石
颗粒分析		＋	＋	
天然含水率 $w/\%$		（＋）	（＋）	
密度 ρ（g·cm^{-3}）		（＋）	（＋）	
塑限 $w_P/\%$		＋		
液限 $w_L/\%$		＋		
天然休止角 $\phi/$（°）			（＋）	
剪切试验	黏聚力 c/kPa	（＋）		
	内摩擦角 $\phi/$（°）			
抗压强度 R/MPa				（＋）

注："＋"为必做项目；"（＋）"为选做项目。

⑦ 宜做现场落石试验，了解落石的滚落途径、跳越高度、影响范围。

5. 初步勘察

初步勘察应符合以下规定。

① 初步勘察应结合路线及构筑物的工程方案比选进行 1∶2000 工程地质调绘，调绘范围应包括不良地质体及对工程有影响的区域。

② 勘探、测试除应符合本章 3.2.1 节和本节"4. 工程地质勘探测试"的规定外，尚应符合以下规定：

a. 岩堆路段，宜做横断面勘探，每条勘探断面上勘探点的数量不宜少于 2 个。

b. 路基上方的高陡斜坡存在危岩或崩塌的可能时，对控制岩体稳定的层理、断层、泥化夹层、层间错动带等软弱结构面，应结合危岩、崩塌稳定性分析，采用挖探、钻探、硐探等方法探明。

③ 危岩、崩塌与岩堆初勘应提供以下资料：

a. 文字说明：应对危岩、崩塌与岩堆勘察要求查明的内容进行说明，分析危岩、岩堆的稳定性，提出工程地质建议。

b. 图表资料：应对危岩、崩塌与岩堆的分布范围、软质岩与硬质岩的分布情况、张拉裂隙的产状、岩堆的地层结构等进行图示和说明。提供 1∶2000～1∶500 工程地质平面图；1∶500～1∶200 工程地质断面图；1∶200～1∶50 工程地质钻孔柱状图；1∶200～1∶50 探坑（井、槽）展示图；土工试验资料；物探曲线图表及照片等。

6. 详细勘察

详细勘察应符合以下规定。

① 详细勘察应对初勘调绘资料进行复核。地质条件需进一步查明时，应进行补充调绘，调绘的比例尺为 1∶2000～1∶500。

② 详细勘察应充分利用初勘资料，除应符合本章 3.2.2 节和本节"5. 初步勘察"的规定外，尚应符合以下规定：

a. 应结合危岩、崩塌稳定性分析，增加必要的勘探测试点，查明危岩、崩塌地质条件。

b. 在确定的线位上，进一步查明岩堆的地质结构及稳定性。
③ 危岩、崩塌与岩堆详勘应按本节"5. 初步勘察"的规定提供资料。

3.4.4 泥石流

1. 泥石流地段路基工程地质勘察内容

泥石流工程地质勘察应查明以下内容。
① 地形地貌、地层岩性、地质构造、水文地质条件、地震、气象和水文条件。
② 泥石流的类型、分布、规模、成因、发生的时间及频率。
③ 泥石流沟谷的横断面形态、沟槽宽度、纵坡和汇水面积。
④ 泥石流形成区、流通区不良地质的发育情况及固体的物质来源与储量。
⑤ 泥石流的冲淤情况、流动痕迹，沟谷转弯及沟道狭窄处最高泥痕的位置。
⑥ 泥石流堆积物的分布范围、物质成分、数量和粒径组成。
⑦ 泥石流堆积扇的扇面坡度、漫流和沟槽发育情况以及植被情况。
⑧ 当地泥石流防治经验与工程类型。

2. 泥石流分类

① 根据泥石流的固体物质组成，泥石流可按表3.11进行分类。

表3.11 泥石流按固体物质组成分类

类型	流体中固体物质成分
泥流	固体物质以黏粒、粉粒为主，含有少量砂砾、碎石
泥石流	固体物质由黏粒、粉粒、砂粒、碎石、块石、漂石等组成
水石流	固体物质以碎石、块石为主，含少量黏粒、粉粒

② 根据泥石流发生的频率，泥石流可按表3.12进行分类。

表3.12 泥石流按发生频率分类

类型	特　征
高频率泥石流	多位于地壳强烈上升区，岩层破碎，风化强烈，山体稳定性差。泥石流基本上每年发生，泥石流暴雨强≤4mm/10min。固体物质主要来源于沟谷内的滑坡、崩塌。沟床和扇形地上泥石流堆积物新鲜，几乎无植被发育
低频率泥石流	分布于各类山地，山体稳定性较好，无大型活动性崩塌、滑坡。泥石流暴发周期一般在10年以上。固体物质主要来源于沟床内的松散堆积物。泥石流暴发雨强>4mm/10min。规模一般较大。沟床和扇形地上巨石遍布，植被较好

③ 根据泥石流的规模，泥石流可按表3.13进行分类。

表3.13 泥石流按规模分类

类型	固体物质储量 $V_v/(m^3 \cdot km^{-2})$	固体物质一次最大冲出量 V_c/m^3
小型	$V_v \leqslant 5 \times 10^4$	$V_c \leqslant 1 \times 10^4$
中型	$5 \times 10^4 < V_v \leqslant 1 \times 10^4$	$1 \times 10^4 < V_c \leqslant 5 \times 10^4$
大型	$1 \times 10^5 < V_v \leqslant 1 \times 10^6$	$5 \times 10^4 < V_c \leqslant 1 \times 10^5$
特大型	$V_v > 1 \times 10^6$	$V_c > 1 \times 10^6$

④ 根据泥石流的流域形态特征，泥石流可按表 3.14 进行分类。

表 3.14　泥石流按流域形态特征分类

类型	流域面积 S/km^2	主沟长度 L/km	形态特征	沟床纵坡	不良地质	沟口堆积物
沟谷型	$S>1$	$L>2$	沟谷形态明显，支沟发育	一般在15°以下，有跌坎	沟内常发育有崩塌、滑坡	呈扇形或带状，颗粒略有磨圆
山坡型	$S\leqslant 1$	$L\leqslant 2$	沟谷短、浅、陡，一般无支沟	与山坡坡度基本一致	常产生坡面侵蚀和崩塌	呈锥形，颗粒较粗大，棱角明显

⑤ 根据泥石流的流体性质，泥石流可按表 3.15 进行分类。

表 3.15　泥石流按流体性质分类

主要特征		泥石流类型				
		稀性			黏性	
		泥流	水石流	泥石流	泥流	泥石流
流体特征	流体密度/$(\text{t}\cdot\text{m}^{-3})$	1.3～1.5	1.3～1.6	1.3～1.8	1.5～1.9	1.8～2.3
	运动特征	由稀性浆体与砂砾石块组成，浆体起搬运介质作用，流体中的石块等粗碎屑物质的运动速度小于浆体运动速度，石块沉底被推移滚动前进，有明显垂直交换，呈连续紊动流，无阵流现象			由黏性浆体与砂砾组成，石块等粗碎屑物质被束缚于黏稠的浆体中，无垂直交换，近似层流，整体等速度前进，运动过程发生断流，有明显阵流现象	
	沉积特征	流体停积后水与固体物质很快离析，沉积过程有分选性，堆积物细颗粒含量少，空隙大，结构松散。常呈垄岗或舌状的松散石质堆积体分布，表面碎块石密集，坎坷不平			流体停积后保持运动时的结构特征，堆积过程无分选性，堆积物细颗粒含量多，大小混杂，空隙小，结构较致密。常呈扇状或舌状的泥石质堆积体分布，表面起伏不平，但较平坦	
	冲淤特征	比一般洪水破坏力大，有冲，有淤，以冲刷危害为主			比稀性泥石流破坏力大，大冲、大淤，以淤积危害为主	

3. 工程地质调绘

工程地质调绘应符合以下规定。

① 泥石流工程地质调绘应收集地震、气象、水文资料，调查泥石流工程地质勘察要求查明的内容。大型、特大型泥石流及泥石流群宜结合遥感工程地质解译进行调绘。

② 工程地质调绘的范围应包括泥石流的形成区、流通区、堆积区及其稳定地段。

③ 岩石露头，跌水，卡口，泥石流冲刷、流动痕迹，滑坡、坍塌等不良地质体，泥石流沟谷及沟谷内堆积物，泥石流堆积扇等部位应布置调绘点。

4. 工程地质勘探测试

工程地质勘探测试应符合以下规定。

① 宜采用物探、挖探、钻探等方式进行综合勘探。勘探点的数量和位置应根据地形地质条件，泥石流堆积物的组成、厚度及构筑物的类型、规模等确定。

② 泥石流堆积物勘探深度应至基底以下稳定地层中不小于 3m，且不得小于最大块石直径的 1.5 倍。

③ 泥石流流体密度、固体颗粒密度、颗粒分析试验宜在现场进行，堆积物的土样

应在有代表性的位置采取。

④ 钻探遇地下水时,应量测地下水的初见水位和稳定水位。宜取样进行水质分析,判明环境水的腐蚀性。

5. 初步勘察

初步勘察应符合以下规定。

① 初步勘察工程地质调绘比例尺为1:10000～1:2000。

② 勘探、测试除应符合本章3.2.1节和本节"4. 工程地质勘探测试"的规定外,尚应符合以下规定:

a. 泥石流排导工程:勘探点宜沿排导工程的延伸方向布置,探坑(井)或钻孔深度应至冲刷线以下不小于5m。

b. 泥石流拦渣坝:宜沿沟槽横断面方向布置勘探断面,基底及沟槽两侧边坡宜布置勘探点,探坑(井)或钻孔深度应至基底以下稳定地层中不小于3m。

③ 初勘应按本章3.2.1节的规定提供以下资料:

a. 文字说明:应对路线及构筑物场地工程地质条件进行说明,对泥石流勘察要求查明的内容进行说明,分析评价工程建设场地的适宜性,提出工程地质建议。

b. 图表资料:应对泥石流的分布范围、物质组成等进行图示和说明。提供1:10000～1:2000泥石流工程地质平面图;1:400～1:200泥石流工程地质横断面图;1:400～1:100泥石流沟床工程地质纵断面图;泥石流试验资料及照片等。

6. 详细勘察

详细勘察应符合以下规定。

① 应对初勘工程地质调绘资料进行复核。地质条件需进一步查明时,应进行补充工程地质调绘,调绘的比例尺为1:2000。

② 详细勘察应充分利用初勘资料,结合路线及构筑物的施工图设计布置勘探测试点,查明地质条件,并符合本章3.2.2节和本节"5. 初步勘察"的规定。

③ 按本章3.2.2节和本节"5. 初步勘察"的规定提供资料。

3.4.5 采空区

1. 采空区地段路基工程地质勘察内容

采空区工程地质勘察应查明以下内容。

① 地层岩性、地质构造、水文地质条件、地震动参数。

② 采空区的开采历史,开采规划、现状、方法、范围和开采深度。

③ 采空区的井巷分布、断面尺寸及相应的地表位置。

④ 采空区的顶板厚度、地层及其岩性组合、顶板管理方法及稳定性。

⑤ 地下水的类型、分布、水位及其变化幅度,地下水开采对采空区稳定性的影响。

⑥ 有害气体的类型、分布特征和危害程度。

⑦ 地表沉陷、裂缝、塌陷的位置、形状、规模、发生时间。

⑧ 采空区与路线及构筑物的位置关系、地面变形可能影响的范围和避开的可能性。

2. 采空区分类

① 根据开采时间,采空区可分为老采空区、现代采空区和未来采空区。

② 根据开采规模，采空区可分为大面积采空区和小型采空区。小型采空区根据开采目的可进一步分为小煤窑采空区、采砂洞等。

3. 工程地质调绘

工程地质调绘应符合以下规定。

① 采空区工程地质调绘应与路线及沿线构筑物的设置相结合，充分收集地震、地质、采矿资料，查明采空区工程地质勘察要求查明的内容，调绘的范围应包括采空区及其相邻的稳定地段。

② 岩石露头、地层界线、断层、地面塌陷、地表裂缝、采空井巷、地表变形建筑物、滑坡等部位应布置调绘点。

③ 隐伏的地层界线、断层应辅以物探、挖探等进行调绘。

4. 工程地质勘探测试

工程地质勘探测试应符合以下要求。

① 勘探测试点的数量和位置应根据地形地质条件、采空区的类型和规模、地表变形状况以及构筑物的类型、规模等确定。

② 当采空区的开采资料齐全，能说明采空区的位置、埋深、变形特征及其发展趋势和稳定条件时，宜布置物探、钻探进行验证。

③ 对开采巷道或坑洞分布复杂，无法进入坑洞内进行调查的采空区，应根据地面塌陷变形情况，开展综合物探，结合挖探、钻探进行综合勘探。

④ 勘探深度应距离采空巷道底板以下稳定地层内不小于 5m。有多层采空巷道（或矿层）时，应至最下一层采空巷道底板的稳定地层内不小于 3m。

⑤ 应分层采集岩土试样，并记录钻具自然下落情况及起止深度、孔内掉块、钻具跳动、进尺加快等情况。

⑥ 宜采用地震勘探、地质雷达、高密度电法、孔间计算机断层扫描（Computed Tomography，CT）等与钻探结合进行综合勘探，物探测线宜垂直采空巷道的轴线方向布置。对开采资料匮乏或无规划开采的小型采空区，勘探线宜按网格状布置。

⑦ 钻探遇地下水时，应量测地下水的初见水位和稳定水位，采取地下水进行水质分析。地下水发育时，宜作抽水试验。

⑧ 应结合采空区处治工程设计，对瓦斯等有害气体进行测试。

⑨ 采空区的变形特征难以判明时，应进行地面变形观测和建筑物变形观测。

5. 初步勘察

初步勘察应符合以下规定。

① 采空区初步勘察应进行 1∶2000 工程地质调绘，沿路线中线两侧的调绘宽度各不宜小于 200m。

② 路基勘探测试除应符合本章 3.2.1 节和本节"4. 工程地质勘探测试"的有关规定外，尚应符合以下规定：

a. 应在工程地质调绘的基础上，结合现场条件开展综合物探。

b. 对于采空区物探异常情况，应采用探坑（井）、钻孔进行验证。

③ 采空区初步勘察应按本章 3.2.1 节的规定进行，并提供以下资料：

a. 文字说明：应对路线及构筑物场地的工程地质条件进行说明，对采空区勘察要求查明的内容进行说明，分析评价工程建设场地的适宜性，提出工程地质建议。

b. 图表资料：应对采空区的分布范围、采空巷道的位置、采空巷道的充填情况、地面塌陷和变形、煤系地层和地下水的分布情况等进行图示和说明。提供1∶2000工程地质平面图；1∶2000～1∶500工程地质断面图；1∶200～1∶50工程地质钻孔柱状图；1∶200～1∶50探坑（井）展示图；土工试验汇总表；物探曲线、图表；水文地质测试资料；地表和建筑物变形观测资料、照片等。

6. 详细勘察

详细勘察应符合以下规定。

① 采空区工程地质调绘应对初勘调绘资料进行复核。当线位偏离初测线位或地质条件需进一步查明时，应进行补充工程地质调绘，调绘的比例尺为1∶2000。

② 路基详细勘察应充分利用初勘资料，在确定的路线和构筑物位置上进行，除应符合本章3.2.2节和本节"5. 初步勘察"的规定外，尚应符合以下规定：应结合路段地质条件、地面变形情况、物探异常等布置探坑（井）、钻孔，探明采空区分布情况及可能影响路基稳定的范围。

③ 采空区详细勘察应按本章3.2.2节和本节"5. 初步勘察"的规定提供资料。

3.4.6 强震区

路线通过地震动峰值加速度为0.1～0.4g地区时，应进行强震区工程地质勘察；地震动峰值加速度大于0.4g时，应作专门研究；地震动峰值加速度为0.05g的地区，对抗震设防有特殊要求的工程可按下列有关规定进行工程地质勘察。

1. 强震区地段路基工程地质勘察内容

强震区工程地质勘察应查明以下内容。

① 地貌的成因、类型、形态特征。

② 地层岩性、地质构造、地震动参数和历史震害情况。

③ 工程场地覆盖层厚度、场地土的类型及工程场地类别。

④ 断裂的类型、分布、规模、活动性。

⑤ 不良地质及特殊性岩土的类型、分布范围和性质。

⑥ 高陡边坡、临河工程及不良地质地段，在地震时产生次生灾害的可能性。

⑦ 工程场地的抗震有利地段、不利地段、危险地段和一般地段。

⑧ 当地的工程抗震措施及经验。

2. 抗震设防烈度与地震动峰值加速度值的对应关系

抗震设防烈度与地震动峰值加速度值的对应关系应符合表3.16的规定。

表3.16 抗震设防烈度与地震动峰值加速度值对应表

抗震设防烈度/度	地震动峰值加速度值
6	0.05g
7	0.1 (0.15) g
8	0.2 (0.3) g
9	0.4g

3. 相关分类

① 强震区工程场地可按表 3.17 进行分类。

表 3.17　工程场地分类

类别	工程地质条件
有利地段	稳定基岩，坚硬土，地形开阔、平坦、密实、均匀的中硬土等地段
不利地段	软弱土、可液化土，条状突出的山嘴，高耸孤立的山丘，非岩质陡坡，河岸和边坡的边缘，平面分布上成因、岩性、状态明显不均匀的土层等地段
危险地段	地震时可能发生滑坡、崩塌、地陷、地表错断、泥石流等的地段

注：表中只列出了有利、不利和危险地段的划分，其他地段可视为可进行建设的一般场地。

② 活动断裂可按表 3.18 进行分类。

表 3.18　活动断裂分类

类型	地质特征
全新世活动断裂	在全新地质时期（一万年）内有过地震活动或近期正在活动，在今后一百年可能继续活动的断裂
非全新世活动断裂	一万年以前活动过，一万年以来没有发生过活动的断裂
发震断裂	全新活动断裂中、近期（近 500 年）发生过地震震级 $M \geqslant 5$ 级的断裂；或在今后 100 年内，可能发生地震震级 $M \geqslant 5$ 级的断裂

③ 根据剪切波速，场地土的类型可按表 3.19 进行分类。

表 3.19　场地土的分类和剪切波速范围

土的类型	岩土名称和性状	岩土剪切波速 $v_s/\text{m} \cdot \text{s}^{-1}$
岩石	坚硬、较硬且完整的岩石	$v_s > 800$
坚硬土或软质岩石	破碎和较破碎的岩石或软和较软的岩石，密实的碎石土	$800 \geqslant v_s > 500$
中硬土	中密、稍密的碎石土，密实、中密的砾、粗、中砂，$[f_{a0}] > 150\text{kPa}$ 的黏性土和粉土，坚硬黄土	$500 \geqslant v_s > 250$
中软土	稍密的砾、粗、中砂，除松散外的细、粉砂，$[f_{a0}] \leqslant 150\text{kPa}$ 的黏性土和粉土，$[f_{a0}] > 130\text{kPa}$ 的填土，可塑新黄土	$250 \geqslant v_s > 150$
软弱土	淤泥和淤泥质土，松散的砂，新近沉积的黏性土和粉土，$[f_{a0}] \leqslant 130\text{kPa}$ 的填土，流塑黄土	$v_s \leqslant 150$

注：$[f_{a0}]$ 为荷载试验等方法得到的地基承载力基本容许值。

4. 工程地质调绘

工程地质调绘应符合以下规定。

① 强震区工程地质调绘应充分收集和研究勘察区地质、地震资料，并与路线及构筑物的设置结合，查明强震区工程地质勘察要求查明的内容。

② 地层界线、断层、覆盖层发育的斜坡、易产生崩塌的陡坡地段、滑坡等不良地质体、河漫滩、冲积平原、河流阶地等应布置调绘点。

③ 隐伏断裂、古河道等应辅以挖探、物探等进行调绘。

5. 工程地质勘探测试

工程地质勘探测试应符合以下规定。

① 应采用钻探、物探、动力触探、静力触探等进行综合勘探。勘探测试点的数量和位置应根据地形地质条件、地震动参数、构筑物的类型和规模等确定。

② 勘探深度应符合以下规定。

a. 软土发育的场地，路基的勘探深度不得小于持力层深度；桩基础钻孔钻入持力层以下的深度不得小于5m。

b. 有可液化土的场地，路基的勘探深度应穿过可液化土层至稳定层内不小于1m；桩基础钻孔钻入持力层以下的深度不得小于5m。

c. 岩溶地质复杂、采空区、断裂发育等地段，应布设控制性钻孔探明不良地质发育情况。

d. 可能产生崩塌、滑坡等次生地质灾害的不良地质体，钻孔深度应至稳定地层内不小于3m。

③ 应根据桥梁工程抗震设计要求，实测土层剪切波速，划分场地土类别。

④ 技术复杂大桥等重点工程应结合抗震设计要求做地震动反应谱周期测试。

⑤ 钻探应分层采取岩土试样。碎石土、砂土应做动力触探试验，评价其密实度。

⑥ 测试项目可按表3.20选用。

表3.20 强震区测试项目表

测试项目	地层		
	粉土、黏性土	砂土、碎石土	岩石
颗粒分析	+	+	
天然含水率 $w/\%$	+	(+)	(+)
密度 ρ (g·cm^{-3})	(+)	(+)	(+)
塑限 $w_P/\%$	+		
液限 $w_L/\%$	+		
岩石抗压强度 R/MPa			(+)

注："+"为必做项目；"(+)"为选做项目。

⑦ 钻探遇地下水时，应量测地下水的初见水位和稳定水位，取样进行水质分析。

6. 工程场地覆盖层厚度要求

工程场地覆盖层厚度的确定应符合以下规定。

① 一般情况下，应按地面至剪切波速大于500m/s且其下卧各层岩土的剪切波速均不小于500m/s的土层顶面的距离确定。

② 当地面5m以下存在剪切波速大于其上部各土层剪切波速2.5倍的土层，且该层及其下卧各层岩土的剪切波速均不小于400m/s时，可按地面至该土层顶面的距离确定。

③ 剪切波速大于500m/s的孤石、透镜体，应视同周围土层。

④ 土层中的火山岩硬夹层，应视为刚体，其厚度应从覆盖土层中扣除。

7. 土层的等效剪切波速计算

土层的等效剪切波速应按式（3.1）和式（3.2）计算。

$$v_{se} = d_0/t \tag{3.1}$$

$$t = \sum_{i=0}^{n}(d_i/v_{si}) \tag{3.2}$$

式中，v_{se} 为土层等效剪切波速，m/s；d_0 为计算深度，m，取覆盖层厚度和 20m 二者的较小值；t 为剪切波在地面至计算深度之间的传播时间，s；d_i 为计算深度范围内第 i 层土的厚度，m；v_{si} 为计算深度范围内第 i 层土的剪切波速，m/s；n 为计算深度范围内土层的层数。

8. 工程场地类别划分

工程场地类别应按表 3.21 进行划分。

表 3.21 工程场地类别划分　　　　　　　　　　　（单位：m）

岩石的剪切波速或土的等效剪切波速/(m·s⁻¹)	场地类别				
	I_0	I_1	II	III	IV
v_s>800	0				
800≥v_s>500		0			
500≥v_{sc}>250		<5	≥5		
250≥v_{sc}>150		<3	3~50	>50	
v_s≤150		<3	3~15	>15~80	>80

注：v_s 为岩石剪切波速；v_{sc} 为土层等效剪切波速。

9. 发震断裂评价

工程场地内存在发震断裂时，应评价断裂对工程的影响。

① 符合下列条件之一时，可忽略发震断裂错动对构筑物的影响：

a. 抗震设防烈度小于 8 度；

b. 非全新世活动断裂；

c. 抗震设防烈度为 8 度和 9 度时，隐伏断裂的土层覆盖厚度分别大于 60m 和 90m。

② 不符合上述条件时，应避开主断裂带，并根据构筑物类型确定避让距离。

10. 初步勘察

初步勘察应符合以下规定。

① 强震区工程地质调绘应与路线及构筑物的工程方案设计相结合，沿拟定的路线进行 1:10000~1:2000 工程地质调绘，调绘的范围沿路线中线及其两侧各宽不宜小于 200m。

② 强震区勘探测试除应符合本章 3.2.1 节和本节"5. 工程地质勘探测试"的规定外，尚应符合以下规定：

a. 软土、可液化土路段，应采用钻探、物探、静力触探等方式进行综合勘探。

b. 岩溶塌陷、采空区、区域性断层发育路段，应采用物探、钻探等方式进行综合勘探。

c. 可能产生滑坡、崩塌等地震次生灾害的不良地质路段，应采用物探、钻探等方式进行综合勘探。

d. 应测试岩土层剪切波速，划分场地土的类型及工程场地类别，提供桥梁抗震设计参数。

③ 强震区初步勘察应按本章3.2.1节的规定提供以下资料：

a. 文字说明：应对路线及构筑物场地工程地质条件进行说明，对强震区勘察要求查明的内容进行说明，分析评价工程建设场地的适宜性，划分抗震有利地段、抗震不利地段、抗震危险地段和一般地段，提出工程地质建议。

b. 图表资料：应对工程场地类别，场地土的类型及其分布范围，抗震有利地段、抗震不利地段、抗震危险地段、一般地段以及断裂、软土、可液化土等不良地质体的发育情况进行图示和说明。提供1∶10000～1∶2000强震区工程地质平面图；1∶2000强震区工程地质断面图；1∶200～1∶50钻孔柱状图；土工试验资料、原位测试资料；场地土剪切波测试资料和照片等。

11. 详细勘察

详细勘察应符合以下规定。

① 强震区详细勘察应对初勘工程地质调绘资料进行复核。当线位偏离初测线位或地质条件需进一步查明时，应进行补充工程地质调绘，调绘的比例尺为1∶2000。

② 详细勘察应充分利用初勘资料，在确定的路线及构筑物位置上进行，除应符合本章3.2.2节和本节"10. 初步勘察"的规定外，尚应符合以下规定：

a. 软土、可液化土、断层、岩溶、采空区发育路段，应结合构筑物勘察，查明其分布范围、性质及对工程的影响。

b. 可能产生崩塌、滑坡等不良地质路段，宜采用物探、钻探进行综合勘探。

c. 应结合工程结构抗震设计，测试场地岩土剪切波速，评价场地土的类型及工程场地类别，划分抗震有利地段、抗震不利地段、抗震危险地段和一般地段等。

③ 强震区勘察应按本章3.2.2节和本节"10. 初步勘察"的规定提供资料。

4 一般路基设计

4.1 路基设计的基本原则与技术要求

4.1.1 路基设计的基本原则

(1) 安全性原则
路基设计要满足道路使用的安全要求，确保车辆和行人的安全通行。
(2) 稳定性原则
路基设计要考虑路基的稳定性，保证路面的平整度和平稳度，减少因路基不稳引起的车辆行驶不稳定和人员受伤的可能。
(3) 经济性原则
路基设计要在保证安全和稳定的前提下，尽可能减少资源消耗和工程成本，提高工程的经济效益。
(4) 环境友好原则
路基设计要考虑对环境的保护和回避对自然生态的破坏，尽量避开对土地、水体、空气和生物的负面影响。

4.1.2 路基设计的技术要求

① 土质勘察要全面、准确，并根据勘察结果选择合适的路基材料和方案。
② 路基设计要根据设计交通量、车辆类型和运行速度，合理确定路基宽度、坡度和弯道半径。
③ 路基坡度的设计要保持良好的排水性能，避免积水和泥石流等灾害发生。
④ 路基填筑要分层、加固，保证路基的承载能力和稳定性。
⑤ 路基设计要考虑排水系统的设计，确保道路在降雨时有良好的排水功能。
⑥ 路基工程要满足土壤的承载能力要求，保证路基不发生沉降和变形。
⑦ 路基设计要考虑自然灾害风险，如地震、洪水等，确保道路的抗灾能力。
⑧ 路基设计还要和其他路面结构相结合，确保全线路段的整体平稳度和稳定性。

4.2 路基典型横断面与一般路基设计

4.2.1 路基典型横断面

(1) 路堤
路堤是指全部用岩土填筑而成的路基，按填土高度不同，可划分为矮路堤、高路堤和一般路堤。填土高度小于1.5m的路堤,属于矮路堤;填土高度大于18m(土质)或20m(石质)的路堤,属于高路堤;填土高度为1.5~18m的路堤,属于一般路堤。根据路堤所处环境条件和加固类型的不同,还有浸水路堤、护脚路堤和挖沟填筑路堤等形式。图4.1为常见的路堤断面形式。

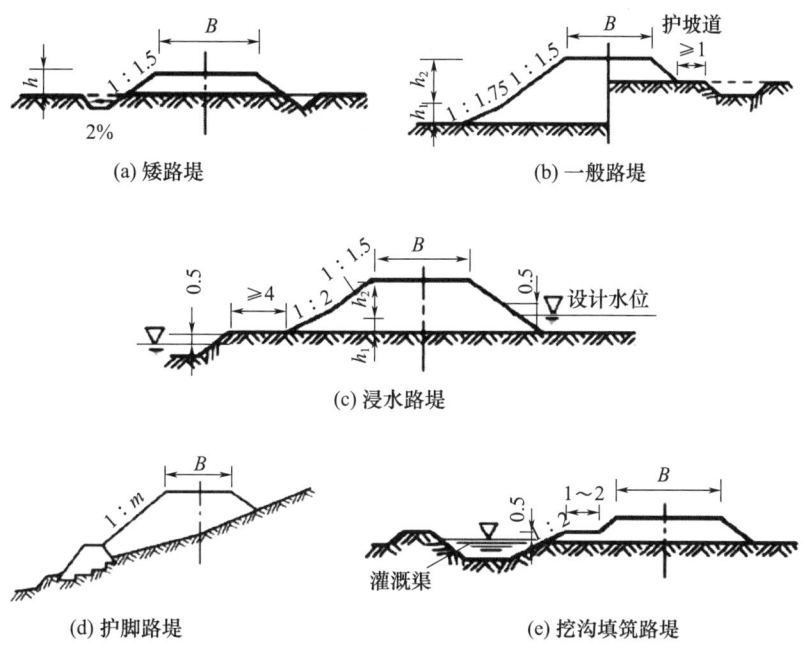

B—路基宽度;h—路基高度;h_1、h_2—路堤中不同部分的填筑高度;m—坡度系数。

图4.1 常见的路堤断面形式(单位:m)

矮路堤通常在地形平坦地区取土困难时选用。由于平坦地区地势低,水文条件较差,易受地下水和地表水的影响。因此,设计时,应满足最小填土高度的要求,力求不低于干燥或中湿状态的路基临界高度,并在路基的两侧设置边沟[图4.1(a)]。由于矮路堤高度通常接近或小于路基工作区的深度。因此,施工中,除填土自身要满足规定的压实度要求外,天然地面也应进行压实,达到规定的压实度。必要时,需采取清除基底、换土,设置隔离层,以及排除地下水或降低地下水位等措施,以保证路基、路面的强度和稳定性。

填方高度不大的一般路堤,高度为2~3m时,填方数量较少,全部填方或部分填方可在公路两侧设置取土坑,并与排水沟渠结合。为保护填方坡脚不受流水侵蚀,保证边坡稳定,可在坡脚与填方之间预留1~2m,甚至4m以上宽度的护坡道[图4.1(b)]。地面横坡较陡时,为防止填方路堤沿山坡滑动,应将天然地面挖成台阶,或设置石砌护脚[图4.1(d)]。

高路堤的填方数量大,占地多,为使路基稳定和断面经济合理,需进行个别设计。高路堤和浸水路堤的边坡可采用上陡下缓的折线式[图4.1(c)]或台阶形式[图4.1(e)],如在边坡中部设置护坡道。为防止水流侵蚀和冲刷坡面,高路堤和浸水路堤的边坡需采取适当的坡面防护和加固措施。

(2) 路堑

路堑是指全部在原地面开挖而成的路堤。常见的断面形式包括全挖式、台口式和半山洞式三种，如图4.2所示。

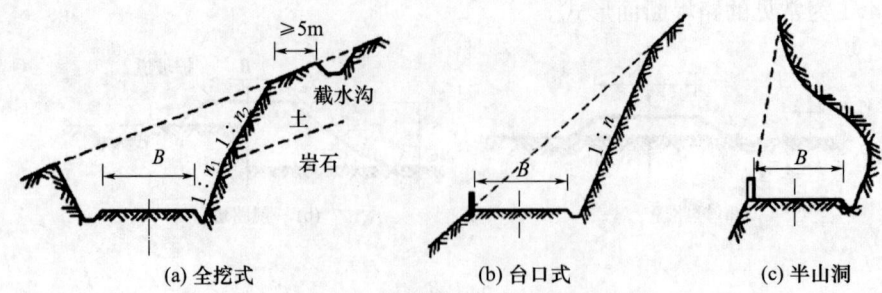

B—路堑宽度；n—坡度系数；n_1、n_2—不同部分的坡度系数。

图4.2 路堑常见的断面形式

路堑开挖破坏了原地层的天然平衡状态，其稳定性主要取决于地质与水文条件，以及边坡的高度和边坡陡度。因此，路堑的设计需要根据地质水文条件和边坡高度，设置成直线或折线形［图4.2（a）］，并选择合适的边坡坡度。

挖方边坡的坡脚处必须设置边沟，以汇集和排除路基范围内的地表径流。路堑的上方应设置一道或多道截水沟，挖方弃土可堆放在路堑下方。如边坡坡面为易风化的岩石，则应在坡脚处设置0.5~1.0m的碎落台，或对坡面采取防护措施。

陡峻山坡上的半路堑，路中线宜向内侧移动，尽量采用台口式路基［图4.2（b）］，避免路基外侧的少量填方。遇有整体性的坚硬岩层，为节省石方工程，可采用半山洞路基［图4.2（c）］。

当挖方路基所处土层水文状况不良时，可能会导致路面的破坏。因此，对路堑以下的天然地基，要人工压实至规定的密实程度。必要时，还应翻挖、更新分层填筑或换土，或采取加铺隔离层、设置必要的地下排水设施等措施。

(3) 半填半挖路基

当原地面横坡较大且路基较宽时，路基的一侧需要填筑，另一侧需要开挖。这种由部分填筑和部分开挖后而形成的路基，称为半填半挖路基，也称填挖结合路基。在丘陵或山岭地区的路线上，半填半挖路基是路基横断面的主要形式。

图4.3为半填半挖路基常见的横断面形式。

位于山坡上的路基，通常取路中心的标高接近原地面的标高，以减少土石方数量，避免高填深挖和保持土石方数量的横向填挖平衡。若处理得当，路基稳定可靠，是比较经济的路基横断面形式。

半填半挖路基兼有路堤和路堑两者的特点，因此，均应满足前述路堤和路堑的设计要求。填方部分的原地面横坡陡于1:5时，土质应挖台阶或石质应凿毛［图4.3（a）］。

填方部分的局部路段，如遇原地面的短缺口，可采用石砌护肩。如填方量较大，可就近利用废石方砌筑护坡或护墙。石砌护坡和护墙相当于简易式挡土墙，承受一定的侧向压力。有时，为了保证路基的稳定，压缩用地宽度，可在填方部分设置路肩（或路堤）式挡土墙。石砌护肩、护坡与护墙以及挡土墙等路基形式如图4.3（e）和

图 4.3 (f) 所示。如果填方部分悬空，而纵向又有适当的基岩，则可沿路基纵向建成半山桥路基 [图 4.3 (g)]。

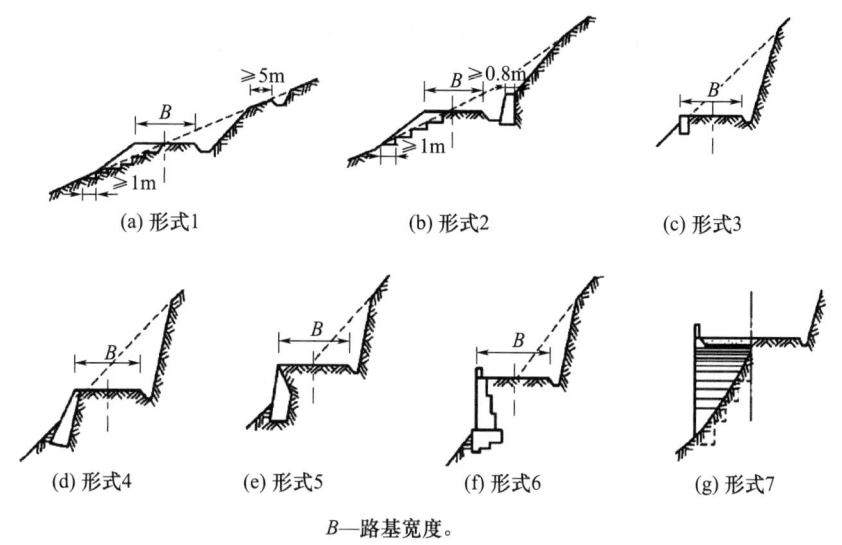

B—路基宽度。

图 4.3 半填半挖路基常见的横断面形式

4.2.2 一般路基设计

路基由宽度、高度和边坡坡度构成。路基宽度取决于公路技术等级；路基高度（包括路中心线的填挖深度、路基两侧的边坡高度）取决于路线的纵坡设计及地形；路基边坡坡度取决于土质、地质构造、水文条件及边坡高度，并由边坡稳定性和横断面经济性等因素确定。路基宽度、高度和边坡坡度是路基设计的基本要素。路基的边坡坡度以及相应的防护、加固措施是路基设计的基本内容。

(1) 路基宽度

路基宽度为路面及两侧路肩宽度之和。由于技术等级及具体要求的不同，除路面和路肩外，必要时还应包括分隔带、路缘带、变速车道、爬坡车道、慢行车道或路用设施（如护栏、照明、绿化）等可能占用的宽度。技术等级高的公路（如高速公路和一级公路），路基宽度内还需设置中央带（由中央分隔带加相邻两侧路线带组成）。路基宽度组成如图 4.4 所示。路面供机动车行驶，两侧路肩可保护路面稳定，并兼供错车、临时停车及行人和非机动车通行。路面宽度根据设计通行能力及交通量大小而定，一般每个行车道宽度为 3.50~3.75m。

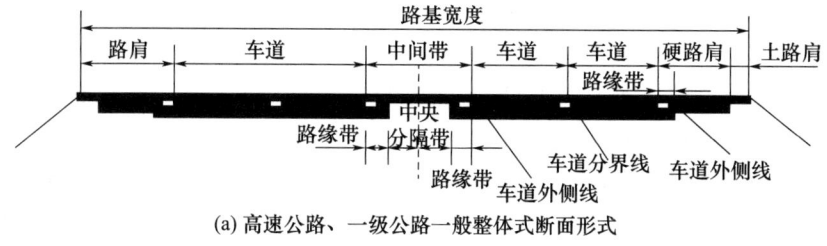

(a) 高速公路、一级公路一般整体式断面形式

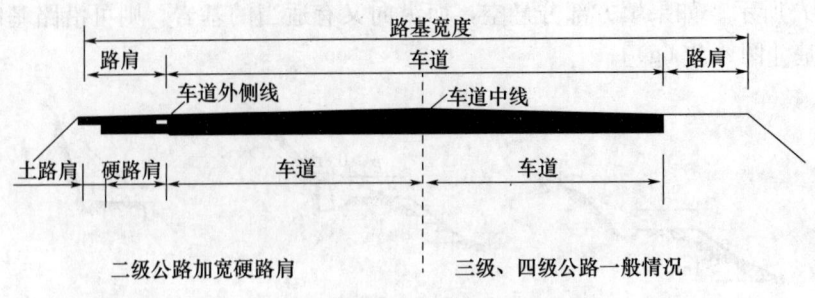

(b)二、三、四级公路一般整体式断面形式

图 4.4　公路路基宽度组成

路肩宽度由公路等级和交通情况而定,最小宽度为 0.5m。城镇近郊行人与非机动车较集中,路肩宽度应尽可能增大,一般取 1~3m,并铺筑硬质面层,以保证路面行车不受干扰。各级公路路基宽度按《公路工程技术标准》(JTG B01—2014)的规定进行设计,见表 4.1。

表 4.1　公路路基宽度

公路等级		高速公路、一级公路								
设计车速/(km·h^{-1})		120			100			80		60
车道数		8	6	4	8	6	4	6	4	4
路基宽度	一般值	45.00	34.50	28.00	44.00	33.50	26.00	32.00	24.50	23.00
	最小值	42.00	—	26.00	41.00	24.50	—	21.50	20.00	—
公路等级		二级公路、三级公路、四级公路								
设计车速/(km·h^{-1})		80		60		40		30		20
车道数		2		2		2		2		2 或 1
路基宽度/m	一般值	12.00		10.00		8.50		7.50		6.50（双车道）　4.50（单车道）
	最小值	10.00		8.50		—		—		—

注：1."一般值"为正常情况下采用的值;"最小值"为条件受限制时采用的值。
　　2.对于 8 车道高速公路路基宽度,"一般值"为设置左侧硬路肩、内侧车道采用 3.50m 时的宽度;"最小值"为不设置左侧硬路肩、内侧车道采用 3.75m 时的宽度。

(2)路基高度

路基高度是指路基设计标高与路中线原地面标高之差,也称施工高度,即路堤的填筑厚度或路堑的开挖深度。路基设计标高,无中央分隔带的公路,以路基边缘高度为准,即路基边缘的标高;有中央分隔带的公路,应为中央分隔带外侧边缘的高度;在设置超高加宽路段,应为设置超高加宽前的路基边缘高度。边坡高度是指填方坡脚或挖方坡顶标高与路基设计标高之差。当原地面平坦时,路基高度与边坡高度相等;在山坡地面,两者不等,两侧边坡高度也不相等。

路基高度由路线纵坡设计确定。设计时,要综合考虑地形、地质、地貌及水文等自然条件,桥涵等构造物与交叉口的控制高度,纵向坡度的平顺,土石方工程数量的平衡,以及路基的强度与稳定性等因素,得出合理的路基高度。

深路堑挖方工程量大，施工面狭窄，行车条件差，边坡稳定性差。高填方占地面积大，工程量集中，往往同桥涵等人工构造物连成一体，受水的侵蚀和冲刷较严重。因此，从路基稳定性出发，在填挖量较大的路段，要认真考虑路基的高填与深挖的可行性，并进行单独设计。

路堤的最小填筑高度应根据临界高度，并结合沿线具体条件和排水及防护措施，按照公路等级及有关的规定确定，一般应保证路基处于干燥或中湿状态。

沿河及受水浸淹的路基，其高度一般应根据《公路工程技术标准》（JTG B01—2014）所规定的设计洪水频率（表4.2）求得设计水位，再增加0.5m的安全高度；如果河道因路堤而压缩河床使上游有壅水，或河面宽阔而有风浪，则应增加壅水的高度和波浪冲上路堤的高度。沿河浸水路堤的高度应高出上述各值之和，以保证路基不致被淹没，并据此进行路基的防护与加固。

表4.2 路基设计洪水频率

公路等级	洪水设计频率
高速公路	1/2000
一级公路	1/2000
二级公路	1/50
三级公路	1/25
四级公路	按具体情况确定

（3）路基边坡坡度

路基边坡坡度对路基稳定十分重要。确定路基边坡坡度是路基设计的重要任务。公路路基边坡的坡度用边坡高度H与边坡宽度B的比值表示，并取$H=1$。$H:B=1:0.5$（路堑边坡）或$1:1.5$（路堤边坡），一般用$1:n$（路堑坡度系数）或$1:m$（路堤坡度系数）表示坡度，称为边坡坡度，如图4.5所示。

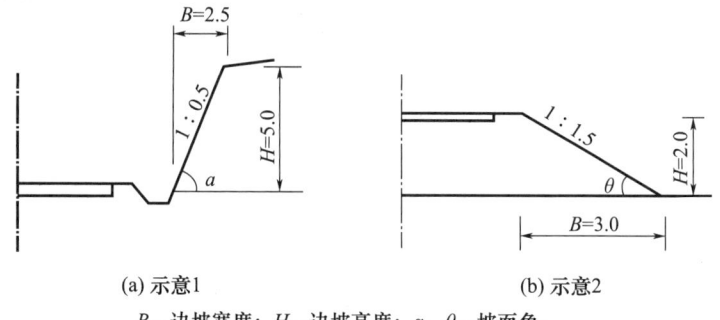

(a) 示意1　　　　　　　　　　(b) 示意2

B—边坡宽度；H—边坡高度；α、θ—坡面角。

图4.5 路基边坡示意（单位：m）

路基的边坡关系路基的稳定和工程投资，尤其是陡坡地段的路堤及较深路堑的挖方边坡，不仅工程量大，施工难度高，而且是路堑稳定性的关键。如果地质、水文条件较差，往往病害严重，持续年限很长，在水作用下导致边坡坍塌破坏，影响道路的正常运营。因此，确定路基边坡坡度，对路基稳定和断面经济至关重要，故在设计时，要全面考虑，力求合理。

① 路堤边坡。路堤边坡坡度与路堤填料和边坡高度有关。根据路堤填料不同，可分为土质和石质两种情况。

a. 土质路堤边坡。路堤边坡的形式和坡度应根据填料的物理力学性质、边坡高度和工程地质条件确定。一般填土路堤边坡，其坡度可按表 4.3 取值。当边坡高度超过表 4.4 的高度时，为高路堤，应进行个别设计。

表 4.3　一般填土路堤边坡坡度

填料类别	边坡坡度	
	上部高度（$H \leqslant 8m$）	下部高度（$H \leqslant 12m$）
细粒土	1∶1.5	1∶1.75
粗粒土	1∶1.5	1∶1.75
巨粒土	1∶1.3	1∶1.5

注：H 为边坡高度。

表 4.4　填石路堤边坡坡度

填石料种类	边坡高度/m			边坡坡度	
	全部高度	上部高度	下部高度	上部	下部
硬质岩石	20	8	12	1∶1.1	1∶1.3
中硬岩石	20	8	12	1∶1.3	1∶1.5
软质岩石	20	8	12	1∶1.5	1∶1.75

对浸水路堤，设计水位以下部分根据填料情况，边坡坡度采用 1∶1.75～1∶2，在常水位以下部分可采用 1∶2～1∶3，并根据水流情况采取加固措施。

b. 石质路堤边坡。当公路沿线有大量天然石料或开挖路堑的废石方时，可用来填筑路堤，填石路堤应由不易风化的较大（大于 25cm）石块砌筑，边坡坡度一般可用 1∶10；当采用易风化的岩石填筑路堤时，边坡坡度应按风化后的土质边坡设计。当路堤基底条件良好时，填石路堤边坡坡度可参考表 4.4。

陡坡上的路基填方可采用砌石，如图 4.6 所示。砌石应用当地不易风化的开山片石砌筑。砌石顶宽一律采用 0.8m，基底以 1∶1.5 的坡度向路基内侧倾斜，砌石高度一般为 2～15m，墙的内外坡度依砌石高度按表 4.5 选定。

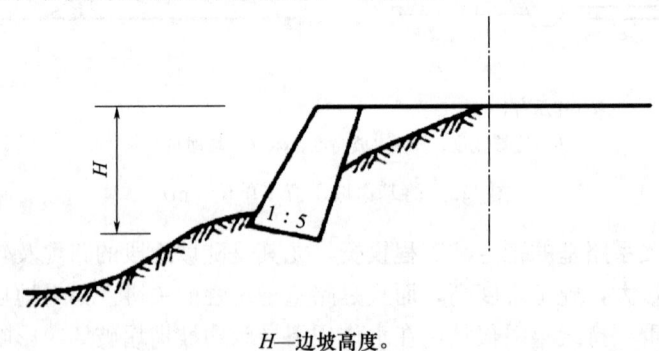

H—边坡高度。

图 4.6　砌石护坡

表 4.5 砌石边坡坡度

序号	高度/m	内坡坡度	外坡坡度
1	≤5	1：0.3	1：0.5
2	≤10	1：0.5	1：0.67
3	≤15	1：0.6	1：0.75

在地震地区，应参照《公路工程抗震规范》(JTG B02—2013)的有关规定，对高速公路和一级公路的路堤，边坡高度大于表 4.6 的规定时，应放缓边坡。

表 4.6 地震区路堤高度限值　　　　　　　　　　　　（单位：m）

填料	地震烈度	
	8	9
岩块和细粒土（粉性土和有机质土除外）	15	10
粗粒土（细沙、极细沙除外）	6	3

② 路堑边坡。路堑是在天然地面上开挖后形成的路基结构形式。其边坡坡度与边坡的高度、坡体土石性质、地质构造特征、岩石的风化和破碎程度、地面水和地下水等因素有关。

a. 土质路堑边坡。土质（包括粗粒土）路堑边坡应根据边坡高度、土的密实程度、地下水和地面水情况、土的成因及生成时代等因素确定。一般情况下，具有一定黏性土质的挖方边坡坡度，取值为 1：0.75～1：1.5；个别情况下，可放缓至 1：1.75。不同高度、不同密实程度的土质挖方边坡坡度可参照表 4.7。

表 4.7 土质挖方边坡坡度

土的类别		边坡坡度
黏土、粉质黏土、塑性指数大于 3 的粉土		1：1
中密以上的中沙、粗沙、砾沙		1：1.5
卵石土、碎石土、圆砾土、角砾土	胶结和密实	1：0.75
	中密	1：1

b. 岩石路堑边坡。一般根据地质构造与岩石特性，对照相似工程的成功经验，选定边坡坡度。工程地质与水文地质条件、边坡高度、施工方法、岩石的种类、风化和破碎程度是决定坡度的主要因素。边坡高度不大于 30m 时，设计时可根据以上因素参照表 4.8～表 4.10 确定。必要时，可采用力学分析方法进行验算。

表 4.8 岩质路堑边坡坡度

边坡岩体类型	风化程度	边坡坡度	
		$H<15m$	$15m \leqslant H<30m$
Ⅰ类	未风化、微风化	1：0.1～1：0.3	1：0.1～1：0.3
	弱风化	1：0.1～1：0.3	1：0.3～1：0.5
Ⅱ类	未风化、微风化	1：0.1～1：0.3	1：0.3～1：0.5
	弱风化	1：0.3～1：0.5	1：0.5～1：0.75

续表

边坡岩体类型	风化程度	边坡坡度	
		$H<15m$	$15m \leqslant H<30m$
Ⅲ类	未风化、微风化	1:0.3～1:0.5	—
	弱风化	1:0.5～1:0.75	—
Ⅳ类	未风化、微风化	1:0.5～1:1	—
	弱风化	1:0.75～1:1	—

注：1. H 为边坡高度。
2. 有可靠资料和经验时，可不受本表限制。
3. Ⅳ类强风化包括各类风化程度的极弱岩。

表 4.9　岩质边坡的岩体分类

边坡岩体类型	判定条件			
	岩体完整程度	结构面结合程度	结构面产状	自立边坡自稳能力
Ⅰ类	完整	良好，或一般	外倾结构面或外倾不同结构面的组合线倾角大于75°或小于35°	30m高边坡长期稳定，偶有掉块
Ⅱ类	完整	良好，或一般	外倾结构面或外倾不同结构面的组合线倾角35°～75°	15m高的边坡稳定，15～30m高的边坡欠稳定
	完整	差	外倾结构面或外倾不同结构面的组合线倾角大于75°或小于35°	
	较完整	良好，或一般，或差	外倾结构面或外倾不同结构面的组合线倾角小于35°	边坡出现局部塌落
Ⅲ类	完整	差	外倾结构面或外倾不同结构面的组合线倾角35°～75°	8m高的边坡稳定，15m高的边坡欠稳定
	较完整	良好，或一般	外倾结构面或外倾不同结构面的组合线倾角35°～75°	
	较完整	差	外倾结构面或外倾不同结构面的组合线倾角大于75°或小于35°	
	较完整（碎裂镶嵌）	良好，或一般	结构面无明显规律	
Ⅳ类	较完整	差，或很差	外倾结构面以层面为主，倾角多为35°～75°	8m高的边坡稳定
	不完整（散体、碎裂）			

注：1. 边坡岩体分类中，未含由软弱结构面控制的边坡和倾倒崩塌型破坏的边坡。
2. Ⅰ类岩体为软岩、较软岩时，应降为Ⅱ类岩体。
3. 当地下水发育时，Ⅱ、Ⅲ类岩体可根据具体情况降低一档。
4. 强风化岩和极弱岩可划为Ⅳ类岩体。
5. 表中外倾结构面系指倾向与坡向的夹角小于30°的结构面。
6. 岩体完整程度按表4.10确定。

表 4.10 岩体完整程度划分

岩体完整程度	结构面发育程度	结构类型	完整性系数 K_V
完整	结构面1~2组,以构造节理或层面为主,密闭型	巨块状整体结构	>0.75
较完整	结构面2~3组,以构造节理或层面为主,缝隙多呈密闭型,部分为微张型,少有充填物	块状结构、层状结构、镶嵌碎裂结构	0.35~0.75
不完整	结构面大于3组,在断层附近受构造作用影响较大,裂隙以张开型为主,多有填充物,厚度较大	碎裂状结构、散体结构	<0.35

注:1. 完整性系数 $K_V = \left(\dfrac{V_R}{V_P}\right)^2$,$V_R$ 为弹性纵波在岩体中的传播速度,V_P 为弹性纵波在岩块中的传播速度。
2. 镶嵌碎裂结构为碎裂结构中碎块较大且相互咬合、稳定性相对较好的一种结构。

因地表岩层和自然条件及路基构造要求与形式变化较大,岩石路堑边坡坡度难以定型,故表4.8~表4.10中所列数值为一般条件下的经验数值。运用时,要结合当地的工程地质和水文条件,参考各地现有自然稳定的山坡和人工成型的稳定山坡,加以对比选用。必要时,应进行个别设计和稳定性验算,还必须采取排水和护坡与加固等技术措施。在地震地区的岩石路堑边坡坡度应参考《公路工程抗震规范》(JTG B02—2013)的规定。

4.3 路基附属设施

为确保路基的强度、稳定性及行车安全,与一般路基工程有关的附属设施有取土坑、弃土堆、护坡道、碎落台、堆料坪及错车道等。这些设施是路基设计的组成部分,正确、合理地对其设计是十分重要的。

4.3.1 取土坑与弃土堆

路基土石方的挖填平衡是公路路线设计的基本原则,但往往难以做到完全平衡。土石方数量经过合理调配后,仍然会有部分借方和弃方(又称废方)。为了使土石的借方、弃方不破坏周围环境和影响路基稳定,路基土石方的借方、弃方要合理选择地点,即确定取土坑或弃土堆的位置。选点时,要兼顾土质、数量、用地及运输条件等因素,弃之无害。借方、弃方所形成的坑或堆,要求尽量结合当地地形,充分加以利用,并注意外形规整,弃堆稳固。对高等级公路或位于城郊附近的干线公路,尤应注意。

平坦地区,如果用土量较少,可沿路两侧设置取土坑,并与路基排水和农田灌溉相结合。路旁取土坑大致如图4.7所示。深度约1.0m或稍深一些,宽度依用土数量和用地允许而定。为防止坑内积水危害路基,当堤顶与坑底高差小于2.0m时,在路基坡脚与坑之间需设宽度不小于1.0m的护坡平台,坑底设纵横排水坡及相应设施。

河水淹没地段的桥头引道近旁,一般不设取土坑。如设取土坑,要距河流中水位边界10m以外,并与导流结构物位置相适应。此类取土坑要求水流畅通,不得长期积水,危及路基或构造物的稳定。路基开挖的废方应尽量加以利用,如用以加宽路基或加固路堤,填补坑洞或路夯洼地,也可兼顾农田水利或基建等所需,做到变废为用,弃而不乱。

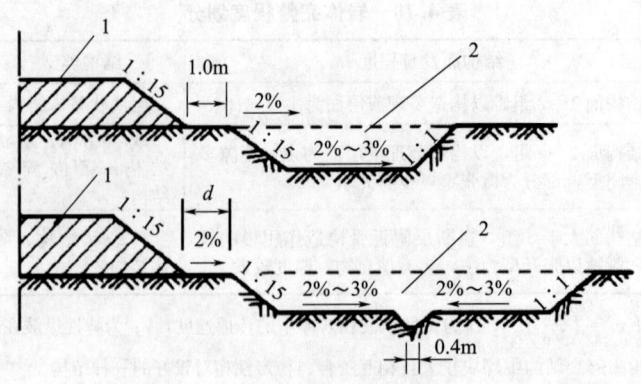

d—护坡道宽度；1—路堤；2—取土坑。

图 4.7　路旁取土坑示意

废方一般选择路边低洼地，就近弃堆。原地面倾斜坡度小于 1∶5 时，路旁两侧均可设弃土堆；地面较陡时，宜设在路基下方。沿河路基爆破后的废石方，往往难以远运，条件许可时可以部分占用河道，但要注意河道压缩后，不致壅水危及上游路基及附近农田，或产生泥沙淤积，影响河道畅通。

图 4.8 为路旁弃土堆示例。要求堆弃整齐，顶面具有适当横坡，并设平台、三角土块及排水沟，宽度 *d* 与地面土质有关，最小为 3.0m，最大可按路堑深度加 5.0m。积沙或积雪地段的弃土堆，宜有利于防沙防雪，可设在迎面一侧，并具有足够距离。

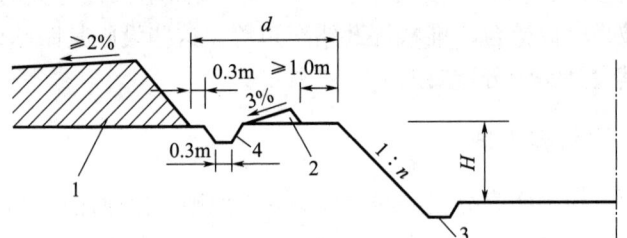

d—护坡道宽度；*H*—边坡高度；*n*—坡度系数；1—弃土堆；
2—平台与三角土块；3—边沟；4—截水沟。

图 4.8　路旁弃土堆示意

4.3.2　护坡道与碎落台

护坡道是保护路基边坡稳定性的措施之一。设置的目的是加宽边坡横向距离，减小边坡平均坡度。护坡道越宽，越有利于边坡稳定，但最少为 1.0m。宽度大，则工程数量也随之增加，因此，要兼顾边坡稳定性与经济合理性。通常护坡道宽度 *d* 视边坡高度 *H* 而定。$H \leqslant 3.0$m 时，$d=1.0$m；$3.0 < H \leqslant 6.0$m 时，$d=2.0$m；$6.0\text{m} < H \leqslant 12.0$m 时，$2.0\text{m} < d \leqslant 4.0\text{m}$。

护坡道一般设置在挖方坡脚处。边坡较高时，也可设置在边坡上方及挖方边坡的变坡处。浸水路基的护坡道可设置在浸水线以上的边坡上。

碎落台设于土质或石质土的挖方边坡的坡脚处，主要供零星土石碎块下落时临时堆积,以保证边沟不致阻塞,也有护坡道的作用。碎落台宽度一般为1.0～1.5m,如兼有护坡作用,可适当放宽。碎落台上的堆积物应定期清理。

4.3.3 堆料坪与错车道

路面养护所用的矿质材料可就近选择路旁适当地点堆置备用,也可在路肩外缘设堆料坪,其面积可结合地形与材料数量而定。例如,每隔50～100m设一个堆料坪,长5～8m,宽2m。高级路面或采用机械化养路的路段,可不设料场,或另设集中备用料场,以维护公路外形的视觉平顺和景观优美。

单车道公路,出于双向行车会车和相互避让的需要,通常应每隔200～500m设置错车道一处。按规定错车道的长度不得短于40m,两端各有长度为10m的出入过渡段,中间20m供停车用。单车道的路基宽度为4.5m,而错车道地段的路基宽度为6.5m。错车道是单车道路基的一个组成部分,应与路基同时设计与施工。

4.4 路基常见病害与防治

4.4.1 路基常见病害

路基裸露在大气中,经受土体自重、行车荷载和各种自然因素的作用,路基会产生变形。路基的变形分为可恢复变形和不可恢复变形。路基的不可恢复变形会引起路基标高和边坡坡度、形状的改变,严重时会造成土体位移,危及路基的整体性和稳定性,造成路基的各种病害。路基常见的病害主要有以下五种:

(1) 路基沉陷

路基沉陷是指路基表面在垂直方向产生较大的沉落。路基沉陷主要有两种情况:一种是路基本身的压缩沉降;另一种是由于路基下部天然地面承载力不足,在路基自重的作用下引起沉陷或向两侧挤出而造成沉陷,如图4.9所示。路基沉陷是因填料选择不当、填筑方法不合理、压实度不足、在路堤自身内部形成过湿夹层等因素,在荷载和水温的共同作用下引起的路基沉陷。路基沉陷是指原天然地面有软土、沼泽或不密实的松土存在,承载力较低,路基修筑前未做处理,在自重及荷载作用下引起的沉陷。此外,冻融作用也常使路基产生不均匀变形。

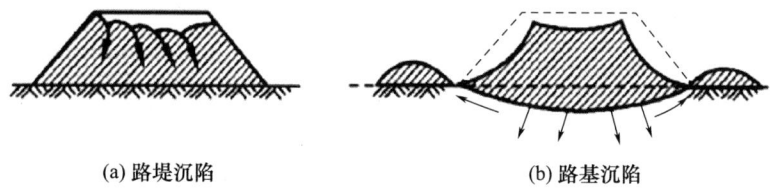

(a) 路堤沉陷　　　　　　　　(b) 路基沉陷

图4.9 路基沉陷示意

(2) 边坡滑塌

路基边坡滑塌是常见的路基病害。根据边坡土质类别、破坏原因和规模不同,可分为溜方和滑坡两种情况,如图4.10所示。

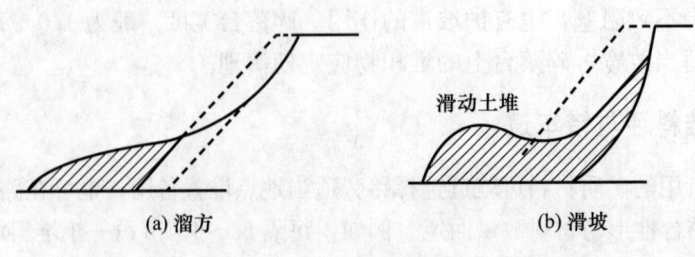

图 4.10 路基边坡破坏

① 溜方。溜方是指边坡上薄的表层土被水浸泡后沿边坡向下滑移的破坏现象。它主要是由流水冲刷边坡或施工不当引起的。

② 滑坡。滑坡是指路堤边坡土体在重力作用下沿某个滑动面发生剪切破坏。其主要原因是：边坡过陡；不正确的填筑方法；含水率过大，土体的黏结力和内摩阻力降低；坡脚受水冲刷。

(3) 碎落和崩塌

碎落是指路堑边坡风化岩层表面在大气温度和湿度的交替作用下，以及雨水冲刷和动力作用下，表层岩石从坡面剥落下来，向下滚落，如图 4.11（a）所示。崩塌是指大块岩石脱离坡面沿边坡滚落，崩塌发生的速度极快，岩土块在运动时有跳跃现象，运动结束后崩塌体基本稳定，如图 4.11（b）所示。崩塌属于坡体破坏，其规模和危害程度均较剥落或碎落更为严重。

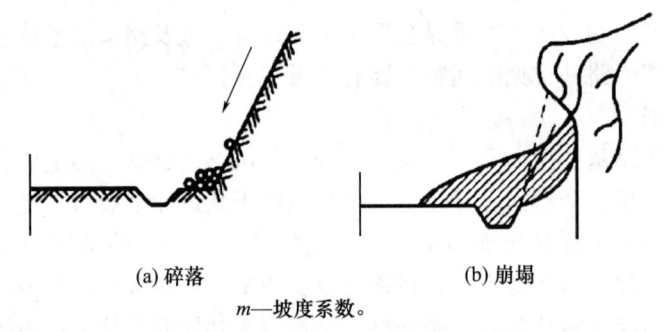

m—坡度系数。

图 4.11 路堑边坡破坏示意

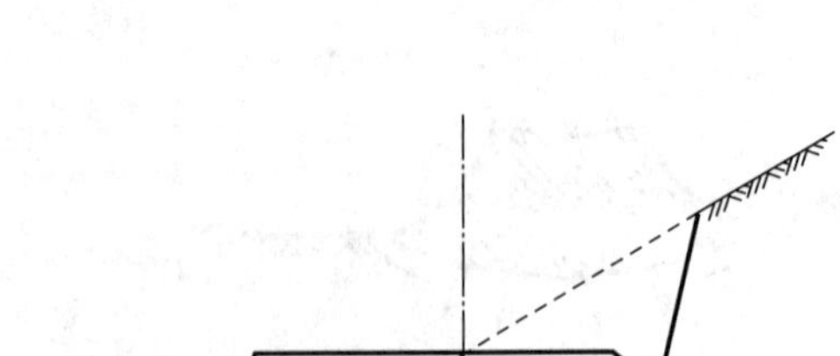

(4) 路堤沿山坡滑动

建造在陡山坡上的路堤或半路堤，如果基底（地基表面）未经处理而被水浸湿，下侧边坡坡脚又未加以支承，则堤身就可能在自重和行车荷载作用下沿原山坡向下滑移，使路基整体失去稳定，如图 4.12 所示。

(5) 特殊地质水文条件下的破坏

公路通过不良地质和水文地带，或遇较大自然灾害，如滑坡、岩堆、泥石流、雪崩、岩溶、地震及较大暴雨和严重冰冻等，均能导致路基结构的破坏。

图 4.12 路堤沿山坡滑动示意

4.4.2 路基病害防治

为提高路基的稳定性，防止各种病害的产生，可采取以下措施：

① 正确设计路基横断面。

② 选择良好的路基用土填筑。必要时，对路基上层填土进行稳定处理。

③ 选择正确的填筑方法，充分压实，达到规定的压实度。

④ 适当提高路基标高，以防止水分从侧面渗入或地下水位上升进入路基工作区。

⑤ 正确进行排水设计。

⑥ 必要时，设计隔离层，隔绝毛细水上升；设置隔温层，减少路基冰冻深度和水分累积；设置砂垫层，疏干土基。

⑦ 采取边坡加固、修筑挡土结构物、土体加筋等防护措施，提高路基的整体稳定性。以上措施的宗旨在于限制水分浸入路基，或将已浸入路基的水分迅速排出，保证路基干燥，提高路基的整体强度和稳定性。

5 路基边坡稳定性分析

5.1 边坡稳定性分析概述

5.1.1 影响路基边坡稳定性的因素

根据土力学原理,路基边坡滑坍是因边坡土体中的剪应力超过其抗剪强度所产生的剪切破坏。因此,凡是使土体剪应力增加或抗剪强度降低的因素,都可能引起边坡滑坍。这些因素可归纳为以下 5 个方面。

① 边坡土质。土的抗剪强度取决于土的性质,土质不同则抗剪强度也不同。对于路堑边坡而言,除与土或岩石的性质有关外,还与岩石的风化破碎程度和形状有关。

② 水的活动。水是影响边坡稳定性的主要因素,边坡的破坏总是或多或少地与水的活动有关。土体的含水率增加,既降低了土体的抗剪强度,又增加了土内的剪应力。在浸水情况下,边坡处于最不利状态的主要原因是浮力和动水压力的作用。

③ 边坡的几何形状。边坡的高度、坡度等直接关系到土的稳定条件,高大、陡直的边坡,因重心高,稳定条件差,易发生滑坍或其他形式的破坏。

④ 活荷载增加。坡脚因水流冲刷或其他不适当的开挖而使边坡失去支承等,均可能增大边坡土体的剪应力。

⑤ 地震及其他振动荷载。

5.1.2 边坡滑动面形状

大气降雨使土的抗剪强度降低,往往导致路基边坡产生滑坍。根据大量观测,边坡滑坍破坏时,会形成一滑动面。滑动面的形状主要因土质而异,有的近似直线平面,有的呈曲面,有的则可能是不规则的折线平面。为简化计算,近似地把滑动破裂面与路基横断面的交线假设为直线、圆曲线或折线。砂性土及碎(砾)石土,因有较大的内摩擦角 φ 及较小的黏聚力 c,其破裂滑动面近似于直线平面。黏性土的黏聚力 c 较大而其内摩擦角 φ 较小,边坡滑坍时,滑动面近似于圆曲面。

土质边坡滑动面形状如图 5.1 所示。一般情况下,可只考虑破裂面通过坡脚的稳定性;路基底面以下会有软弱夹层时,还应考虑滑动破裂面通过坡脚以下的可能;边坡为折线形,必要时应对通过变坡点的滑动面进行稳定性验算。验算时,可根据不同的土质,区分不同情况加以选择。

岩质边坡的滑动面形状多样,受地质构造、岩性、风化程度及外力作用等多种因素影响，呈现出不同的破坏模式。这些滑动面形状不仅反映了边坡岩体的内在特性，也是评估边坡稳定性和设计防治措施的重要依据。岩质边坡滑动面形状如图 5.2 所示。

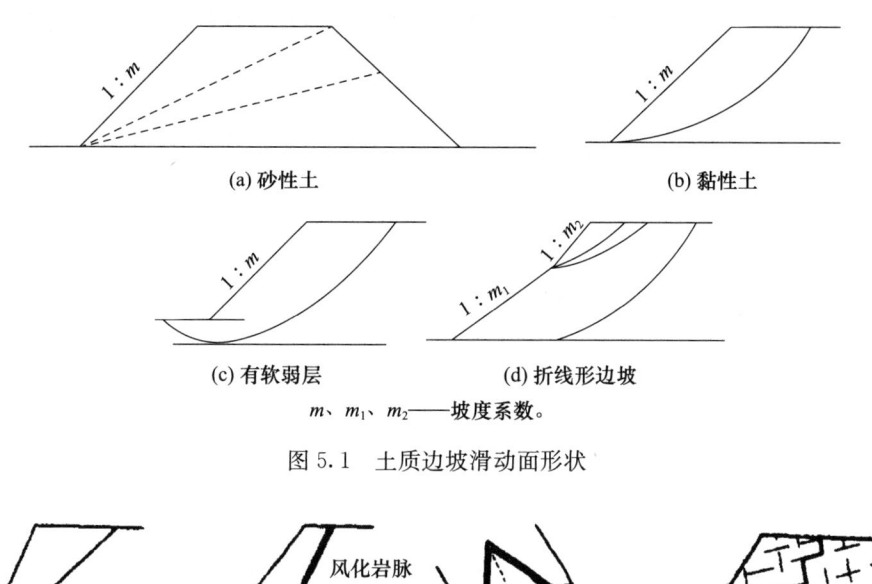

图 5.1 土质边坡滑动面形状

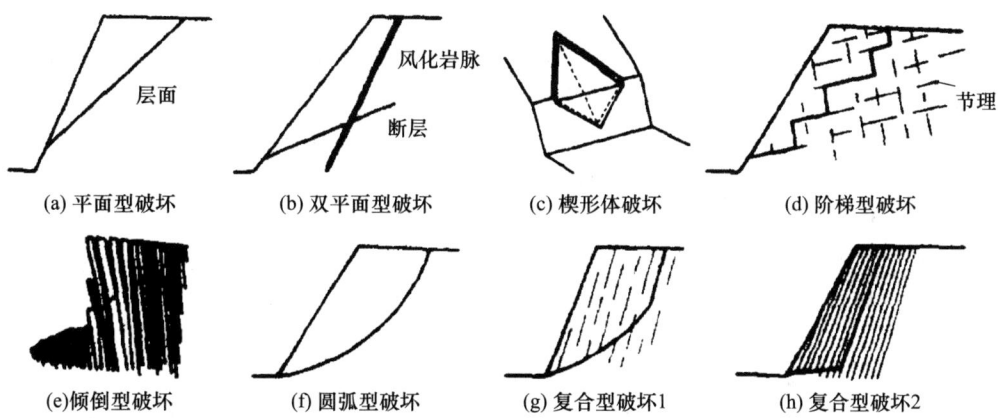

图 5.2 岩质边坡滑动面形状

5.1.3 边坡稳定性分析的计算参数

（1）土的计算参数

在复杂的自然环境中，路基的稳定性会随着环境条件（特别是土的含水率）和时间的增长而不断变化。路堑是在天然土层中开挖而成，土石的性质、类别和分布是自然存在的。而路堤是由人工填筑而成的，填料性质可由人为方法控制。因此，在边坡稳定性分析时，对土的物理力学数据的选用，以及可能出现的最不利情况，应力求能与路基将来实际状况相符。

边坡稳定性分析所需土的试验资料如下。

① 对路堑或天然边坡，应取原状土的重度 γ（kN/m³）、内摩擦角 φ（°）和黏聚力 c（kPa）。

② 对路堤边坡，应取与现场压实度一致的压实土的试验数据，这些数据包括压实后土的重度 γ（kN/m³）、内摩擦角 φ（°）和黏聚力 c（kPa）。

在边坡稳定性分析时，如边坡由多层土体所构成，所采用土的边坡稳定性分析参数 c，ϕ 和 γ 的值应根据边坡稳定性分析方法确定。对直线法和圆弧法，可通过合理的分段，直接取用不同土层的参数值。如用综合土体边坡稳定性分析，可采用加权平均法求得，见式（5.1）～式（5.3）。

$$c = \frac{c_1 h_1 + c_2 h_2 + \cdots + c_n h_n}{h_1 + h_2 + \cdots + h_n} = \frac{\sum_{i=1}^{n} c_i h_i}{\sum_{i=1}^{n} h_i} \tag{5.1}$$

$$\tan\phi = \frac{h_1 \tan\phi_1 + h_2 \tan\phi_2 + \cdots + h_n \tan\phi_n}{h_1 + h_2 + \cdots + h_n} = \frac{\sum_{i=1}^{n} h_i \tan\phi_i}{\sum_{i=1}^{n} h_i} \tag{5.2}$$

$$\gamma = \frac{\gamma_1 h_1 + \gamma_2 h_2 + \cdots + \gamma_n h_n}{h_1 + h_2 + \cdots + h_n} = \frac{\sum_{i=1}^{n} \gamma_i h_i}{\sum_{i=1}^{n} h_i} \tag{5.3}$$

式中，ϕ_1、ϕ_2、ϕ_n、ϕ_i 为土层1、土层2、土层 n、土层 i 的内摩擦角；γ_1、γ_2、γ_n、γ_i 为土层1、土层2、土层 n、土层 i 的重度；h_1、h_2、h_n、h_i 为土层1、土层2、土层 n、土层 i 的厚度；c_1、c_2、c_n、c_i 为土层1、土层2、土层 n、土层 i 的黏聚力。

加权平均法适用于较为粗略的边坡稳定性分析。

（2）边坡的取值

边坡稳定性分析时，对折线形或阶梯形边坡（图5.3），一般可取平均值。例如，图5.3（a）为取 AB 线；图5.3（b）为取坡脚点和坡顶点的连线。

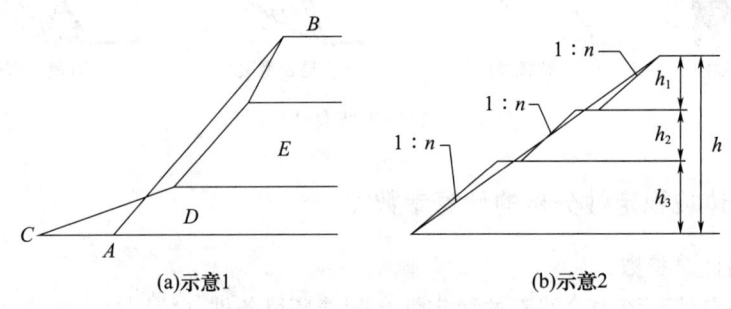

(a)示意1　　　　　　　　(b)示意2

n—坡度系数；h_1、h_2、h_3、h—边坡高度。

图5.3　边坡取值示意

（3）行车荷载当量换算

路基除承受自重作用外，同时还承受行车荷载的作用。在边坡稳定性分析时，需要将行车按最不利情况排列（图5.4），并将车辆的设计荷载换算成当量土柱高（即以相等压力的土层厚度来代替荷载），以 h_0 表示。

行车荷载换算高度 h_0 的计算公式见式（5.4）。

$$h_0 = \frac{NQ}{\gamma BL} \tag{5.4}$$

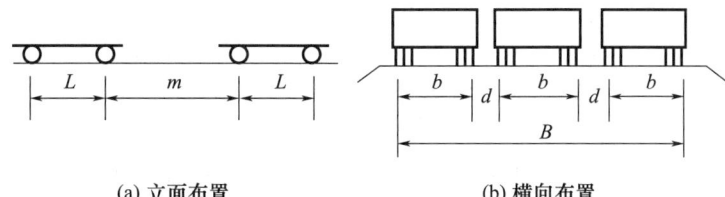

(a) 立面布置　　　　　　　　(b) 横向布置

L—后轮轮距；m—相邻两辆车后轮的中心间距；b—每一车辆的轮胎外缘之间的距离；
d—相邻两辆车轮胎（或履带）之间的净距；B—荷载横向分布宽度。

图 5.4　车辆荷载布置示意

式中，N 为并列车辆数，单车道 $N=1$，双车道 $N=2$；Q 为一辆重车的重力（标准车辆荷载为 550 kN）；γ 为路基填料的重度，kN/m^3；L 为汽车前后轮最大轴距，m，按《公路工程技术标准》（JTG B01—2014）规定，对标准车辆荷载为 12.8m；B 为荷载横向分布宽度，m，其值见式（5.5）。

$$B = Nb + (N-1)d \tag{5.5}$$

式中，b 为每一车辆的轮胎外缘之间的距离，m；d 为相邻两辆车轮胎（或履带）之间的净距，m。

荷载分布宽度可分布在行车道（路面）的范围，考虑实际行车可能有横向偏移或车辆停放在路肩上，也可认为 h_0 厚的当量土层分布在整个路基宽度上。

5.2　边坡稳定性分析方法

5.2.1　边坡稳定性分析方法类型

边坡稳定性分析方法有很多，每种分析方法都有它们各自的特点和使用范围。根据历史的发展和自身的特点，可归纳为定性分析法、定量分析法、不确定性分析法以及其他分析法。

(1) 定性分析法

定性分析方法分为成因历史分析法、工程地质类比法、赤平极射投影法、专家系统法。

① 成因历史分析法。成因历史分析法研究涵盖包括两个方面：首先是边坡所处的区域背景，包括大地构造、地质结构特性；其次是边坡的坡形和坡高，坡体外部和内部的变形迹象。因此，该分析方法适合于自然形成的斜坡。

② 工程地质类比法。工程地质类比法类比的原则是相似性，只有相似性较高的边坡才能进行类比，类比的方面包括边坡的工程地质条件和影响边坡稳定性的各种因素。

③ 赤平极射投影法。赤平极射投影法就是确定不稳定结构体的可能变形位移方向，进而对边坡稳定条件作出初步评价。该法是目前边坡稳定性分析的主要方法之一。

④ 专家系统法。专家系统法是一种计算机程序分析法，该法以专家的水平来完成对边坡稳定性的分析，并且把对边坡稳定性分析的大量实际知识和经验同模拟人类的解题策略结合起来。

(2) 定量分析法

定量分析法大致可分为四类：极限平衡分析法、极限分析法、滑移线法、数值分析法。其中极限平衡分析法和数值分析法中的有限元法应用较为广泛。

① 极限平衡分析法。极限平衡分析法发展的时间长，研究的人员多，出现了很多有代表性的分析方法。根据各种方法自身的特点，可分为瑞典圆弧法、瑞典条分法、毕肖普法、简布法、斯宾塞法等。

② 极限分析法。极限分析法的定义就是应用理想刚塑性体处于极限状态的普遍定理——上限定理和下限定理来求解极限荷载。该法的优点在于，无论边坡形态和外加荷载多么复杂，总能求得一个能适用的荷载，计算的结果要比极限平衡分析法严格。

③ 滑移线法。滑移线法是根据平衡方程、屈服条件和应力边界条件求塑性区的应力、位移速度分布，最后求出极限荷载的方法。对于平面应变问题，可利用一个屈服条件和两个平衡方程，按静定问题处理。

④ 数值分析法。随着计算机技术和数值计算理论的发展，数值分析方法已经应用到边坡稳定性分析中，而且发展速度很快。截至目前，常用的数值分析方法有限单元法、离散元法、边界元法、不连续变形分析法、快速拉格朗日法等。

(3) 不确定性分析法

20 世纪 70 年代，在边坡稳定性分析中出现了不确定性分析方法。目前，不确定性分析法主要有随机可靠性分析法、模糊可靠性分析法、人工智能法、灰色预测系统法等。

① 随机可靠性分析法的应用相当广泛。该法分析了很多影响边坡稳定性的不确定性因素，总结了现有的安全系数法的不足。近几十年来，国内外学者对概率和可靠度方法的研究就是对这种方法的延伸。

② 模糊可靠性分析法是 20 世纪 80 年代初发展起来的，晚于随机可靠性分析法。模糊可靠性分析法提示人们双状态假设和概率假设在很多情况下是不正确的，该法是当前可靠性学科研究的热点。

③ 人工智能法虽然不能分析出土体内部的应力-应变关系，但其有完善的理论和充足的数据使之成为一种相对简便的方法，并且已经应用到建筑工程当中。

④ 灰色预测系统法就是分析边坡稳定性的影响因素，该法的一个突出优点是找出了各影响因素之间的关联性，它确定出了因素中的主次关系，进而对边坡稳定性进行了多重的分析。

(4) 其他分析法

其他分析方法包括物理模型试验法和现场监测分析法。这两种方法的物理意义明确，信息可靠，因此在边坡稳定性分析中得到了广泛和很好的应用。

① 物理模型试验法不仅能形象地模拟边坡土体的应力大小及分布，还能模拟边坡土体的变形破坏机制和发展过程。因此在实际工程中得到广泛应用。

② 现场监测分析法凭借自身特点，能够准确量测边坡土体的位移，具有较高的真实性，在众多工程中获得广泛认可。

因篇幅关系，下面仅对工程地质类比法、极限平衡分析法和数值分析法进行具体介绍。

5.2.2 工程地质类比法

1. 工程地质类比法概述

（1）定义

工程地质类比法，又称工程地质比拟法，是指将所要研究的边坡与已取得勘察资料、建筑经验地质条件类似的边坡进行对照，并做出工程地质评价的方法。它主要是通过对已有边坡的岩性、结构、自然环境、变形主导因素和发育阶段等进行全面分析，并与拟建边坡进行相似性比较，从而评价拟建边坡的稳定性和发展趋势。

（2）原理

工程地质类比法的原理是基于相似性原则，即认为在地质条件、地貌特征、自然环境等方面相似的边坡，其稳定性和变形趋势也应该相似。因此，可以通过对已有边坡的研究，来预测和评估拟建边坡的稳定性和发展趋势。

（3）特点与优势

① 简单快捷：通过类比已有的边坡，可以快速得到拟建边坡的稳定性和发展趋势。

② 经济高效：避免了大量的实地勘察和试验工作，降低了工程成本。

③ 实用性强：适用于地质条件复杂、勘察周期短的工程项目。

（4）应用

工程地质类比法在公路路基工程边坡稳定性分析中具有广泛的应用。它不仅可以用于评价边坡的稳定性，还可以用于确定边坡的坡高、坡角以及处理措施等。此外，该方法还可以为工程处治提供有益的定性分析与定量计算参考，从而提高工程处治的合理性和可靠性。

（5）步骤

① 收集资料：收集已有边坡的勘察资料、建筑经验以及地质条件等信息。

② 全面分析：对已有边坡的岩性、结构、自然环境、变形主导因素和发育阶段等进行全面分析。

③ 类比比较：将拟建边坡与已有边坡进行类比比较，分析它们之间的相似性和差异性。

④ 稳定性评价：根据类比结果，对拟建边坡的稳定性进行评价和预测。

⑤ 提出措施：根据稳定性评价结果，提出相应的边坡处理措施和建议。

2. 基于工程地质类比法的路堑边坡比拟设计

采用工程地质类比法对路堑边坡进行比拟设计，关键是通过认真、详细的调查和勘测，如实反映路段的地层土质和水文地质状况，据以进行对比分析。按地层性质不同，一般可分为两种类型，即土质（包括粗粒土）路堑和岩石路堑。对土质路堑，应着重调查土的成分和类别、组织结构、密实程度、地下水埋藏情况以及土的成因类型及生成时代等；对岩石路堑，应着重调查岩性、结构和构造、岩石的风化破碎程度及地下水等。

路堑设计主要是确定边坡的形状和坡度。

选择路堑横断面的边坡形式，一般可采用以下几种（图5.5）。

（1）直线形

当工程地质条件和水文地质条件较好，土质均匀，且边坡高度不大时可采用，即一坡顶的直线形。

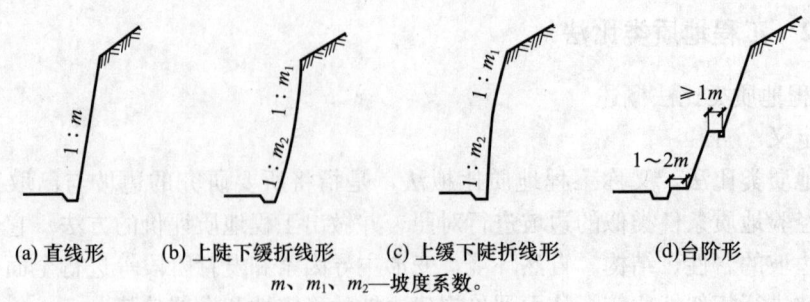

(a) 直线形　　(b) 上陡下缓折线形　　(c) 上缓下陡折线形　　(d) 台阶形

m、m_1、m_2—坡度系数。

图5.5　路堑横断面的边坡形式

(2) 折线形

当边坡较高或由多层土组成，而上部土层的稳定性较下部好时，可采用上陡下缓的折线形。若上部为覆盖层，且其稳定性较下部差时，则宜采用上缓下陡的折线形。

折线形边坡在变坡点处容易出现坡面的冲刷破坏。在降水量大的地区，应采用适当的防护措施，或改用直线形或台阶形边坡。

(3) 台阶形

当边坡由多层土组成且高度较高（超过15m）时，可在边坡中部或土层变化分界处，设置宽度不小于1.0m的平台，使边坡成为台阶形，设置平台可增加边坡的稳定性，减少坡面冲刷。

土质（包括粗粒土）路堑边坡坡度，应根据边坡高度、土的密实程度、地下水和地面水情况、土的成因类型及生成时代等因素确定。

岩石路堑边坡坡度，应根据岩性、地质构造、岩石的风化破碎程度、边坡高度、地下水及地面水等因素综合分析确定。岩石路堑边坡高度超过30m时，其边坡坡度应根据现场情况，调查附近工程的人工边坡及天然山坡情况。

对一些特殊土质（如黄土）、特殊工程地质条件（如硬岩层中夹有薄的软弱岩层或含水的黏性土层）和其他特殊条件（如大爆破施工、较高地震烈度区），路堑边坡应根据具体情况另行设计。

5.2.3　极限平衡分析法

1. 极限平衡分析法概述

(1) 定义

极限平衡分析法是边坡稳定性分析中的一种经典方法，它基于极限平衡理论，即当边坡的抗滑力与下滑力达到平衡时，边坡将处于极限平衡状态，此时边坡发生滑动的可能性最大。该方法通过假定可能的滑动面，并考虑滑动面上的应力分布，来计算边坡的稳定性系数或安全系数。

(2) 原理

极限平衡分析法是根据静力平衡原理来分析边坡稳定性的。它假定边坡中的岩土体沿着某一潜在滑动面发生滑动，并考虑滑动面上的抗剪力和剪切力之间的平衡关系。通过分析滑动面上的力系，可以计算出边坡的稳定性系数或安全系数，从而评估边坡的稳定性状态。这种方法省去了烦琐的计算过程，适用于工程实际中很多的结构设计问题。

(3) 特点与优势

① 简洁明了：极限平衡分析法的计算过程相对简洁，易于理解和应用。

② 适用范围广：该方法适用于各种边坡工程问题，不受边坡类型、规模和地质条件的限制。

③ 实用性强：通过极限平衡分析法，可以评估边坡在不同工况下的稳定性，为边坡加固和防护提供依据。

(4) 应用

极限平衡分析法广泛应用于各种边坡工程问题，如土质边坡、岩质边坡、滑坡治理等。它可以用于评估边坡在自重、外荷载、地下水等作用下的稳定性，为边坡的设计、施工和维护提供依据。同时，该方法还可以用于边坡加固方案的设计和优化，如抗滑桩、锚杆、挡土墙等加固措施的设计和布置。

(5) 步骤

① 假定滑动面：根据边坡的地质条件和工程经验，假定一个或多个可能的滑动面。

② 计算下滑力和抗滑力：考虑滑动面上的应力分布，利用力学原理计算下滑力和抗滑力。

③ 计算稳定性系数：利用下滑力和抗滑力的比值，计算边坡的稳定性系数或安全系数。

④ 判断稳定性：根据稳定性系数的大小，结合工程经验和规范标准，判断边坡的稳定性状态，并采取相应的加固措施。

2. 瑞典圆弧法

瑞典圆弧法作为极限平衡分析法中的一种具体方法，广泛应用于边坡稳定性分析中。它基于极限平衡理论，通过假定滑动面为圆弧形状，并计算滑动面上的土体受力情况来评估边坡的稳定性。

瑞典圆弧法在极限平衡分析法中占有重要地位。由于它概念清晰、计算相对简单，因此在工程实践中得到了广泛应用。同时，瑞典圆弧法也是其他更复杂的极限平衡分析方法（如毕肖普法、简布法等）的基础和参考。

瑞典圆弧法假定滑动面为一圆弧。它适用于边坡有不同的土层、均质土边坡，部分被淹没、均质土坝、局部发生渗漏、边坡为折线或台阶形的黏性土的路堤与路堑。

(1) 瑞典圆弧法的基本原理与步骤是将圆弧滑动面上的土体划分为若干竖向土条，依次计算每一土条沿滑动面的下滑力和抗滑力，然后叠加计算出整个滑动土体的稳定性。

瑞典圆弧法的计算精度主要与分段数有关。分段越多则计算结果越精确，一般分 8~10 段。小段的划分，还可结合横断面特性，如划分在边坡或地面坡度变化之处，以便简化计算。

用瑞典圆弧法进行边坡稳定性分析时，一般假定土为均质和各向同性，滑动面通过坡脚，不考虑土体的内应力分布及各土条之间相互作用力的影响，土条不受侧向力作用，或虽有侧向力，但与滑动圆弧的切线方向平行。

瑞典圆弧法的基本步骤如下：

① 通过坡脚任意选定可能发生的圆弧滑动面 AB，其半径为 R，沿路线纵向取单位长度 1m。将滑动土体分成若干个一定宽度的垂直土条，其宽度一般为 2~4m，如图 5.6 所示。

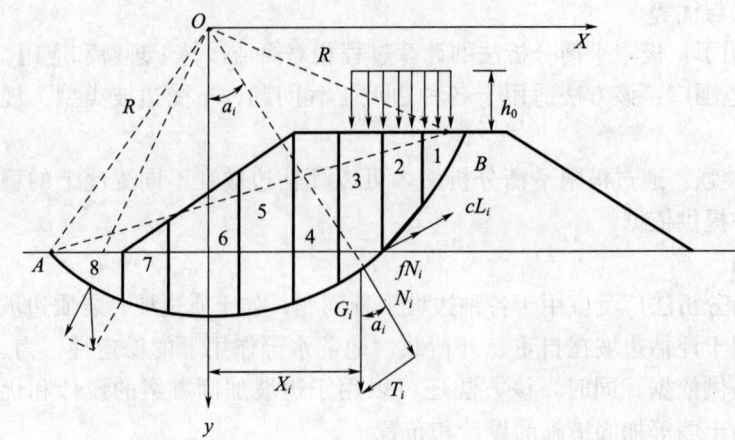

α_i—该弧中心点的半径线与通过圆心的竖线之间的夹角；G_i—每个土条的土体重；
x_i—圆弧中心点距圆心竖线的水平距离；T_i—平行于such面的切向分力；cL_i—黏聚力；
N_i—垂直于小段滑动面的法向分力；fN_i—内摩擦力；R—圆弧半径；
h_0—行车荷载换算高度；1、2、3、4、5、6、7、8—不同的滑动面位置。

图 5.6　瑞典圆弧法边坡稳定性分析计算图

② 计算每个土条的土体重 G_i（包括小段土重和其上部换算为土柱的荷载在内）。G_i 可分解为垂直于小段滑动面的法向分力 $N_i = G_i \cos\alpha_i$ 和平行于该面的切向分力 $T_i = G_i \sin\alpha_i$。其中，α_i 为该弧中心点的半径线与通过圆心的竖线之间的夹角，$\alpha_i = \arcsin\dfrac{x_i}{R}$。其中，$x_i$ 为圆弧中心点距圆心竖线的水平距离，R 为圆弧半径。

③ 计算每一小段滑动面上的反力（抵抗力），即内摩擦力 fN_i（$f = \tan\phi_i$）和黏聚力 cL_i（L_i 为 i 小段弧长）。

④ 以圆心 O 为转动圆心，半径 R 为力臂，计算滑动面上各力对 O 点的滑动力矩和抗滑力矩，见式（5.6）和式（5.7）。

滑动力矩 M_s 为：

$$M_s = R\left(\sum_{i=1}^n T_i - \sum_{i=1}^m T_i\right) \tag{5.6}$$

抗滑力矩 M_r 为：

$$M_r = R\left(\sum_{i=1}^n fN_i + \sum_{i=1}^n cL_i\right) \tag{5.7}$$

式中，$\sum\limits_{i=1}^n T_i$ 为 y 轴右侧的力矩；$\sum\limits_{i=1}^m T_i$ 为 y 轴左侧的力矩，左侧力矩与滑动方向相反，起抗滑作用，应在滑动力矩中扣除；n、m 为 y 轴右侧的分段数和 y 轴左侧的分段数；fN_i 为内摩擦力；cL_i 为黏聚力。

⑤ 求稳定系数 K 值见式（5.8）。

$$K = \frac{M_r}{M_s} = \frac{R\left(\sum\limits_{i=1}^n fN_i + \sum\limits_{i=1}^n cL_i\right)}{R\left(\sum\limits_{i=1}^n T_i + \sum\limits_{i=1}^m T_i\right)} = \frac{f\sum\limits_{i=1}^n G_i\cos\alpha_i + cL}{\sum\limits_{i=1}^n G_i\sin\alpha_i - \sum\limits_{i=1}^m G_i\sin\alpha_i} \tag{5.8}$$

式中，L 为滑动圆弧的总长度，m；f 为摩阻系数，$f=\tan\phi$；c 为黏聚力，kPa。

（2）由于试算的滑动面是任意选的，故需再假定几个可能的滑动面，按上述步骤计算对应的稳定系数 K，在圆心辅助线 MI 上绘出，稳定系数 $K_1, K_2, \cdots, K_n$ 对应于滑动面的圆心 $O_1, O_2, \cdots, O_n$ 的关系曲线 $K=f(O)$，在该曲线最低点作圆心辅助线 MI 的平行线，与曲线 $f(O)$ 相切的切点对应的圆心为极限滑动面圆心，对应的滑动面为极限滑动面（图 5.7），相应的稳定系数为极限稳定系数，其值应为 $1.25\sim1.5$。

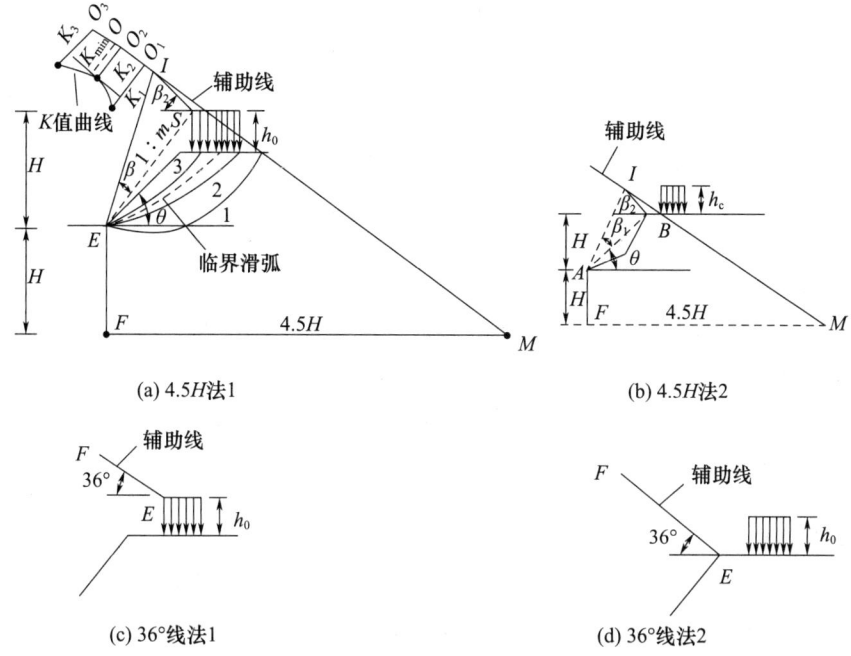

θ—边坡倾斜角；m—坡度系数；h_0—行车荷载换算高度；K、K_1、K_2、K_3—稳定系数；
$K_{\min}$—最小稳定系数；O、O_1、O_2、O_3—滑动面的圆心；H—路基高度与行车荷载换算高度之和；
β_1、β_2—黏土边坡的有关角值；1、2、3—不同的滑动面位置。

图 5.7 确定圆心辅助线

（3）确定圆心辅助线。为了较快地找到极限滑动面，减少计算工作量，根据经验，极限滑动圆心在一条线上，该线即圆心辅助线。确定圆心辅助线可采用 $4.5H$ [路基高度（h）与行车荷载换算高度（h_0）之和] 法或 $36°$线法。

① $4.5H$ 法 1 [图 5.7（a）]。由坡脚 E 向下引竖线，在竖线上截取高度 $H=h+h_0$ 得 F 点；自 F 点向右引水平线，在水平线上截取 $4.5H$，得 M 点。

连接边坡坡脚 E 和顶点 S，求得 SE 的边坡坡度 $i_0=1:m$（坡度系数），据此值查表 5.1 得 β_1 和 β_2 值。由 E 点作与 SE 成 β_1 角的直线，再由 S 点作与水平线成 β_2 角的直线，两线相交得 I 点。

表 5.1 黏土边坡的有关角值

边坡坡度 i_0	边坡倾斜角 θ	α	ω	β_1	β_2
1∶0.5	63°26′	33°15′	37°00′	29°30′	40°
1∶0.75	53°08′	40°00′	32°15′	29°	39°

续表

边坡坡度 i_0	边坡倾斜角 θ	α	ω	β_1	β_2
1:1	45°00′	45°00′	28°15′	28°	37°
1:1.25	38°40′	48°30′	25°00′	27°	35°30′
1:1.5	33°41′	51°15′	22°15′	26°	35°
1:1.75	29°41′	53°15′	20°00′	25°	35°
1:2.0	26°34′	55°00′	18°00′	25°	35°
1:2.25	23°58′	56°00′	16°30′	25°	35°
1:2.5	21°48′	57°00′	15°15′	25°	35°
1:3	18°26′	58°45′	13°15′	25°	35°
1:4	14°02′	60°45′	10°15′	25°	36°
1:5	11°19′	62°00′	8°15′	25°	37°

连接 I 和 M 两点即得圆心辅助线。

② 4.5H 法 2 [图 5.7 (b)]。若不考虑荷载换算土层高度 h_0，则方法可简化，即 $H=h$，斜度 i_0 按边坡脚、坡顶的连线 AB 与水平线的夹角来计算，β_1 和 β_2 仍按表 5.1 查得；由坡脚 A 向下引竖线，在竖线上截取高度 $H=h$（边坡高度）得 F 点；其他步骤同"①4.5H 法 1"。

③ 36°线法 1 [图 5.7 (c)]。由荷载换算土柱高顶点作与水平线成 36°角的线 EF，即得圆心辅助线。

④ 36°线法 2 [图 5.7 (d)]。由坡顶处作与水平线成 36°角的线 EF，即圆心辅助线。

上述四种确定圆心辅助线方法的计算结果相差不大，均可采用。为求解简便，一般用 36°线法。但 4.5H 法较精确，且求出的稳定系数 K 值最小，故常用于边坡稳定性分析重要建筑物的稳定性。通过坡脚的极限破裂圆弧中心位置的有关角值见表 5.1。

（4）稳定系数 K 取值。稳定系数允许值 $[K]=1.25\sim1.50$，具体值应根据土的特性、抗剪强度指标的可靠程度以及公路等级和地区经验综合考虑。当计算 K 值小于允许值 $[K]$，则应放缓边坡，重新拟订横截面，再按上述方法进行边坡稳定性分析。

3. 基于极限平衡分析法的公路土质边坡稳定性分析方法

在设计基于极限平衡分析法的公路土质边坡稳定性分析方法时，应将传统的极限平衡理论作为基础，对公路土质边坡进行条块划分，并遵循以下原则：①假设边坡的稳定性安全系数为 W_d，且 W_d 的定义应将土质的抗剪强度指标降低；②公路土质边坡的各垂直条块的最底侧和最外侧应当满足 Tresca（屈雷斯加）屈服准则和 Mises（米塞斯）屈服准则，不同的是，条块的底部处于极限破坏状态，公路土质边坡中失去稳定性的滑体与各个条块应同时满足力的平衡以及力矩的平衡条件；③考虑到土质边坡中含有大量的孔隙，因此，进行极限平衡分析时，要将孔隙中的水压力、地震力以及外界荷载造成的影响进行综合地考虑。

（1）构建边坡受力模型

在构建边坡的受力模型前，首先要按照通用条分法的基本原理对公路土质边坡进行划分。再通过构建边坡受力模型对边坡的稳定性进行分析。将公路土质边坡中失去稳定性的滑动体从左到右划分为 m 条垂直条,从中选取第 x 条进行受力分析。图 5.8 为第 x 条条块的受力分析图。

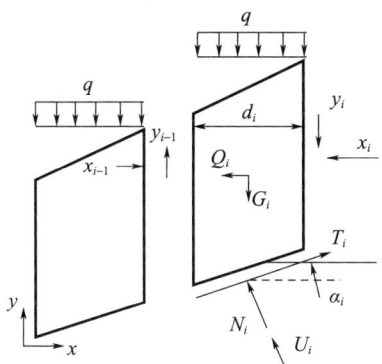

T_i—第 x 条条块的底部切向阻力;Q_i—水平方向的地震力;G_i—条块自身的质量;
N_i—条块底部的有效法向力;U_i—条块底部的孔隙水压力;x_{i-1}、x_i—条块左右两侧水平条间力;
y_{i-1}、y_i—条块竖直方向上的相互作用力;α_i、d_i—条块的底部坡角和条块宽;q—外部荷载。

图 5.8 第 x 条条块受力分析图

由于滑动部位的面积、形状已知,因此对条块进行划分后,条块的底长、宽、中心平均高度、底部坡角等参数均可确定。对于整体公路土质边坡而言,需求解出的未知量有:每条条块的底部切向力以及有效法向力;相邻两个条块分界面上的法向条间力和切向条间力;条块两侧法向条间力到公路土质边坡底部的中心位置距离;公路土质边坡的安全稳定系数,本章设计的分析方法假设每块滑体与整个公路土质边坡的安全稳定系数均相同。

(2)确定极限平衡分析方程

根据需要确定静止状态下,公路土质边坡的极限平衡分析方程如下。

第 x 条条块底部切向力方向平衡方程见式(5.9)。

$$T_i - (x_i - x_{i-1})\cos\alpha_i - Q_i\cos\alpha_i - (y_i - y_{i-1})\sin\alpha = 0 \tag{5.9}$$

第 x 条条块底部有效法向力方向平衡方程见式(5.10)。

$$N_i + U_i + (x_i - x_{i-1})\sin\alpha_i - (y_i - y_{i-1})\cos\alpha_i = 0 \tag{5.10}$$

为了方便后续求解出公路土质边坡的安全稳定系数,按照常用思维逻辑对假定进行简化。主要从以下方面进行。

① 简化后的假定应满足公路土质边坡的力学特征,以及条块的合理性要求,划分条块的侧面剪应力不能超过该条块上表面的最大抗剪强度,即 $F_v > F_s$,其中,F_v 为条块沿垂直方向上的安全稳定系数;F_s 为划分条块的侧面剪应力,此时条块侧面并未达到极限平衡的状态。

② 垂直方向上的条块间没有相互作用力,边坡所受作用力的合力,垂直于边坡内侧。根据 Tresca 屈服准则和 Mises 屈服准则,边坡滑动面上的安全稳定系数定义为:当边坡抗剪强度指标降低至与安全系数相同倍数时,边坡的滑动面处于极限平衡状态。

③ 以通用条分法结合边界约束条件,对边坡边界条件的数值进行提取,当条块宽度到达极限最小值时,边坡端点两侧作用力的合力与条块顶点相平行,并确保边坡滑动

面两端点的外侧应力与力矩的取值为零。

以极限平衡方程计算条块间应力,发现条块与条块间的作用力较为复杂,所以,在实际分析过程中,应着眼于作用力相关的量。以 Tresca 屈服准则和 Mises 屈服准则作为理论基础,设边坡条块间的切向力与垂直作用力在边坡滑动面上的法向力具有线性关系。分析边坡滑动面的实际受力情况,经分析发现,滑动面的受力包括条块侧面的剪切力,以及条块所受的法向力,二者的力共同作用于边坡应力圆上,具体的受力分析如图 5.9 所示。

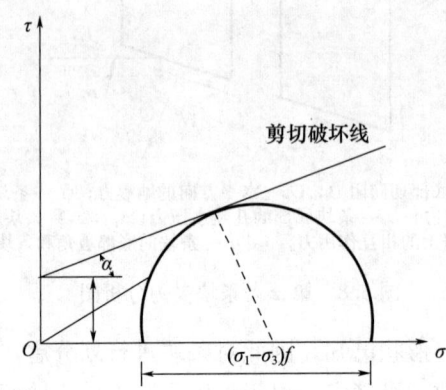

σ—法向力;τ—剪切力;α—边坡的倾角;σ_1—土中的最大主应力;
σ_3—土中的最小主应力;f—摩擦系数。

图 5.9 已知边坡滑动面剪切力与法向力示意图

由此可得出土质边坡中条块之间的相互作用力存在的关系为:$y_i = kx_i$,其中,k 为作用力间的系数,为变量,且 k 的取值在每一条划分的条块中的数值均不相同。

(3) 设计数值分析步骤

根据公路土质边坡的具体情况进行分析,选择对应的最简方法确定整个边坡的安全稳定系数的迭代初始数值,从左至右依次进行计算;按照上面确定的平衡公式[式(5.9)、式(5.10)]求解出第二条条块的各项参数数值,再以第二条条块为基准,求解出下一条块的各项参数数值,以此类推,直至最右端的条块数据计算完成。对于公路土质边坡而言,在分析时需满足力的平衡,若不满足,则需要对划分条块的侧面剪应力进行调整,直至满足力的平衡要求,获取相应的曲线关系;将力矩平衡与平衡公式[式(5.9)、式(5.10)]结合得出第二条条块的各项参数数值,再以第二条条块作为基准推导出下一条块,同理得出最右侧的侧边值。

4. 试验论证

(1) 试验准备

首先,利用 SLIDE 仿真软件(一款基于极限平衡分析方法的两维的土质或岩质边坡稳定性的分析程序)构建一个完整的模拟公路土质边坡,并设定边坡相应的参数数据:边坡坡角为 23.84°,边坡坡长 1350m,边坡坡宽 450m,边坡坡高 65m。分别利用两种稳定性分析方法对该模拟公路土质边坡的稳定性进行 5 次分析,设置对照组为传统稳定性分析方法,试验组为基于极限平衡分析方法设计的稳定性分析方法。为了确保试验的准确性,试验应符合单一变量原则。

（2）试验结果及分析

将试验过程中产生的数据信息：安全稳定系数、分析结果误差等进行记录，见表5.2。

表 5.2　试验组与对照组试验结果对比

分析次数/次	试验组		对照组	
	安全稳定系数	分析结果误差/%	安全稳定系数	分析结果误差/%
1	2.3515	0.328	2.1584	3.958
2	2.3548	0.684	1.9578	2.954
3	2.1865	0.394	1.2358	5.395
4	2.5632	0.154	2.9584	4.328
5	2.1549	0.684	2.6845	2.394

通过试验及表5.2中的数据可知，试验组的稳定性分析结果误差明显低于对照组，且由表5.2中第3次分析可以看出，对照组的分析结果误差大于5%，不符合稳定性分析误差范围在5%的要求，而试验组的分析结果误差均小于1%。因此，通过试验证明，基于极限平衡分析方法设计的稳定性分析方法的精准度更高，更适用于实际的应用中。

5.2.4　数值分析法

对公路路基边坡稳定性的相关研究，国内外众多学者已取得了很多研究成果。但由于边坡工程具有一定的不确定性，使得这些研究都存在一定的不足：采用工程地质类比法，准确性不足、结果差异性较大；目前在设计上常采用的极限平衡分析法，对边坡进行了较多的假设，简化了边坡模型，因而也暴露出诸多缺点。如今，边坡稳定性的研究开始向可靠性分析理论及有限元数值分析转移，并在非线性理论，诸如灰色理论、模糊理论、神经网络、尖点理论等方面取得了一定的成果。

1. 数值分析法概述

（1）定义

数值分析法是一种更为先进的边坡稳定性分析方法，它利用数学模型和计算机算法来模拟边坡的应力分布和变形情况。该方法通过离散化边坡结构，将其划分为许多小单元，然后对每个小单元进行力学分析，最后组合得到整个边坡的应力和变形情况。

（2）原理

数值分析法以数字计算机求解数学问题的理论和方法为研究对象，为计算数学的主体部分。在边坡稳定性分析中，常用的数值分析法包括有限元法、有限差分法、离散元法等。这些方法通过构建数学模型，将连续的边坡结构离散化为许多小单元，并利用数值方法求解每个小单元的应力和变形情况。最后，将各个小单元的分析结果组合起来，得到整个边坡的应力和变形分布。

（3）特点与优势

① 精度高：数值分析法能够更准确地模拟边坡的应力分布和变形情况，提高分析的精度和可靠性。

② 适应性强：该方法适用于各种复杂边坡工程问题，不受边坡类型、规模和地质

条件的限制。

③ 可视化效果好：通过计算机模拟，可以直观地展示边坡的变形和破坏过程，为边坡加固和防护提供直观的依据。

（4）应用

数值分析法适用于各种复杂边坡工程问题，如大型土石坝、露天矿边坡、滑坡体等。它可以用于评估边坡在复杂地质条件和外部荷载作用下的稳定性，为边坡的设计、施工和维护提供科学依据。同时，该方法还可以用于模拟边坡的变形和破坏过程，为边坡加固方案的设计和优化提供直观的依据。

（5）步骤

① 建立数学模型：根据边坡的地质条件和工程要求，建立合适的数学模型。

② 离散化边坡结构：将边坡结构划分为许多小单元，每个小单元都有一定的形状和大小。

③ 选择数值方法：根据问题的性质和计算要求，选择合适的数值方法，如有限元法、有限差分法等。

④ 进行力学分析：对每个小单元进行力学分析，计算其应力和变形情况。这通常涉及复杂的数学运算和计算机程序。

⑤ 组合结果：将各个小单元的分析结果组合起来，得到整个边坡的应力和变形分布。这可以通过计算机程序实现，并生成直观的图形和报表。

⑥ 评估稳定性：根据应力和变形分布的结果，评估边坡的稳定性状态，并采取相应的加固措施。

2. 基于AHP-FUZZY与数值仿真计算的公路边坡稳定性分析实例

下面根据边坡工程所具有的不确定性、模糊性特点，对公路边坡的影响因素进行深入分析、研究、归类，并建立边坡稳定性评价的综合评判模型。在此基础上，以二连浩特—广州高速公路（以下简称二广高速公路）三水至四会段内典型边坡作为工程实例，通过层次分析法（Analytic Hierarchy Process，AHP）对各影响因素进行权重计算，并结合模糊（FUZZY）理论，计算该段边坡的最终稳定性。为验证该评判结果的准确性，对该边坡建立了三维数值仿真计算模型，采用强度折减法计算其稳定性系数。

（1）评价模型建立

① 边坡稳定性影响因素。边坡变形破坏的影响因素是多方面的。研究表明，其既与边坡特征有关，又与地质环境特征、气象水文特征以及开挖工艺有关。本节通过分析统计某高速公路研究段内21个滑坡的数据，获取了边坡稳定性的主要影响因素，每个影响因素又包括若干影响因子。现建立4类因素：边坡几何特征B_1、边坡岩性特征B_2、气象水文特征B_3、其他因素B_4。共计8个影响因子：边坡坡度C_1、边坡高度C_2、岩体强度C_3、岩体结构面C_4、年最大降水量C_5、边坡岩体水理性质C_6、人工开挖工艺C_7、防护措施C_8，由此建立该高速公路边坡稳定性的评价模型，如图5.10所示。

② 因子量化和分级。将目标层的边坡稳定性划分为3个级别，Ⅰ级稳定、Ⅱ级局部失稳、Ⅲ级边坡整体失稳破坏。

为明确边坡稳定性各影响因素的作用程度，需对各影响因子进行量化处理，从而确定各因子对应边坡稳定性不同级别的标准界限值。量化结果见表5.3。

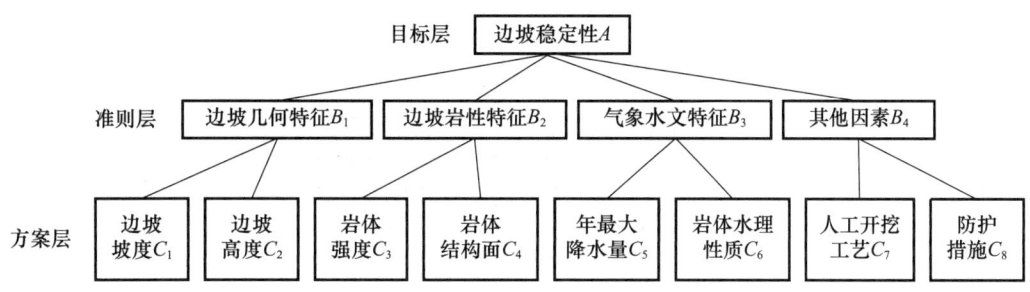

图 5.10 边坡稳定性评价模型

表 5.3 因子量化及分级

准则层	方案层	稳定（Ⅰ）		局部失稳（Ⅱ）		整体失稳破坏（Ⅲ）	
		实际值	量化值	实际值	量化值	实际值	量化值
边坡几何特征	边坡坡度	25°	0.63	35°	0.88	40°	1
	边坡高度	5m	0.17	15m	0.50	30m	1
边坡岩性特征	岩体强度	60MPa	1	30MPa	0.5	15MPa	0.25
	岩体结构面	结构面少量发育（A）		结构面局部较多发育（B）		结构面显著发育（C）	
气象水文特征	年最大降水量	100mm	0.4	200mm	0.8	250mm	1
	岩体水理性质	不渗水（A）		少量渗水（B）		较强渗水（C）	
其他影响	人工开挖工艺	少扰动（A）		一般扰动（B）		较强扰动（C）	
	防护措施	合理防护（A）		较合理防护（B）		不合理防护（C）	

注：量化方法为，分别将 3 个稳定性级别对应的实际因子值除以 3 个稳定性级别中的实际最高值。A、B、C 分别对应边坡稳定（Ⅰ）、边坡局部失稳（Ⅱ）、边坡整体失稳破坏（Ⅲ）。

(2) AHP-FUZZY 法

① 层次分析法。层次分析法（AHP）是美国学者托马斯·塞蒂（T.L.Satty）提出的一种层次权重决策分析方法，该方法基于网络系统理论和多目标综合评价，能够将定量分析与定性分析相结合，对多目标、复杂问题展开准确的决策。层次分析包含 4 个步骤：建立层次结构模型、构造两两比较的判断矩阵、层次单排序及一致性检验、层次总排序及一致性检验。

② 模糊数学法。模糊数学法（FUZZY）首先要求给出边坡稳定性影响因素集合 U 及边坡稳定性级别集合 V，U 中每一个单因素对应边坡稳定性级别 V 的模糊子集为单因素模糊矩阵 R，再根据每个因素对目标贡献程度，得到权重矩阵 A，最后对矩阵 R 进行关于 A 的模糊变换，得到目标事物的评判集 B，即式（5.11）。

$$B = A \circ R \tag{5.11}$$

式中，$B=[B_1, B_2, \cdots, B_n]$，$B_n$ 为第 n 级评判等级的隶属度，评判集 B 中最大隶属度 B_i 所在的位置即对应目标的最终评判级别。

③ AHP-FUZZY 综合评价。基于 AHP-FUZZY 综合评价，首先要确定各层次各因素两两之间的权重。为避免对权重定性赋值带来的失准，托马斯·塞蒂提出了一致判断矩阵法，该方法采用 1~9 标度法的相对尺度，以提高准确度，当一致性比率小于 0.1 时，认为能够得到满意的一致性。AHP-FUZZY 综合评价流程如图 5.11 所示。

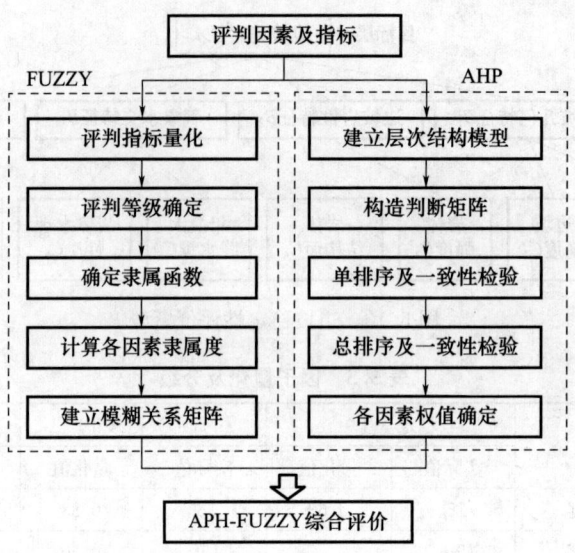

图 5.11 AHP-FUZZY 综合评价流程图

(3) 工程应用分析

① 二广高速公路边坡稳定性评判。将 AHP-FUZZY 理论应用于二广高速公路 K37+528~K37+613 里程段边坡，对其稳定性进行综合评判。

根据现场地质调查、结合勘察报告及室内岩石物理力学试验，所选取的边坡稳定性影响因子参数值见表 5.4。

表 5.4 边坡稳定性影响因子

因子	实际值	量化值
边坡坡度	54°	1
边坡高度	34m	1
岩体强度	28MPa	0.47
结构面	局部较多发育	B
年最大降水量	80mm	0.32
岩体水理性质	少量渗水	B
人工开挖	一般扰动	B
防护措施	合理防护	A

② AHP-FUZZY 综合分析。

a. 建立层次结构模型。根据边坡稳定性各影响因素多因子分析结果，结合图 5.10 的高速公路边坡稳定性评价模型，在 Yaahp（Yet Another AHP Program，是一款基于层次分析法的软件）层次分析程序中建立边坡稳定性评价等级的层次结构模型。

b. 矩阵判断一致性检验。在层次结构模型的基础上，结合 1~9 标度类型及专家系统意见，分别就各评价指标的相对重要性进行两两比较，从而赋予 B_1~B_4、C_1~C_8 相应的权重分值，最终得到 A-B、B_1-C、B_2-C、B_3-C、B_4-C 共 5 个判断矩阵。

其中 A-B 矩阵的一致性比例 C.R.=0.0438，B_1-C~B_4-C 的一致性比例 C.R.=0，5 个判断矩阵的一致性比例均小于 0.10，矩阵的一致性检验结果可以接受。

c. 权重计算结果。在矩阵判断一致性检验的基础上，进一步计算 A-B、B-C 排序的单排序权重值及 8 个因素的总排序权重值，权重计算结果见表 5.5。

表 5.5 边坡稳定性影响因子总排序权重

B-C 排序	A-B 排序				
	B_1 (0.5638)	B_2 (0.2634)	B_3 (0.1178)	B_4 (0.0550)	层次总排序权重
C_1	0.8333	—	—	—	0.4698
C_2	0.1667	—	—	—	0.0940
C_3	—	0.7500	—	—	0.1975
C_4	—	0.2500	—	—	0.0658
C_5	—	—	0.8333	—	0.0982
C_6	—	—	0.1667	—	0.0196
C_7	—	—	—	0.8000	0.0440
C_8	—	—	—	0.2000	0.0110

将表 5.5 中的权重值用向量的形式表示，即得权重矩阵：A [0.4698, 0.0940, 0.1975, 0.0658, 0.0982, 0.0196, 0.0440, 0.0110]。

d. 隶属函数和模糊矩阵。对各影响因素进行统计分析，每个因素对应的不同边坡稳定性级别为一个隶属函数。定义该隶属函数为降半阶梯分布函数，取阶次 k=1。分布函数的方程见式（5.12）~式（5.14）。

$$u_1(x_i) = \begin{cases} 1 & x_i \leqslant a_i \\ \left(\dfrac{b_i - x_i}{b_i - a_i}\right)^k & a_i < x_i < b_i \\ 0 & x_i \geqslant b_i \end{cases} \quad (5.12)$$

$$u_2(x_i) = \begin{cases} \left(\dfrac{b_i - a_i}{b_i - x_i}\right)^k & x_i < a_i \\ 1 & a_i \leqslant x_i \leqslant b_i \\ \left(\dfrac{b_i - a_i}{x_i - a_i}\right)^k & x_i > b_i \end{cases} \quad (5.13)$$

$$u_3(x_i) = \begin{cases} \left(\dfrac{c_i - b_i}{b_i - a_i}\right)^k & x_i < b_i \\ 1 & b_i \leqslant x_i \leqslant c_i \\ \left(\dfrac{c_i - b_i}{x_i - b_i}\right)^k & x_i > c_i \end{cases} \quad (5.14)$$

式中，x_i 为第 i 个边坡稳定性影响因子；$u_1(x_i)$、$u_2(x_i)$、$u_3(x_i)$ 为第 i 个因子对第 1 级、第 2 级、第 3 级边坡稳定性级别发生可能的隶属度；a_i、b_i、c_i 为第 i 个因子对应第Ⅰ~Ⅲ级边坡稳定性级别的分界值。

将工程实例表 5.4 的准则层因子值依次代入式（5.12）~式（5.14），每个因子得到 3 个隶属函数方程，8 个因子共计 24 个隶属函数方程，计算后得到 8 个因子的评判模糊子集分别为：R_{C1} [0.65, 1, 0.21]；R_{C2} [1, 0.18, 0]；R_{C3} [0, 0.47, 0.30]；R_{C4} [0.26, 1, 0.64]；R_{C5} [0.33, 1, 0]；R_{C6} [1, 0, 0.81]；R_{C7} [1, 0.26, 0]；R_{C8} [0.18, 0, 0.45]。则该地区全部边坡稳定性影响因子 8 行 3 列的模糊关系矩阵 R 为式（5.15）。

$$R = \begin{bmatrix} 0.65 & 1 & 0.21 \\ 1 & 0.18 & 0 \\ 0 & 0.47 & 0.30 \\ 0.26 & 1 & 0.64 \\ 0.33 & 1 & 0 \\ 1 & 0 & 0.81 \\ 1 & 0.26 & 0 \\ 0.18 & 0 & 0.45 \end{bmatrix} \tag{5.15}$$

e. 综合评判。综上，对模糊矩阵 R 进行关于权重矩阵 A 的模糊变换，可以得到目标事物的最终评判集 B，即式（5.16）。

$$B = A \circ R = \begin{bmatrix} 0.4698 \\ 0.0940 \\ 0.1975 \\ 0.0658 \\ 0.0982 \\ 0.0196 \\ 0.0440 \\ 0.0110 \end{bmatrix}^T \circ \begin{bmatrix} 0.65 & 1 & 0.21 \\ 1 & 0.18 & 0 \\ 0 & 0.47 & 0.30 \\ 0.26 & 1 & 0.64 \\ 0.33 & 1 & 0 \\ 1 & 0 & 0.81 \\ 1 & 0.26 & 0 \\ 0.18 & 0 & 0.45 \end{bmatrix} = [0.515, 0.755, 0.220] \tag{5.16}$$

式中，T 为变换或迭代操作的次数。

由模糊数学中的贴近度原理，评判集 $B = [B_1, B_2, B_3, B_4] = [Ⅰ, Ⅱ, Ⅲ]$，其中最大隶属度 B_i 所在的位置即对应目标的最终评判级别，因此，该段边坡稳定性级别的最大隶属度为 $B_2 = 0.755 = Ⅱ$ 级稳定级别，即边坡局部失稳。

现场边坡实际破坏情况为：边坡整体结构稳定，但在边坡坡角部位出现局部破坏，该结果与 AHP-FUZZY 法评判结果相吻合。

(4) 数值仿真计算

为进一步验证 AHP-FUZZY 评判结果的准确性，采用大型通用有限元程序 ANSYS（美国 ANSYS 公司研制的大型通用有限元分析软件）对二广高速公路 K37+528~K37+613 段边坡建立了三维数值仿真计算模型，采用国际上通用的岩土工程数值分析软件 FLAC3D 程序进行加载计算，采用强度折减法计算其稳定性系数。

① 计算模型。计算模型在有限元软件 AnSYS 中生成，建模过程中采用八面体 4 节点块体单元 Solid Brick 8node 45（一个在 ANSYS 中用于三维实体结构分析的高级单元类型）进行结构离散化分析，共建立节点 23164 个，单元 71023 个，根据公路边坡的地质剖面图，将计算模型划分为 6 个不同岩性层。

② 计算结果。设体系最大不平衡力与典型内力比值下限为 1×10^{-5}，迭代计算 84721 时步后，得到边坡的稳定性系数为 1.024，说明该区边坡在开挖后处于极限平衡状态。位移计算结果可知：边坡的最大位移量为 550mm，最大位移出现在坡脚处，位移量由坡脚向坡顶逐步减小，坡顶的最大位移为 350mm。边坡面附近的位移大于边坡的其他部位，且位移随着远离坡面而逐渐减小，在临界滑动面附近，位移降低至 50mm，且由坡脚迅速向坡顶扩展，形成贯通的潜在弧形滑动面。而坡脚的最大位移量 550mm 表明：坡脚处已经发生局部失稳破坏，这与本节采用 AHP-FUZZY 得到的评判结果Ⅱ级边坡局部失稳相一致。

5.3 浸水路堤稳定性分析

5.3.1 浸水路堤的特点

建筑在桥头引道、河滩及河流沿岸，受到季节性或长期浸水的路堤，称为浸水路堤。这种路堤具有以下特点：

(1) 稳定性受水位降落的影响

河滩路堤除承受普通路堤所承受的外力及自重外，还要承受水浮力及渗透动水压力的作用。当河水往上升时，水从边坡的一侧或两侧渗入路堤内；当水位降落时，水又从堤身内向外渗出。由于在土体内渗水速度比河中水位升降速度慢，因此，当堤外水位升高时，堤内水位的比降曲线（浸润曲线）成凹形；当堤外水位下降时，堤内水位比降曲线成凸形（图 5.12）。

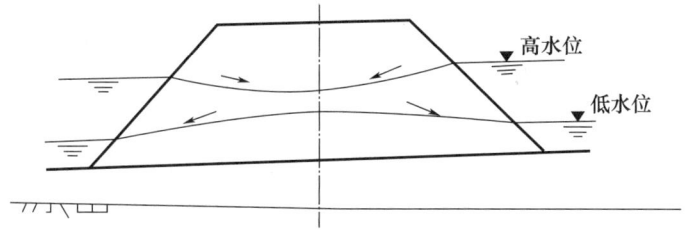

图 5.12 路堤内浸润曲线

当路堤一侧或两侧水位发生变化时，水的渗透速度与土的性质和时间有关。因此，当水位开始上升时，土体内的渗透浸润曲线比边坡外面水位低，经过一定时间后，才达到与外面水位齐平。如填土有毛细管作用，则土体内的浸润曲线可继续上升至一定高度。在砂性土中，这一高度为 0.15m 左右；在黏性土中，能达到 1.5m 或更高。当水位上升时，土体会承受竖向压力；而当水位突然下降 [图 5.13 (a)]，由于土体内部水分向边坡外排出需要较长时间，会产生水位差。这种水位差异产生的渗透动水压力方向指向土体外部，这对路堤边坡的稳定性构成了严重威胁，并可能产生边坡凸起和滑坡现象。此外，渗透水流还能带走路堤细小的土粒而引起路堤的变形。在高水位时，如路堤两侧边坡上的水位不一致，就会产生横穿路堤的渗透，即使水位相差较小，也需予以考虑 [图 5.13 (b)]。

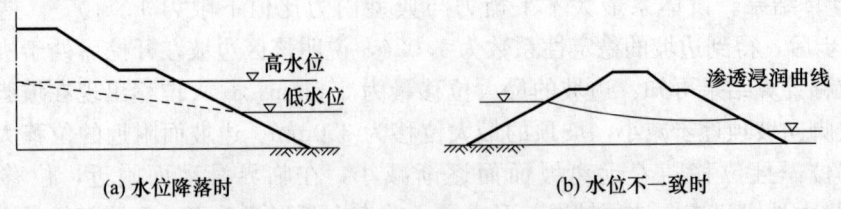

图 5.13 水位变化时路堤中的浸润曲线

(2) 稳定性与路堤填料透水性有关

以黏性土填筑的路堤达到最佳密实度后，透水性很弱；以砂砾石土填筑的路堤，由于空隙大，透水性强。因此，水位涨落对这两种土的边坡稳定性影响一般不大。而属于中等透水性的土（如亚砂土、亚黏土等）作为路堤填料，在水位降落时，对边坡稳定性影响较大，需考虑动水压力作用。因此，浸水路堤填料最好选用渗水性强的材料（如石质坚硬不易风化的块石、片石、碎石及砂砾等）。若附近无此类材料或从远处运输成本过高不经济，可采用黏土作为填料，但必须夯实，严格掌握压实标准。对浸水易崩解、风化的岩石（如页岩、千枚岩等），应禁止使用。

5.3.2 浸水路堤的高度与断面形式

一般浸水路堤的最低设计高程，可取设计洪水位加安全高度 0.5m。

对大河两岸或水库路堤，因水面较宽，可能有壅水现象和波浪侵袭。路堤的最低设计高程 H（图 5.14）应按式（5.17）计算。

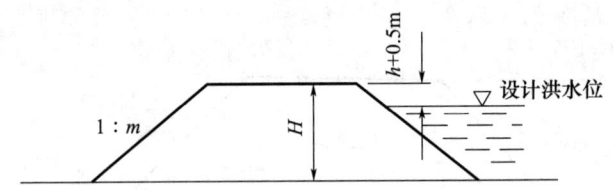

m—坡度系数；H—浸水路堤的设计高程；h—壅水高加上浪高的高度。

图 5.14 浸水路堤设计高程

$$H = 设计洪水位 + 可能的壅水高 + 波浪侵袭高 + 安全高度(0.5m) \quad (5.17)$$

对深谷半填半挖的浸水路堤以及河滩高路堤，为保障路基边坡稳定，便于施工与修复，可在边坡适当高度处加设台阶或护坡道，宽度为 1~2m，如图 5.15 所示。浸水部分边坡应较平缓，并宜用片石、块石防护。同时，应对整个路堤坡的稳定性进行验算并绘制渗透浸润曲线。

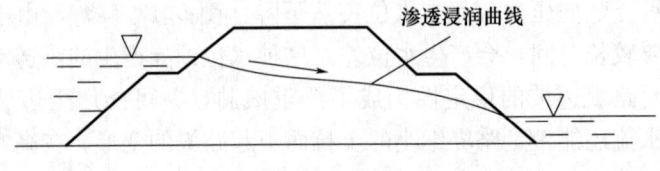

图 5.15 路堤边坡的稳定性验算

5.3.3 渗透动水压力的计算

凡用黏性土填筑浸水路堤（不包括渗透性极小的纯黏土），必须进行渗透动水压力计算。渗透动水压力可按式（5.18）计算。

$$D = I\Omega_B\gamma_0 \tag{5.18}$$

式中，D 为作用于浸润曲线以下土体重心的渗透动水压力，kN/m；I 为渗流水力坡降（采用浸润曲线的平均坡降）；Ω_B 为浸润曲线与滑动弧之间的土体面积，m^2；γ_0 为水的重度，kN/m^3，为计算方便，γ_0 取 $10kN/m^3$。

5.3.4 浸水路堤边坡稳定性分析

浸水路堤的稳定性，应按路堤处于最不利的情况进行边坡稳定性分析。其破坏一般发生在最高洪水位骤然降落的时候。边坡稳定性分析的原理和方法与普通路堤边坡稳定性的圆弧法基本相同。当路堤一侧浸水时，只要注意浸水土条与未浸水土条的基本参数的变化。采用圆弧法进行浸水路堤边坡稳定性分析，其稳定系数 K 计算可简化（因渗透动水压力一般较小）为式（5.19）。

$$K = \frac{f_c\sum N_c + f_B\sum N_B + c_c L_c + c_B L_B}{\sum T_c + \sum T_B + D} \tag{5.19}$$

式中，K 为稳定系数，一般取 1.25~1.50；$f_c\sum N_c$ 为浸润曲线以上部分沿滑动面的内摩擦力；$f_B\sum N_B$ 为浸润曲线以下部分沿滑动面的内摩擦力；c_c 为浸润曲线以上部分沿滑动面的单位黏聚力，kPa；c_B 为浸润曲线以下部分沿滑动面的单位黏聚力，kPa；L_c 为浸润曲线以上部分沿滑动面的弧长，m；L_B 为浸润曲线以下部分沿滑动面的弧长，m；$\sum T_c$ 为浸润曲线以上部分沿滑动面的下滑力，kN；$\sum T_B$ 为浸润曲线以下部分沿滑动面的下滑力，kN；D 为渗透动水压力，kN/m。

水位线以下土的浸水容重 γ_B（考虑水浮力）按式（5.20）计算。

$$\gamma_B = (\Delta - \Delta_0)(1-n)\gamma_0 = \frac{(\Delta-\Delta_0)\gamma_0}{1+e} \tag{5.20}$$

式中，Δ 为土的相对密度，即固体土粒重度对水的重度之比，$\Delta = \gamma_s/\gamma_0$；$\Delta_0$ 为水的相对密度，$\Delta_0 = 1$；n 为土的孔隙率，$n = \dfrac{e}{1+e}$；γ_0 为水的重度，$\gamma_0 = 10kN/m^3$；e 为土的孔隙比。

在进行边坡稳定性分析时，对用黏土填筑的路堤，因其几乎不透水，故堤外水位涨落对土体内部影响较小，可认为不产生动水压力，其边坡稳定性分析方法与一般路堤边坡稳定性分析方法相同。

因浸水路堤外河水猛涨，使路堤左右两侧水位发生差异，若路堤用透水性较强的土填筑，虽可发生横穿路堤的渗透，但其作用力一般较小。若路堤采用不透水材料填筑，则不会发生横穿渗透现象，故也可不计算。但当路堤用普通土填筑，浸水后土体内产生动水压力，则需先绘出土体内的浸润曲线，然后根据上述方法进行计算。

如果是混合断面，其边坡稳定性计算方法与前述一致，采用各土层物理力学参数，通过圆弧法进行分析。

5.4 陡坡路堤稳定性分析

5.4.1 陡坡路堤滑动类型

当路堤修筑在陡坡上，且地面横坡度大于1：2或在不稳定的山坡上时，路基不仅要分析路堤边坡的稳定性，还要分析路堤沿陡坡或不稳定山坡下滑的稳定性。

图5.16为陡坡路堤滑动的几种可能：基底接触面较陡或强度较弱，致使路堤整体沿基底接触面产生滑动[图5.16（a）]；基底修筑在较厚的软弱土层上，致使路堤连同其下的软弱土层沿某一滑动面滑动[图5.16（b）]；基底下岩层强度不均匀，如泥质页岩，致使路堤沿某一最弱的层面滑动[图5.16（c）]。

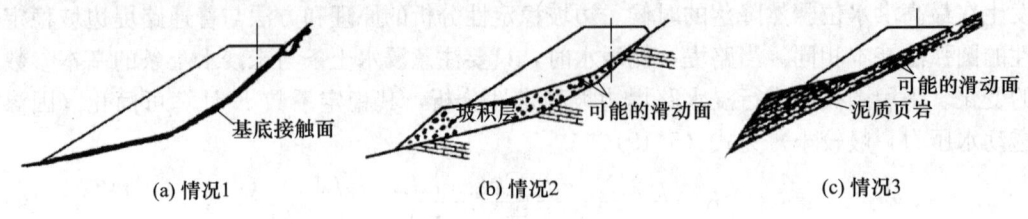

图5.16 陡坡路堤滑动的几种可能

陡坡路堤产生下滑的主要原因是地面横坡较陡、基底土层软弱或强度不均匀。因此，在边坡稳定性分析中，应采用滑动面附近较为软弱的土的有关测试数据；同时，如果滑动面附近有水的作用（包括地表水和地下水），致使路堤下滑力增大，接触面或软弱面抗剪强度显著降低。因此，在边坡稳定性分析中应采用因浸水而降低的强度数据。

但是，要准确地确定黏聚力 c 和内摩擦角 ϕ 较为困难。为接近实际，选择合理的计算参数，可在基底开挖台阶时选择测试数据中较低的一组，并按滑动面受水浸湿的程度再予以适当降低。

陡坡路堤边坡稳定性分析假定路堤整体沿滑动面下滑，因此，边坡稳定性分析方法可按滑动面形状的不同分为直线和折线两种方法。

5.4.2 陡坡路堤边坡稳定性分析

① 当基底为单一坡面，土体沿直线滑动面整体下滑时，稳定性分析如图5.17所示。

滑动面以上土体的稳定性 K 按式（5.21）计算。

$$K = \frac{(Q+P)\cos\alpha\tan\phi + cL}{(Q+P)\sin\alpha} \tag{5.21}$$

式中，Q 为对以基底接触面为滑动面的，等于路堤自重，对以基底以下软弱面为滑动面的，等于路堤连同其下不稳定土体的自重，kN；P 为路堤顶面的换算土柱荷载，kN；α 为滑动面对水平面的倾斜角，°；ϕ 为滑动面上软弱土体的内摩擦角，°；c 为滑动面上软弱土体的单位黏聚力，kN；L 为滑动面的全长，m。

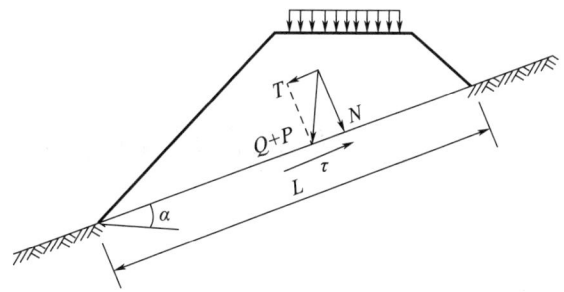

T—滑动面上的切向力；*N*—滑动面上的法向力；*Q*—对以基底接触面为滑动面的，等于路堤自重，对以基底以下软弱面为滑动面的，等于路堤连同其下不稳定土体的自重；
P—路堤顶面的换算土柱荷载；*L*—滑动面的全长；*τ*—滑动面上的剪应力；*α*—滑动面对水平面的倾斜角。

图 5.17 直线滑动面

② 当滑动面为多个坡度的折线倾斜面时（图 5.18），可将滑动面上土体折线段划分为若干条块，自上而下分别计算各土体的剩余下滑力，并根据最后一块的剩余下滑力的正负值确定其整体稳定性，则 E_n 计算见式（5.22）。

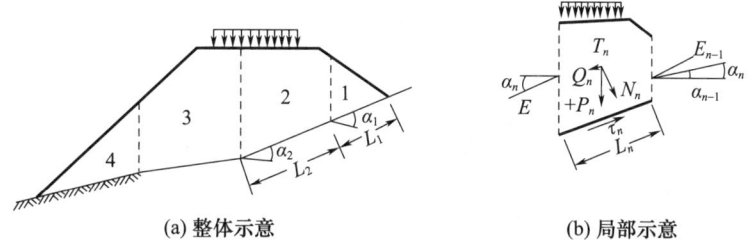

(a) 整体示意   (b) 局部示意

1、2、3、4—滑动面分部；L_1、L_2—滑动面的长度；$α_1$、$α_2$—滑动面对水平面的倾斜角；Q_n—自重；P_n—荷载；T_n—第 n 个条块的自重 Q_n 与荷载 P_n 的切线下滑力；N_n—第 n 个条块的自重 Q_n 与荷载 P_n 的法线分力；E_n—第 n 个条块的剩余下滑力；E_{n-1}—第 $n-1$ 个条块传递而来的剩余下滑力；$α_n$—第 n 个条块滑动面分段的倾斜角；$α_{n-1}$—第 $n-1$ 个条块滑动面分段的倾斜角；$τ_n$—滑动面上的剪应力；L_n—第 n 个条块滑动线长度。

图 5.18 折线滑动面

$$E_n = [T_n + E_{n-1}\cos(\alpha_{n-1}-\alpha_n)] - \frac{1}{K}\{[N_n + N_{n-1}\sin(\alpha_{n-1}-\alpha_n)]\tan\phi_n + c_n L_n\} \quad (5.22)$$

式中，E_n 为第 n 个条块的剩余下滑力，kN；T_n 为第 n 个条块的自重 Q_n 与荷载 P_n 的切线下滑力，kN，其值为 $T_n=(Q_n+P_n)\sin\alpha_n$；$E_{n-1}$ 为第 $n-1$ 个条块传递而来的剩余下滑力，kN；$α_{n-1}$ 为第 $n-1$ 个条块滑动面分段的倾斜角，°；$α_n$ 为第 n 个条块滑动面分段的倾斜角，°；K 为滑动面以上土体的稳定性；N_n 为第 n 个条块的自重 Q_n 与荷载 P_n 的法线分力，kN，其值为 $N_n=(Q_n+P_n)\cos\alpha_n$；$N_{n-1}$ 为第 $n-1$ 个条块的自重 Q_n 与荷载 P_n 的法线分力，kN；ϕ_n 为第 n 个条块滑动面上软弱土层的内摩擦角，°；c_n 为第 n 个条块滑动面上软弱土层的单位黏聚力，kPa；L_n 为第 n 个条块滑动线长度，m。

当最后的剩余下滑力等于或小于零时，则认为稳定；大于零时，则认为不稳定，必须采取稳定措施。

6 路基防护与加固

6.1 路基防护的作用、原则及分类

6.1.1 路基防护的作用

公路常年暴露于自然环境中，承受着各种自然条件的影响，如气候变化、水流冲刷、人类活动等，使路基发生各种变形、病害甚至破坏，而路基防护工程，就是防治路基病害，保证路基稳定，改善环境景观和生态平衡的重要设施。因此，路基防护工程虽不属于路基主体工程，但却是必不可少的辅助工程，是路基工程的重要组成部分。

6.1.2 路基防护的原则

路基防护的种类和方法是多种多样的，但应符合"因地制宜、就地取材、经济适用、照顾景观"的原则。

① 因地制宜，就是要结合实际地形、地质条件，确定路基的防护方法。过高的防护标准将会增加工程造价；过低的防护标准则又达不到防护的目的。因而，结合实际情况制定出适宜的防护措施是非常必要的。

② 就地取材，就是尽量利用当地材料，就地采集，就地利用，以节省运输费用，降低工程造价。例如，在适合植物生长的土质路段边坡，应优先选用植物防护；在石料丰富的地区则应尽量利用石料砌筑。

③ 经济适用，就是要力求节省工程费用和其他开支，既要少花钱、多办事，又要经济耐用且养护工作量最小。有些防护工程措施是群众在长期实践中创造出来的行之有效的经验，应该认真调查总结并进一步提高应用水平；对于有价值的新材料、新技术和新方法，符合技术政策和经济耐用原则，又已通过评审鉴定，被列为推广应用技术的，亦应结合工程特点，在进行实地试验后取得资料，确实具有经济效益和社会效益的，也应积极组织实施。

④ 照顾景观，就是不仅要能保护路基，而且还应当力求适合当地环境，美观一些。虽然修建高速公路对其周围经济发展起到了巨大的促进作用，但对环境也造成一定的破坏。所以，应当尽可能选择符合环保要求并与周围景观相协调的防护措施，以弥补对生态环境造成的损害。

6.1.3 路基防护的分类

从广义上讲，路基防排水、防冻、防风沙、防雪害、抗震等采取的各类措施，都属

于路基防护的范畴。通过有效的措施和设施可以确保路基在各种自然灾害侵蚀下，保持其正常的使用功能。本章主要讨论路基边坡的坡面防护和冲刷防护。防护的分类如图6.1所示。

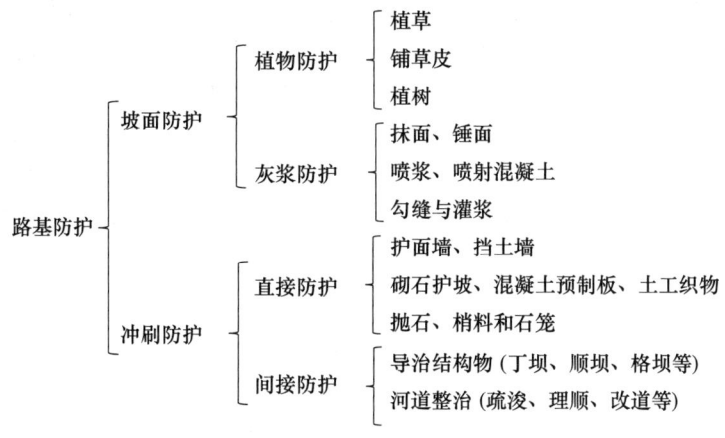

图6.1 防护的分类

坡面防护，主要是保护路基边坡表面免受雨水冲刷，减缓温差及湿度变化的影响，防止和延缓软弱岩土表面的风化、碎裂、剥蚀演变进程，从而保护路基边坡的整体稳定性，在一定程度上还可兼顾路基美化和协调自然环境。坡面防护设施，不承受外力作用，必须要求坡面岩土整体稳定牢固。简易防护的边坡高度与坡度不宜过大，土质边坡坡度一般不陡于1∶1～1∶1.5。地面水的径流速度以不超过2.0m/s为宜，水亦不宜集中汇流。雨水集中或汇水面积较大时，应有排水设施相配合，如在挖方边坡顶部设截水沟，高填方的路肩边缘设拦水埂等。

常用的坡面防护设施有植物防护（植草、铺草皮、植树等）和灰浆防护（抹面、喷浆、勾缝、石砌护面等）。前者可视为有"生命"（成活）防护，后者属无机物防护。有"生命"防护以土质边坡为主，无机物防护以石质路堑边坡为主。在一定程度上，有"生命"防护在边坡稳定和改善路容方面，优于无机物防护。

堤岸防护与加固主要是对沿河滨海路堤、河滩路堤及水泽区路堤，亦包括桥头引道以及路基一旁的防护堤岸等。此类堤岸常年或季节性浸水，受流水冲刷、拍击和淘洗，造成路基浸湿、坡脚淘空，或水位骤降时路基内细粒填料流失，致使路基失稳、边坡崩塌。所以，堤岸防护与加固主要针对水流的破坏作用而设，具有防水治害和加固堤岸双重功效。

堤岸防护与加固设施，有直接和间接两类。直接防护与加固设施中包括植物防护与石砌防护和加固两种，常用的有植树、铺石、抛石或石笼等。间接防护主要指导治结构物，如丁坝、顺坝、防洪堤、拦水坝等，必要时进行疏浚河床、改变河道，目的是改变流水方向，避免或缓和水流对路基的直接破坏作用。改变水流流速、流向和原来状态，可能导致堤岸对面及路基附近上下游遭受损害，因此必须慎重对待，掌握流水运动规律，因势利导，防治结合，综合治理。

湿软地基的承载能力较差，如泥沼与软土、低洼的湖（海）相沉积土层、人为垃圾杂填土等，填筑路基前必须予以加固，以防路基沉陷、滑移或产生其他病害。湿软地基加固，规模大，造价高，应注意方案比较，研究技术和经济方面的可行性，力求从简，尽量就地取材。地基加固是路基主体工程的一部分，要结合路基设计（即确定路基标高，选择横断面，决定设施等）综合处理。

湿软地区修筑路基时，地基加固关键在于治水和固结。各种加固方法，可归纳成换填土、碾压夯实、排水固结、振动挤密、土工格栅加筋和化学加固等五类。加筋土为土中加入某种能承受一定拉力的筋条或化学纤维，凭借筋条与填土之间的摩擦作用，提高土的抗剪强度，改善路基抵抗变形的条件。土工布、土工格栅加筋是利用化纤材料织成布或网格，铺在软弱地基或填土层中，亦能收到良好效果。其他还有石灰桩、砂桩与砂井等。

湿软地基的加固，亦可采用强夯法，利用重锤的强大冲击力，以达到地基排水固结提高承载能力的目的。

6.2 坡面防护

坡面防护，即"护坡工程"。填方或挖方边坡长期暴露于大气环境，受风化、雨水冲刷等作用，易发生变形破坏。尤其是土质边坡，在雨淋、日晒、冻融循环下，表层逐渐剥落，而水是导致边坡破坏的关键因素，因此防水、治水、排水成为坡面防护的核心任务。目前，坡面防护常用方法主要分为植物防护和工程防护两类。

6.2.1 植物防护

常用的植物防护有种草、铺草皮和植树等，以减缓边坡上的水流速度，利用植物根系固着边坡表层土壤以减轻冲刷，从而达到保护边坡的目的。这对于一切适合种植的土质边坡都是应当首先选用的防护措施。此外，植物防护还具备绿化环境、协调周边景观的作用，是一种符合环保要求的防护方式。

植物防护，可调节边坡土的温湿度，起到固结和稳定边坡的作用。它对于坡高不大，边坡比较平缓的土质坡面是一种简易有效的防护设施，其方法有种草、铺草皮和植树。土质边坡防护也可采用拉伸网草皮、固定草种撒布或网格固定撒种，用土工合成材料进行土质边坡防护的边坡坡度宜在 1:1.0~1:2.0 之间。过陡的边坡，容易受雨水侵袭而流失；对于易受冲刷的粉性土，若不经过防冲措施，不宜直接采用；对经常浸水的边坡也不适宜采用。

（1）种草

种草，适用边坡坡度不陡于 1:1，土质适宜种草，不浸水或短期浸水但地面径流速度不超过 0.6m/s 的边坡。草的品种，应适应当地自然条件，最好选用根系发达、中茎低矮、多年生长的品种，并采用多种草籽混种的方式。不宜种草的坡面，可以铺 5~10cm 厚的种植土层，土层与原坡面结合稳固。但是，边坡种草与平地种草有一些区别。对于边坡，特别是挖方边坡，一般土较贫瘠，硬度大，水土难以保持，降雨时坡面易被冲刷，日晒土壤干燥板结，种子难以发芽。因此，必须认真选择草种、撒播时期以及播种方法，才能达到预期的目的。

草种应有以下特点：对土质要求不高、适应性强、耐盐碱、耐贫瘠、耐旱、耐寒、发育快、生根快、枝叶茂盛、根系发达、价格低廉。根据上述要求，各地应结合本地区土质和适宜于本地区生长的种系进行选择，必要时，应先进行试验而定。如在东北辽沈地区，多采用无芒雀麦、早熟禾、小糠草等品种，尤以无芒雀麦为佳。据悉，这种草根系固土范围直径达 60cm，在零下 30℃能安全越冬，在年降水量仅 350mm 的干旱地区也能正常生长，且管理简易，价格低廉。在山东地区则以马尼拉、早熟禾、结缕草、野牛草等为宜。其中以早熟禾为佳，其抗旱、耐寒、耐贫瘠，在潮湿土壤或遮阴地带均能正常生长，在山东地区，绿期长达 300d 左右。其他地区可向当地园林绿化部门咨询，选取适配的优质草种。

种草播种期的选择很重要。南方温暖潮湿地区的播种期选择余地较宽，全年大部分时间均适合草籽的发芽生长；而北方寒冷干燥地区，播种期选择就比较讲究了。一般而言，在高速公路沿线，要事先收集当地经验或通过试验，找出气温、降雨量与种子萌发的关系曲线以指导施工，避开低温及高温不利季节，选择春、秋两季为宜。草籽萌发需要 5℃以上的气温，幼苗发育生长则要求 10℃以上，据此可作为选择播种期的标准。在北方大部分地区，虽然每年 5 月气温已达到草籽发芽的要求，但常出现大风天气，草籽难以固定。每年 6 月气温虽然适宜草籽萌发，但又面临雨季到来，草籽即使发芽、成活，达不到必要的覆盖度即进入高温暴雨时期，小草难以承受雨水冲蚀，不利于草籽成活。所以，播种期必须结合当地气候条件，避开低温、干旱、高温、暴雨等不利时节，利用春秋两季比较有利的短暂时机轮播，以求得较好的效果。

（2）铺草皮

拉伸网草皮是在土工网或土工垫等土工合成材料上铺设 3～5cm 的种植土层，经过撒种、养护后形成的人工草皮。固定草种撒布（也可称植生带）是在土工织物纺织时将草种固定于土工织物中，然后到现场铺筑以促使草皮生长的一种土工合成材料草皮制品。网格固定撒种是先将土工网固定于需防护的边坡上，然后撒播草种形成草皮的一种边坡防护方法。

当坡面冲刷比较严重，边坡较陡，径流速度大于 0.6m/s，容许最大速度为 1.8m/s 时，应根据具体条件（坡度与流速等），分别采用平铺（平行于坡面）水平叠置、垂直坡面或与坡面成一半坡角的倾斜叠置草皮，还可采用片石铺砌成方格或拱式边框，方格或框内再铺草皮，如图 6.2 所示。

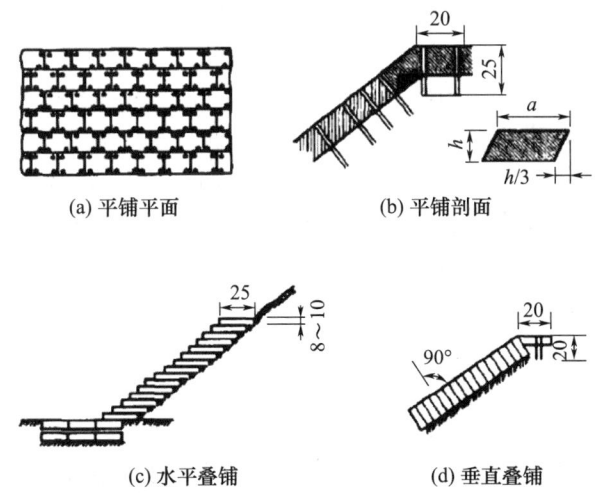

(a) 平铺平面　　(b) 平铺剖面

(c) 水平叠铺　　(d) 垂直叠铺

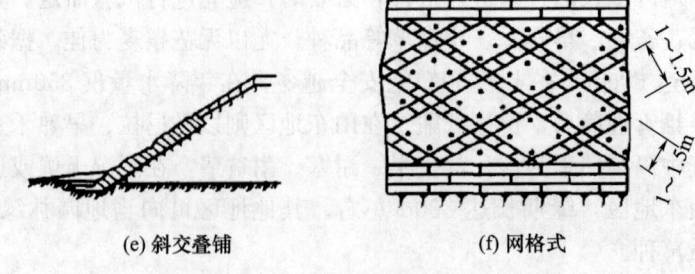

(e) 斜交叠铺　　　　(f) 网格式

h—草皮厚度，5~8cm；a—草皮边长，20~25cm。

图 6.2　草皮防护示意图（单位：cm）

铺草皮需预先备料，草皮可就近培育，切成整齐块状，然后移铺在坡面上。铺时应自下而上，并用竹木小桩将草皮钉在坡面上，使之稳固。草皮根部土应随草切割，坡面要预先整平，必要时还应加铺种植土，草皮应随挖随铺，注意相互贴紧。

（3）植树

植树，主要用在堤岸边的河滩上，用来降低流速，促使泥沙淤积，以防水直接冲刷路堤。多排林堤岸与水流方向斜交，还能起到挑水改变水流方向的作用。此外，在沙漠及雪害地区，防护林带可起到阻沙防雪作用。树木的品种与种植位置及宽度，应根据防护要求、流水速度等因素，参见有关设计手册，并结合当地经验而定，城市或风景区的植物防护，应与有关部门协调配合。

6.2.2　工程防护

当不宜使用植物防护或考虑就地取材时，采用砂石、水泥、石灰等矿质材料进行坡面防护是常用的防护形式。它主要有砂浆抹面、勾缝或喷涂以及石砌护坡或护面墙等。这些形式各自适合于一定条件。

抹面防护，适用于石质挖方坡面，岩石表面易风化，但比较完整，尚未剥落，如页岩、泥砂岩、千枚岩的新坡面。对此应及时予以封面，以预防风化成害。常用的抹面材料有石灰浆等，其中石灰为胶结料，要求精选。混合料如加纸筋或竹筋，可提高强度，防止开裂；如掺加适量制盐副产品卤水，因含有氯化钙与氯化镁，可使抹面加速硬化和预防开裂。抹面用料的配合比与用量参见有关手册。抹面厚度视材料与坡面状况而定，一般为 2~10cm。操作前，应清理坡面风化层、浮土与松动碎块，填坑补洞，洒水润湿。抹面后，应拍浆、抹平和养生。

喷浆施工简便，效果较好，适用于易风化而坡面不平整的岩石挖方边坡，厚度一般为 5~10cm。喷浆的水泥用量较大，重点工程可选用。比较经济的砂浆是用水泥、石灰、河砂及水，按质量比 1∶1∶6∶3 配合。喷浆前后的处置与抹面相同。对坡面较陡或易风化的坡面，可以在喷浆前先铺设加筋材料，加筋材料可以用铁丝网或土工格栅，喷浆坡面应设置排水孔。

比较坚硬的岩石坡面，为防止水渗入缝隙成害，依据缝隙深浅与大小，分别予以灌浆、勾缝或嵌补等。

上述防护方法，可以局部处置，综合使用，并与放缓边坡等方法加以比较，力求实用和经济。如果在坡面防护时着色或修饰，还有助于改善路容。

路基坡面为防止地面水流或河水冲刷，可以使用干砌片石护面，图 6.3 为浸水路堤单层或双层护面示意图。重要路段或暴雨集中地区的土质高边坡，以及桥涵附近坡面与岩坡、地面排水沟渠等，亦可用干砌片石加固。片石护面，要求坡面稳固，先垫以砂层，然后自下而上平整地铺砌片石，片石应逐块嵌紧且错缝，护面厚度一般不小于 20cm，干砌要勾缝，必要时改用浆砌，护面顶部封闭，以防渗水。

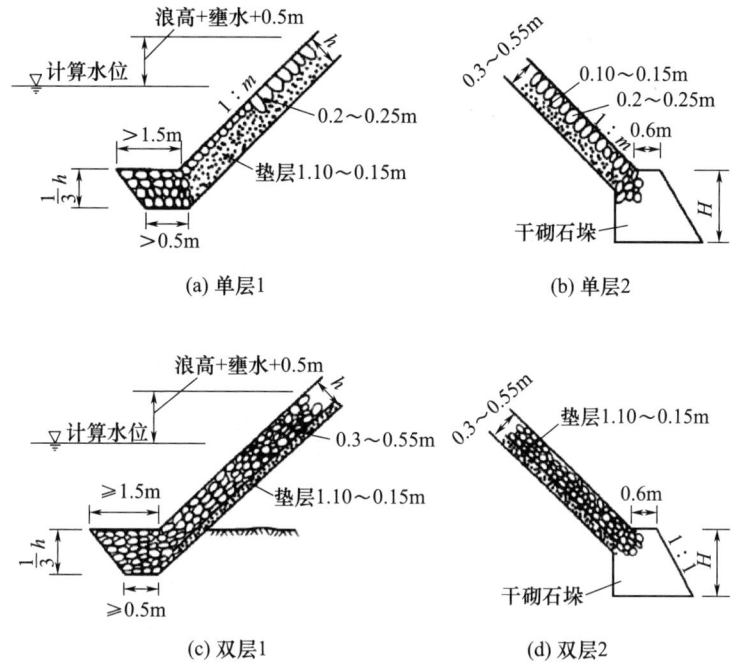

H—干砌石垛高度，20～30cm；h—护面厚度，大于20cm；m—坡度系数。

图 6.3 片石护面示意

护面墙是浆砌片石的坡面覆盖层，用于封闭各种软质岩层和较破碎的挖方边坡。要求墙面紧贴坡面，表面砌平，厚度可不一。护面墙石料应符合规格。护面墙除自重外，不承受其他荷重，亦不承受墙背土压力。其构造与布置如图 6.4 所示。墙高与厚度及路堑边坡的关系，见表 6.1。

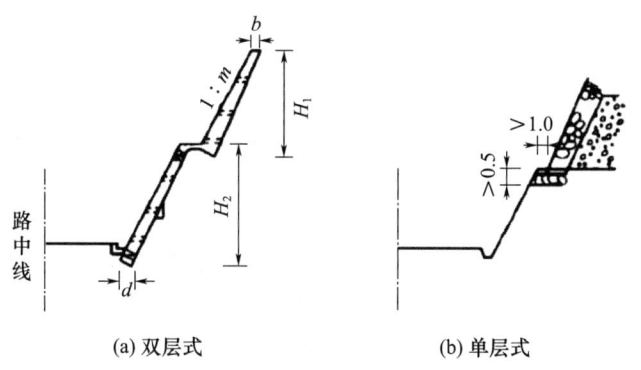

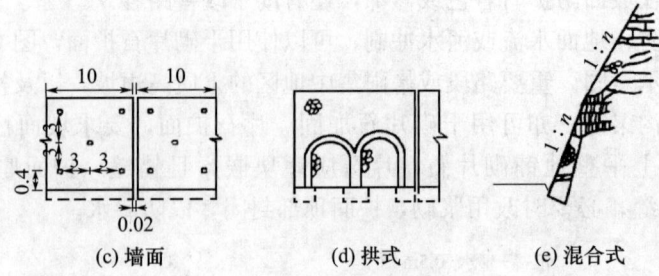

(c) 墙面　　　　(d) 拱式　　　　(e) 混合式

m、n—坡度系数；b—护面墙顶宽；d—护面墙底宽；H_1、H_2—边坡高度。

图 6.4　护面墙示意（单位：m）

表 6.1　护面墙的厚度

护面墙高度 H/m	路堑边坡	护面墙厚度/m	
		顶宽 b	底宽 d
≤2	1∶0.5	0.40	0.40
≤6	陡于 1∶0.5	0.40	0.40+0.10H
6<H≤10	1∶0.5～1∶0.75	0.40	0.40+0.05H
10<H<15	1∶0.75～1∶1	0.40	0.60+0.05H

护面墙高一般不超过 10m，可以分级，中间设平台，墙背可设耳墙，纵向每 10m 设一条伸缩缝，墙身应预留泄水孔，基础要求稳固，顶部应封闭。墙基软硬不匀，可设拱跨过软弱地基。坡面常有各种不同地质现象，开挖后形成凹陷，应以石砌圬工填塞平整，称为支补墙。以上构造的具体要求与尺寸，均可参考有关设计手册。

6.3　冲刷防护

6.3.1　冲刷防护的类型

冲刷防护主要是针对沿河路堤或河滩路堤，此类路堤在流水作用下，边坡和坡脚易遭受冲蚀或淘空，进而引发严重破坏，这种破坏比坡面被雨水和地表径流冲刷所造成的损坏更为严重，所以设计时应当高度重视。

冲刷防护按其作用可分为直接防护和间接防护两大类。直接防护为直接在路堤坡面或坡脚处设置防护结构物，以减轻或避免水流的直接冲刷，如前面提及的植物防护、砌石防护等，以及下面将要讨论的抛石、石笼、挡土墙等；间接防护则是设置工程构造物以改变河道的流水方向或减缓流水速度，以达到减轻冲刷的目的，常用的有丁坝、顺坝、导流堤等导治构造物。在一定条件下还可以营造防护林带和改移河道等。

对于高速公路，经常漫水的路堤坡面，一般不宜采用植物防护，大都采用浆砌片石或大块水泥混凝土砌块，并适当增加铺砌厚度和反滤层厚度以提高抗撞击能力，必要时砌块间还用铰链互相连接以增强其整体性和抗冲撞性。表 6.2 列出了各种防护构造物所能适应的流速，可供设计时参考。

表 6.2　各种防护工程适应的流速参考

名称	允许流速/(m·s^{-1})
种草	0.4～0.6
铺草皮	1.1～1.8
干砌片石	2～4
浆砌片石	3～6
铺砌预制水泥混凝土块	3～8
石笼	4～5

6.3.2　直接防护

为了防止流水直接危害沿河、滨海路堤以及有关海河堤坝护岸的堤岸边坡和坡脚，必须采取一定的防止冲刷的措施。

堤岸防护直接措施，包括植物防护、石砌防护、抛石防护、石笼防护和土工织物软体沉排等，必要时设置的支挡（驳岸等）。其中植物防护与石砌防护，同坡面防护所述基本类同，但堤岸的防冲刷主要原因是洪水急流，水位变迁不定，水流速度较大，相应的要求更高。盛产石料的地区，当水流速度达到 3.0m/s 或更高，植树与石砌防护无效时，可采用抛石防护。当水流速度达到或超过 5.0m/s 时，则改用石笼防护，也可就地取材，用竹笼或梢料防护，必要时可以采用土工织物软体沉排护坡。

(1) 抛石防护

抛石防护，类似在坡脚处设置护脚，亦称抛石垛，如图 6.5 所示。抛石不受气候条件限制，路基沉实以前均可施工，季节性浸水或长期浸水亦均可用。抛石垛的边坡坡度，不应陡于抛石浸水后的天然休止角，坡度系数 m_1 一般为 1.5～2.0，m_2 为 1.25～2.0；石料粒径视水深与流速而定，一般为 15～50cm。

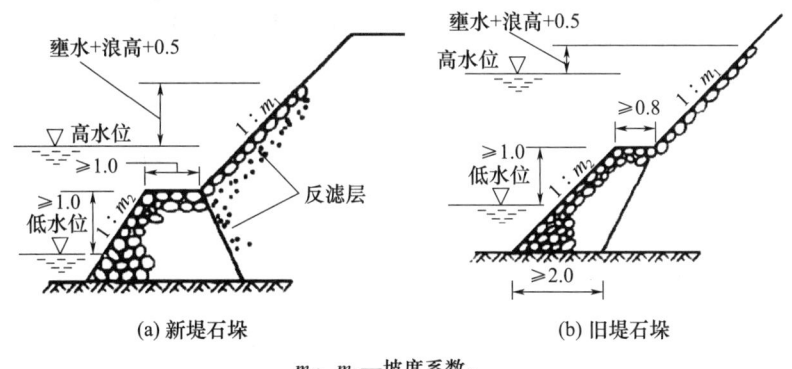

(a) 新堤石垛　　(b) 旧堤石垛

m_1、m_2—坡度系数。

图 6.5　抛石防护示意图（单位：m）

抛石一般多用于临时抢险工程，而不作为常规防护措施。所以，在高速公路的新建工程中，不宜单独使用抛石防护，通常仅作为一种辅助措施，如浸水挡墙、砌石护坡等基础加固。在局部长度被冲刷，甚至有可能淘空时用以保护基础。抛石需要的石块体积要大，石块数量要多，而且是松散结构物，抛下的石块无连接物使其连接在一起。在水流湍急时仍会被冲动,也会散失,要不断地补充,所以在公路选线时就要先考虑到这一点。除非在特别条件下,如水流方向较为平顺、无严重冲刷的河段,在浸水路堤边坡与河岸采用其他的防护较困难,或路基断面挖方内大石块很多等情况下,才有可能设计抛石防护。若要从河床中采集、搬运大块石做抛石防护是很不合适的,一般不这样做,也不宜用水泥混凝土块做抛投材料,因为预制块的价格昂贵,在技术经济上是不合适的。

（2）石笼防护

石笼是用铁丝编织成框架,内填石料,设在坡脚处,以防急流和大风浪破坏堤岸,也可用来加固河床,防止淘刷。铁丝框架可以为箱形或圆柱形,如图6.6（a）和图6.6（b）所示。笼内填石的粒径不小于4.0cm,一般为5~20cm,外层应用大且棱角分明的石料,内层可用较小石块填充。石笼在坡脚处排列,用于防止冲刷淘底时,应平铺并与坡脚线垂直,而且堤岸一端固定,另一端不必固定,淘刷后可以向下沉落贴于底面;用于防止堤岸边坡冲刷时,则垒码平铺成梯形,如图6.6（c）和图6.6（d）所示。单个石笼的大小,以不被相应速度的水流冲动为宜,铺设时须用碎（砾）石垫层铺平,底层各角可用铁棒固定于基底。

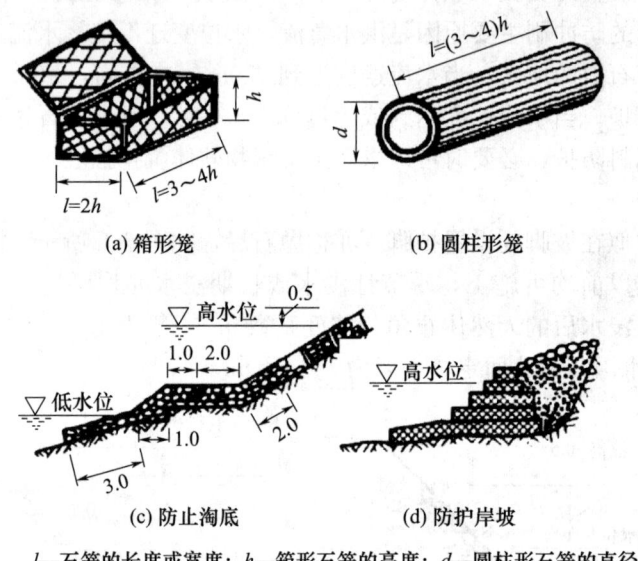

(a) 箱形笼　　　　(b) 圆柱形笼

(c) 防止淘底　　　　(d) 防护岸坡

l—石笼的长度或宽度；h—箱形石笼的高度；d—圆柱形石笼的直径。

图6.6 石笼防护示意图（单位：m）

石笼防护的性质与抛石防护的性质基本相似,属于临时的应急措施,作为其他冲刷防护的辅助方法,以抵御洪水冲击,不能作为常规的防护措施加以应用,特别是在高速公路的防护设计中,更应慎重,应经过论证比较后确定。

（3）土工织物软体沉排

土工织物软体沉排是在土工织物上以块石或预制混凝土块体为压重的护坡结构。土工织物软体沉排一般适用于水下工程及预计可能发生冲刷的河床和岸坡土面上。其主要有单片垫和双片垫两种结构形式。

单片垫是利用土工织物拼接成大面积的排体;双片垫是将两块单片垫重叠后按一定距离和形式将两片垫连接在一起而构成管状或格状空间,其中再填充透水性土石料（如砂卵石等），起到防冲与反滤的作用。

土工模袋是一种双层织物袋，袋中充填流动性混凝土或水泥砂浆，凝固后形成高强度和高刚度的硬结板块。其主要应用场合及铺设形式如图 6.7 所示。土工模袋材料应满足表 6.3 中所列的技术要求，袋内可充填混凝土或砂浆。充填混凝土时，粗集料最大粒径应符合表 6.4 中所列的要求，坍落度不宜小于 20mm，其强度等级不低于 C10；充填砂浆时，其强度等级不低于 M2.5。

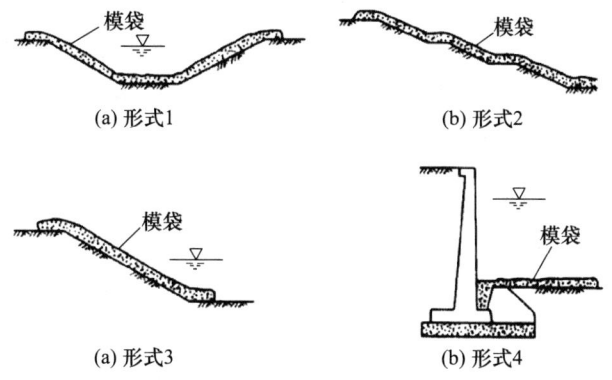

图 6.7 土工模袋的应用及铺设

表 6.3 土工模袋材料要求

指标内容	指标要求
顶破强度/N	≥1500
渗透系数/(10^{-3}m·s^{-1})	0.86~10
等效孔径 O_{95}/mm	0.07~0.15
延伸率/%	≤15

表 6.4 混凝土集料的最大粒径要求

土工模袋厚度/mm	集料最大粒径/mm
150~250	≤20
≥250	≤40

采用土工模袋护坡的坡度不得陡于 1∶1。如在水下施工，水流速度不宜大于 1.5m/s。模袋选型应根据工程要求和当地土质、地形、水文、经济与施工条件等确定。应根据水流量选定模袋滤水点分布数量，当选用无滤水点模袋时，应增设渗水滤管。模袋应用尼龙绳缝制。

6.3.3 间接防护

为了改变水流方向，减轻水流对路基岸边的冲刷，可采用间接防护措施，常用的间接防护措施有设置导治结构物，以及改移河道和种植防水林带等。通过这些防护措施可以降低防护地段的水流速度，改变水流方向，甚至促使部分岸线产生有利于保护路基的淤积等。

导治结构物是桥涵和路基的重要附属工程，由于涉及水流改向，影响范围较大，工程费用亦较高,务必慎重。用于防护堤岸的改河工程,一般限于小型工程,如裁弯取直、挖滩改道、清除孤石等,可在小河的局部段落上进行。

导治结构物主要是设坝,按其与河道的相对位置,一般可分为丁坝、顺坝或格坝。导治结构物的布置应综合考虑河道宽窄、水流方向、地质条件、防护要求、材料来源、施工条件和工程经济等,要综合考虑,全面治理,要避免河床更多压缩,或因水位提高和水流改向,而危害河对岸或附近地段的农田水利、地面建筑及堤岸等。

顺坝大致与堤岸平行,主要作用为导流、束水、调整流水曲度、改善流态。格坝在平面上成网格状,设于顺坝与堤岸之间,防止高水位时水流溢入冲刷坝内岸坡和坡脚,并促进格间的淤积。丁坝大致与堤岸垂直或斜交,将水流挑离堤岸,束河归槽,改善流态。顺坝亦称导流坝,丁坝亦称挑水坝。

导治结构物的布置是工程成败的关键。布置恰当能收到预期效果;布置不当反而恶化水流,造成水毁。其关键在于设计合理的导治线,确保其符合预定的河轴线和河岸线要求,同时精准选择导治水位,避免出现有害冲刷。导治线与导治水位的确定,需综合考量水流特性、河岸及河床地形地貌、地质条件,以及水流对上下游和对岸的影响等多方面因素,通过系统的分析与精确的设计计算得出。

顺坝与丁坝均用石块修建成梯形横断面,坝体分为坝头、坝身和坝根三个组成部分,横断面尺寸依构造要求、施工条件和使用需要而定,并应进行稳定性计算。

公路工程中的改河,主要目的是:将直接冲刷路基的水流引向旁处;路基占用河槽后,需要拓宽河道;挖滩改河,清除孤石,改移河道,以保护路基;裁弯取直,有利布置路线或桥涵。这些改河措施,如经过论证可行,确有必要且效益高时,方可进行设计计算并组织实施。

导治结构物的构造与要求,以及结构物与改河工程的具体设计计算方法,在路基设计手册等文献中,已有详细规定与建议,可供工程设计人员查阅参考。

6.4 湿软地基加固

软土在我国滨海平原、河口三角洲、湖盆地周围及山涧谷地均有广泛分布。在软土地基上修筑公路,特别是修筑高路堤时,若对软土地基不加以处置或处理不当,往往会导致路基失稳或过量沉降,造成公路不能正常使用。软土地基处理恰当与否也关系到整个工程质量、投资和进度。因此,当路基处于湿软地基上时,无论是设计还是施工均必须给予充分的重视。

根据工程的需要和地基的特点,软土地基处理的理论和手段不断发展,具体的处理手段不下几十种,因篇幅关系,下面仅介绍湿软地基处理中较有代表性的七种方法。

6.4.1 换填土层法

换填土层法,即将基底下一定深度范围的湿软土层挖去,换以强度较大的砂、碎(砾)石、灰土或素土,以及其他性能稳定、无侵蚀性的土类,并予以压实。换填材料的不同,其应力分布虽然有所差异,但其极限承载力比较接近,而且沉降特点亦基本相似,因此大致按砂垫层的计算方法,结果相差不大。

砂垫层示意如图 6.8 所示。砂垫层具有多种作用，可提高承载力，减少沉降量，加速软弱土层的排水固结，防止冻胀，消除膨胀土的胀缩作用，亦可处理暗穴。不过，砂垫层的具体作用会因工程性质的差异而有所不同，例如对于路基工程，其主要作用为排水固结。此外，素土（或灰土）垫层，可以消除湿陷性黄土 3.0m 深度范围内的湿陷性。

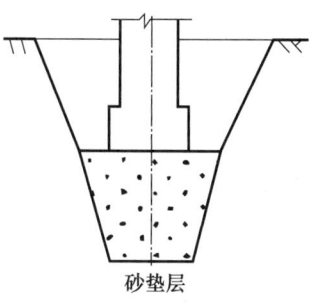

图 6.8 砂垫层示意

砂垫层厚度，一般在 0.6～1.0m 之间，太厚则施工难，太薄则效果差。砂料以中粗砂为宜，要求级配良好，颗粒的不均匀系数不大于 5，含泥量不超过 3%。

6.4.2 重锤夯实法

控制最佳含水量，对土基分层压实，提高强度和降低压缩性，是路基施工的基本要求。如果使用压实功能较大的压实方法，还能处理杂填土和地表的松散土。

对于非黏性土及松散杂填土而言，振动压实法效果良好。振动压实效果，因土质和振动时间而不同，一般振动时间越长，效果越好，但时间过长就会无效。对于主要由矿渣、碎砖、瓦块为主的建筑垃圾，时间约 1min 即可；含细炉渣等细颗粒填土，振动时间 3～5min，有效深度为 1.2～1.5m。

重锤夯实法加固地基，可提高地基表层土的强度，其示意如图 6.9 所示。对湿陷性黄土，可降低地表的湿陷性，对杂填土，可减少表层土的强度不均一性。重锤夯实法适用于地下水位 0.8m 以下稍湿的一般黏性土、砂土、湿陷性黄土、杂填土等。重锤夯实法，一般以钢筋混凝土制成截头圆锥体（底部垫钢板），质量宜 1.5t 或稍重，锤底直径为 1～1.5m，起重设备的能力为 8～15t，落距高一般为 2.5～4.5m。重锤的夯击遍数，一般以最后两次的平均夯沉量不超过规定值来控制，即一般黏性土和湿陷性黄土为 1～2cm，砂土为 0.5～1.0cm。实践结果表明，一般夯击 8～12 遍时，作用深度约为锤底直径的 1 倍。

图 6.9 重锤夯实法示意

在重锤夯实法的基础上，经过研究和实践，20 世纪 60 年代末期出现所谓强夯法，亦称动力固结法，它是以 8～12t（甚至 20t）的重锤，8～20m 落距（最高达 40m），对土基进行强力夯击，利用冲击波和动应力，达到土基加固的目的。此项新技术出现后，迅速在国际上得到广泛运用，效果十分显著，我国亦正在研究和运用。

实践证明，在强夯过程中，土体中因含可压缩的微气泡而产生几十厘米的沉降，土体产生液化，使土的结构破坏，强度下降至最小值，随后在夯击点周围出现径向裂隙，成为加速孔隙水压力消散的主要通道，继而因黏性土的触变性，使土基的强度得到恢复和增强，因此饱和土是可压缩的。但这一过程无法用传统的固结理论解答。现有研究成果表明，由于土中有机物的分布，第四纪土中多数含有以微气泡形式出现的气体，含气1%~4%，强夯过程中，气相体积被压缩，加上孔隙水被挤出，两者体积减小。重复夯击作用，气体被压缩接近于零时，土体变成不可压缩，相应的孔隙水压力上升到与覆盖压力相等的能量级时，土即产生液化，吸附水变成了自由水，土的强度达到最小值，继续施加外界能量，对强度提高无效，需要停止夯击，等待强度恢复。与此同时，夯点四周形成有规则的垂直裂缝，出现涌水现象。当孔隙水压力消散到小于土粒间的侧向压力时，裂隙即自行闭合，土中水的运动又恢复常态。随着孔隙水压力的消散，土的抗剪强度和变形模量有了大幅度增长，这是由于土粒间紧密接触，以及新吸附水层逐渐固定所致，这乃是土的触变性所致。基于上述基本原理，按弹簧活塞模型，对动力固结（强夯）的机理作出新的解释，以此与传统的静力固结理论相比较。

强夯法至今还没有一套成熟和完善的理论和设计方法，但实践证明，它具有施工简单、加固效果好、使用经济、运用面较广等优点。国外资料显示，经强夯法处理的地基，其承载力特征值可提高2~5倍，压缩模量通常增加1~5倍，广泛用于杂填土（各种垃圾）、碎石土、砂土、黏性土、湿陷性黄土及泥炭和沼泽土，不但可在陆地上使用，亦可水下夯实。缺点是需要相应的机具设备，操作时噪声和振动较大，不宜在人口密集或附近防震要求高的地点使用。我国津、沪等地，不仅成功运用了该技术，还在饱和软黏土地基加固领域积累了新的成果与经验。

6.4.3 排水固结法

饱和软土在荷载作用下，排水固结后，抗剪强度可得到提高，则达到加固的目的。排水固结法在建筑工程中，常用于加固软弱地基，包括天然沉积层和人工冲填的土层，如沼泽土、淤泥及淤泥质土、水力冲积土等，如图6.10所示。

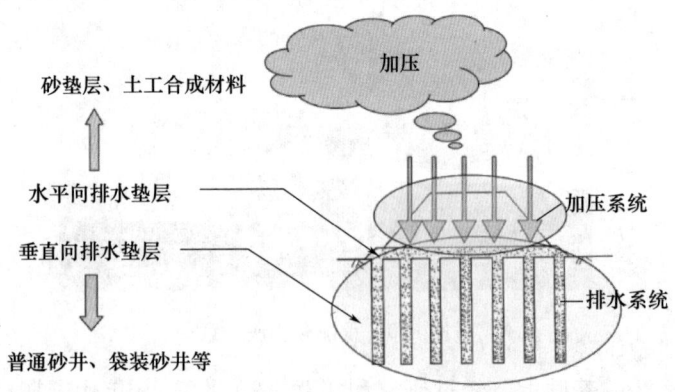

图6.10 排水固结法示意

排水固结法的实际效果，取决于土层固结特性、厚度、预压荷载和预压时间。厚度小于5m的浅软土层，或固结系数较大（每秒大于$1\times10^{-2}\,\mathrm{cm}^2$）的土层，较短时间预压即可。

排水固结是运用堆载预压，挤出土中的过多含水，达到挤紧土粒和提高强度的目的。为了缩短预压时间，加设砂井竖向排水通道或铺设砂垫层，效果甚好。美国加利福尼亚州公路局曾采用砂井处理沼泽地段的路基，取得了良好的工程效果。利用路基填土自重压密地基，不需另备预压材料，因此砂井堆载预压法在路基工程中是一种经济有效的方法。

在实施砂井堆载预压时，需进行地基固结计算，以此确定加载方案和砂井布置参数。一般情况下，加载量大致与设计荷载接近，预压至80%固结度。砂井直径一般为8～10cm，间距一般是井径的6～8倍。砂井长度应穿越地基可能的滑动面，井长如能穿越主要受压层，对沉降有利，如果软土层较浅，有透水性下卧层，则井长深入透水层，对排水固结更有利。为加速排水，缩短固结时间，在设置竖井的同时，可加设井顶砂垫层或纵横连通砂井的排水砂沟，砂垫层厚度一般为0.5～1.0m。

砂井成孔，有沉管法和水冲法两类。沉管法是用锤击或振动方式将带靴的钢管沉入地基，管内灌砂，在振动作用下拔出钢管，最后在土中形成砂井。水冲法是利用高压水冲孔，孔内灌砂，此法施工速度快，但难以保证孔径匀称，质量较差。砂井的用砂，以中粗粒径为宜，含泥量不宜大于3%，灌砂量（按质量计）大于井管外径所形成体积的95%。

排水固结法中除砂井堆载预压外，还有降水预压和真空预压等技术。

6.4.4 挤密法

土基中成孔后，在孔中灌以砂、石、土、灰土或石灰等材料，捣实而成直径较大的桩体，利用横向挤紧作用，使地基土粒彼此靠紧，孔隙减少，而且孔被填满和压紧，形成桩体，桩体具有较高的承载能力，群桩的面积约占松散土加固面积的20%，以致桩和原土组成复合地基，达到加固的目的。

孔中灌砂，形成砂桩，它与上述砂井相比，形式相仿，但作用不同。砂井的作用是排水固结，井径较小而间距较大；砂桩的作用是将地基土挤紧，井径较大，而间距宜小。砂井适用于湿软土层，而砂桩适用于处理松砂、杂填土和黏粒含量不大的普通黏性土，亦可有效地防止砂土基底的振动液化。饱和软黏土的渗透性较小、灵敏度较大，夯击过程中土内产生的超孔隙压力不易迅速扩散，砂桩的挤密效果较差，甚至能破坏地基土的天然结构。挤密桩法示意如图6.11所示。

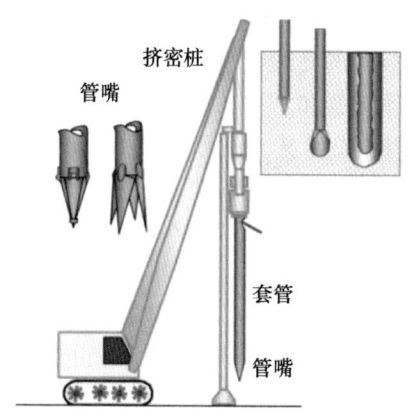

图6.11 挤密桩法示意

在孔内填充石灰制成灰桩，用于挤密软土地层，是近年来在国外广泛应用的一种新方法。石灰桩主要作用是挤密，而生石灰的吸水、膨胀、发热及离子交换作用，使桩体硬化，改善了原地基土的性质，此外还可减小因周围土的蠕变所引起的侧向位移。利用石灰桩加固软土地基，关键在于石灰桩在地下水中能否结硬。试验表明，水中含有酸根是石灰桩结硬的基本条件。由于石灰桩在水下结硬的速度远比在空气中慢得多，所以将石灰和水就地拌和，增加石灰与外界的接触，结构条件比纯石灰桩好得多，可提高桩的早期强度。石灰桩吸水膨胀和对土体的挤压作用，是石灰桩加固地基的特殊功能。石灰桩施工的基本要求：一是生石灰必须密封贮存，最好选用新鲜块灰；二是灰块必须粉碎至一定要求。

砂桩和石灰桩的布置与尺寸，需通过设计计算而定，一般桩径20～30cm，桩的间距约为桩径的3.5倍，可在平面上按梅花形布置，考虑桩的长度、加固土层厚度及加固要求等因素，有关桩孔的施工方法有冲击和振动力等法，在湿陷性黄土中还可用爆扩成孔法，即先钻孔，孔直径约10cm，孔内每隔50cm设置炸药筒，引爆扩孔挤压，再灌以黄土或灰土，分层捣实，可以消除黄土的湿陷性。

20世纪30年代在国外开始采用振动水冲法加固松砂地基，50年代开始用于加固软黏土地基；我国于20世纪70年代后期也开始引进，用以提高地基承载力，减少地基沉降和差异沉降，提高抗地震液化能力，均取得满意效果。

振冲法是以起重机吊起振冲器，电动振冲器产生高频振动，水泵喷射高压水流，在振动和高压水的联合作用下，振冲器沉入土中预定深度，经过清孔用循环水带出孔中稠泥浆，向孔中逐段添加填料，予以振动挤密，在地基土中形成振冲桩。振冲器的起重能力为10～15t，水压力宜大于500kPa，供水量大于20m^3/h，加料量的供应能力不小于0.4m^3/min。

6.4.5 化学加固法

利用化学溶液或胶结剂，采用压力灌注或搅拌混合等措施，使土颗粒胶结起来，达到对土基加固的目的，称为化学加固法，又称胶结法。此法加固效果取决于土的性质和所用化学剂，亦与施工工艺有关。

目前化学溶液主要有：①以水玻璃溶液为主的浆液，其配方较多，常用的是水玻璃浆液和氯化钙浆液配合使用，价格昂贵，使用受到限制；②以丙烯酸铵为主的浆液，我国研制的丙强是其中一种，加固效果较好，因价高难以广泛采用；③水泥浆液，是由高标号的硅酸盐水泥，配以速凝剂而组成的浆液；④以纸浆溶液为主的浆液，如重铬酸盐木质素和木铵，加固效果好，但有毒性，且易污染地下水。以上四类，目前水泥浆液使用较多。未来化学溶液的发展方向，在于研制高效、无毒、易渗的新型材料。

化学加固的施工工艺有注浆法、旋喷法和深层搅拌法。注浆法（灌浆）是利用机械压力将浆液通过注入管，均匀注入地层，浆液以填充和渗透方式，排挤土粒间或石隙中的水分和空气，占据其位置，一定时间后，浆液凝固，可使原土层或缝隙固结成整体，如图6.12所示。其用途甚广，在路基中除用于防护坡面和堤岸外，亦可用于加固土基和整治滑坡等病害，用于加固流砂或流石地基时，可以提高强度和不透水性，并改善地下工程的开挖条件等。

注浆法所用的浆液，分为无机和有机两种。以水泥为主的浆液为无机类，其料源多、价格较低，但不易灌入孔隙细微的土内，一般常用于砂卵石及岩石有较大裂隙的地质条件中。水泥浆的水灰比，一般为0.8～1.0。为了改善浆液性能，可加掺外加剂。如需速凝，可加水玻璃或氯化钙等；如需缓凝，可加岩粉或木质亚酸等。化学浆液的种类很多，以水玻璃和纸浆废液为主剂。水泥及化学浆液均属无机化学材料，其共同特点是速凝（仅需几分钟）、强度高（水泥浆液 28d 试验样品的抗压强度达 7.0MPa 以上）、固结率高、可灌性好，但抗折强度低（抗折强度 0.14MPa 左右）、适宜于潮湿条件或水中（暴露空气中会龟裂剥落）、不耐冻、难注入细缝隙内。此外，木铵、丙烯酰胺及碱液等其他化学浆液，也各自适用于特定工程条件。

图 6.12　化学加固法示意

旋喷法是在注浆法基础上发展起来的一项新技术，又称为化学搅拌成型法。旋喷法是用钻机钻孔至设计深度，用高脉冲泵通过安装在钻杆下端的特殊喷射装置，向土中喷射化学浆液，在喷浆的同时，钻杆以一定速度旋转并逐渐往上提升，高压射流使一定范围内的土体结构破坏，强制破坏的土体与化学浆液混合，胶结硬化后在土层中形成直径较匀称的圆柱体。旋喷的浆液以水泥浆液为主，如果土的渗水性较大或地下水流速较快，为防止浆液流失，需在浆液中添加速凝剂（如三乙醇胺和氯化钙等）。

6.4.6　深层搅拌法

深层搅拌法（Deep Mixing Method，DMM）是利用特制的深层搅拌机械，将水泥、石灰等固化剂与地基深处的软土进行强制搅拌。通过固化剂和软土之间产生的一系列物理化学反应，使软土硬结成具有整体性、水稳定性和一定强度的水泥加固土，从而提高地基的承载力和稳定性。

深层搅拌法适用于加固各种土质地基，如淤泥、淤泥质土、粉土、饱和黄土、素填土、黏性土以及无流动地下水的饱和松散砂土等。然而，对于有机物含量大的土、硫酸盐含量大的土以及泥炭土、有机质土、塑性指数大于 25 的黏土、地下水有腐蚀性的地区，其加固效果可能较差，需要通过现场试验确定其适用性。

此外，深层搅拌法作为地下隐蔽施工工程，在施工中不利于质量控制，容易存在搅拌不匀导致桩体强度达不到设计要求的问题。同时，不易控制桩位偏差，搅拌成桩过程中可能因机械加固不牢导致桩体偏位。

深层搅拌法按使用材料的物理状态可分为粉体（俗称粉喷、干喷）和浆体（俗称浆喷、湿喷）深层搅拌两类。其中，粉体材料多用水泥、石灰等，而水利水电工程常用的为以水泥作固化剂的水泥粉体或水泥浆深层搅拌法。此外，按施工机械钻头（搅拌头）的多少，还可分为单头、双头和多头深层搅拌。

深层搅拌法的施工步骤如图 6.13 所示，主要包括以下几个阶段。

① 准备阶段：定位并进行现场整平，确保施工区域平整无障碍物。

② 钻进阶段：启动深层搅拌机械，进行预搅下沉。在钻进过程中，为防止喷射口堵塞，应适当喷浆，同时减小负载扭矩。

③ 喷浆搅拌阶段：搅拌机向下钻进过程中，连续喷入水泥浆液。到达设计桩长位置时，原地搅拌一段时间（如1min），然后匀速提升，避免底部搅拌不匀。

④ 重复搅拌阶段：提升喷浆搅拌后，再重复搅拌，以确保固化剂和软土充分混合。待钻头提升至桩顶一定高度（如30cm）时，停止喷浆。

⑤ 成桩阶段：完成一根搅拌桩的施工后，接着进行另一根桩体的施工，直至所有桩体完成。

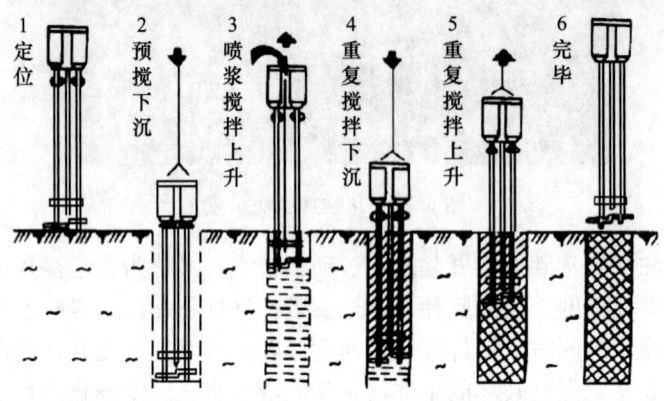

图 6.13　深层搅拌法示意

6.4.7　真空预压法

真空预压法，也称为真空预压排水固结法，是在需要加固的软土地基中插入竖向排水通道（如砂井、袋装砂井或塑料排水板等），然后在地面铺设一层砂垫层，再在其上覆盖一层不透气的薄膜。通过砂垫层内埋设的吸水管道，使用真空泵或其他真空手段抽真空，使其形成膜下负压，增加地基的有效应力。在负压的作用下，地基中的孔隙水不断由排水通道排出，从而使土体固结，达到加固地基的目的。真空预压法示意如图 6.14 所示。

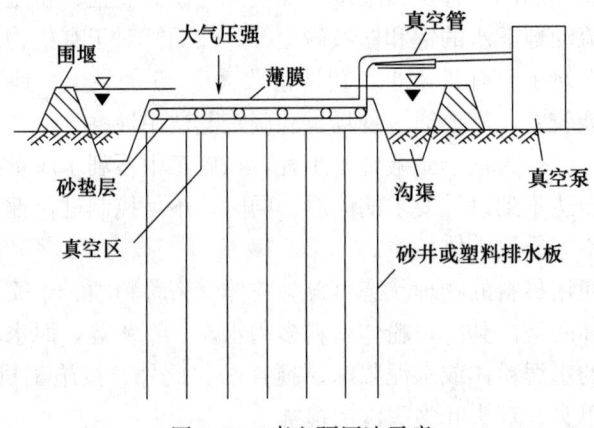

图 6.14　真空预压法示意

真空预压法具有以下几个技术特点。
① 节省材料：由于不需要大量的堆载材料，因此可以节省材料成本。
② 固结快：在负压作用下，地基中的孔隙水迅速排出，土体固结速度较快。
③ 工期短：相较于其他加固方法，真空预压法的工期较短，有利于加快工程进度。
④ 施工简洁：施工工艺相对简单，易于操作和管理。
⑤ 适用范围广：适用于处理大面积、含水量高的软土地基，如港口、机场、码头、市政工程建设、填海造地等。

真空预压法的施工步骤主要包括以下几个阶段。
① 测量放线：确定加固区域的范围和边界。
② 铺设主支滤（排）水管：在加固区域内铺设主滤水管和支滤水管，形成排水系统。
③ 铺设上层砂垫层：在排水管上铺设一层砂垫层，用于均匀分布荷载和排水。
④ 砂面整平：对砂垫层进行整平处理，确保表面平整。
⑤ 铺设聚氯乙烯薄膜：在砂垫层上铺设一层不透气的聚氯乙烯薄膜，用于形成密封空间。
⑥ 施工密封沟：在薄膜周边挖设密封沟，并用黏土等密封材料将薄膜端部埋入沟内，确保密封性。
⑦ 设置测量标志：在加固区域内设置测量标志，用于监测地基的变形和沉降。
⑧ 安装真空泵：将真空泵与主管连接，并开启真空泵进行抽气、抽水。
⑨ 抽真空预压固结土层：持续抽真空，使地基中的孔隙水不断排出，土体逐渐固结。

在真空预压过程中，应进行严格的监测和验收工作。监测内容包括膜下真空度、孔隙水压力、表面沉降、深层沉降及水平位移等预压参数。膜下真空度应每隔一定时间（如4h）测量一次，表面沉降应每2d测量一次。当连续五昼夜实测地面沉降小于0.5mm/d，地基固结度已达到设计要求的80%时，经验收即可终止抽真空。停泵卸荷后24h，应测量地表回弹值。

6.4.8 列表比选

在简单介绍了湿软地基处理中较有代表性的七种方法后，为了更好地理解和对比这些地基处理工法的实际应用效果，下面将通过列表形式对它们的适用条件、优缺点及施工工艺深化说明进行比选，见表6.5。

表 6.5 地基处理工法列表比选

工法名称	适用条件	优点	缺点	施工工艺深化说明
换填土层法	湿软土层、暗穴处理	提高承载力，减少沉降	施工量大，材料需求多	（1）在挖除湿软土层时，应确保挖除深度达到设计要求。 （2）换填材料应均匀铺设，并逐层压实，以达到规定的密实度
重锤夯实法	稍湿的一般黏性土、砂土等	提高地基表层土强度	噪声大，振动影响	（1）在夯实前，应对土基进行含水量控制，确保土基处于最佳含水量状态。 （2）在夯实过程中，应控制夯实遍数和沉降量，确保达到设计要求的夯实效果

续表

工法名称	适用条件	优点	缺点	施工工艺深化说明
排水固结法	饱和软土、沼泽土等	提高抗剪强度，减少沉降	预压时间长	（1）排水通道（如砂井）的设置应均匀、密集，以确保排水效果。 （2）堆载预压时，应控制加载速度和加载量，避免地基发生过大变形
挤密法	松砂、杂填土、普通黏性土	形成复合地基，提高承载力	挤密效果受土质影响	（1）沉管法施工时，应确保沉管的垂直度和沉入深度，避免偏斜和未达到设计深度。爆扩法则需控制炸药量和爆炸时机，以达到预期的挤密效果。 （2）填料应均匀、逐层填入，每层夯实后需检查密实度，确保达到设计要求。在夯实过程中，应控制夯实能量和遍数，避免对周围土体造成过大扰动
化学加固法	各种土质，特别是细粒土	加固效果显著，适应性强	成本高，可能污染环境	（1）浆液的配制需严格控制配比和搅拌时间，确保浆液性能稳定、质量可靠。 （2）注浆时应控制注浆压力和注浆速度，避免对周围土体造成过大压力或浆液流失。注浆过程中需持续监测注浆压力和浆液流量，及时调整注浆参数
深层搅拌法	淤泥、淤泥质土、粉土等	提高地基承载力和稳定性	质量控制难，可能搅拌不均	（1）在搅拌过程中，应确保搅拌机械的稳定性和搅拌头的均匀旋转。 （2）固化剂的掺入量应严格控制，以确保搅拌后的土体达到规定的强度和稳定性
真空预压法	需要加固的软土地基	加固速度快，效果显著	需要专业设备和监测	（1）在铺设砂垫层和薄膜时，应确保砂垫层的平整度和薄膜的密封性。 （2）在抽真空过程中，应持续监测膜下真空度和地基沉降情况，以确保加固效果

6.5 新型加固材料

6.5.1 固化土路基和固化土路堤

固化土技术是一种通过添加固化剂（如水泥、石灰、粉煤灰等）或利用微生物等方法，将松散的土壤或淤泥转化为具有较高强度和稳定性的固态材料的技术。固化土路基和固化土路堤利用这一技术，通过混合固化剂和土壤，形成具有高强度、高稳定性和耐久性的路基材料。

固化土技术的核心在于通过固化剂与土壤颗粒发生物理化学反应，形成稳定的土体结构。常见的固化剂包括水泥、石灰、粉煤灰、硅酸盐类等，它们通过水化反应生成稳定的矿物相，从而提高土壤的抗压强度、水稳定性和抗渗性。此外，微生物固化技术（如MICP技术，MICP即Microbially Induced Carbonate Precipitation，微生物诱导碳酸钙沉淀）通过微生物代谢产物（如碳酸钙沉淀）改善土壤力学性能，是一种更环保且施工扰动小的方法。

固化土路基是指将原土与固化剂按一定比例混合后，通过摊铺、碾压成型的路基结构。其主要材料包括原土、水泥、粉煤灰、石灰等固化剂，以及必要时添加的其他掺合料（如工业废渣）。

固化土路堤是利用固化剂对软土地基进行加固后形成的路堤结构。其填料通常为宕渣（土石混合料），并掺入适量的固化剂（如石灰、水泥）以提高路堤的强度和稳定性。

两者的主要区别如下。

（1）材料组成

固化土路基主要以原土为主，掺入少量固化剂；而固化土路堤则以宕渣或工业废渣为主要填料，掺入一定比例的固化剂。

（2）施工工艺

固化土路基通常采用集中拌和后直接碾压成型；固化土路堤则需要分层填筑，并进行多次压实操作，以确保路堤的整体稳定性。

（3）应用场景

固化土路基常用于高速公路等新建工程；固化土路堤则更适用于软土地基加固、高填方路堤等特殊工程。

（4）性能特点

固化土路基具有较高的整体强度和刚度，适用于低填方或中填方工程；固化土路堤则更注重水稳性和抗变形能力，适用于高填方或软土地基工程。

6.5.2　新型加筋土材料

加筋土技术是一种通过在土体中加入抗拉材料（如土工合成材料、金属筋材等）来增强土体稳定性的方法。其基本原理是利用土与筋材之间的摩擦力和咬合力，提高土体的抗拉强度、抗剪强度和整体稳定性，从而改善土体的工程性质。新型加筋土材料和技术在路基加固中得到了广泛应用。

加筋土技术的核心在于利用土与筋材之间的摩擦力和咬合力，形成一个稳定的复合结构。具体来说包括以下原理。

① 摩擦加筋原理：通过筋材与土颗粒之间的摩擦力，限制土体的侧向位移，提高土体的抗剪强度。

② 准黏聚力原理：筋材与土体之间形成类似黏聚力的作用，使土体具有更好的整体性。

在公路路基工程中，目前最新的新型加筋土材料主要包括以下几种。

（1）三向土工格栅

三向土工格栅是一种新型加筋材料，其三维结构设计能够显著提升路基的稳定性。这种材料通过嵌入土层或铺设于路面下方，可以有效防止土壤滑移和裂缝形成，同时提高基础承载力，是绿色建筑理念的重要体现。

（2）玻纤聚酯土工格栅

玻纤聚酯土工格栅结合了玻纤的高强度和聚酯的耐久性，具有高稳定性、耐高温和抗腐蚀性能。它能够有效分散重荷载，增强沥青路面的结构稳定性和使用寿命。

（3）高强钢塑格栅

高强钢塑格栅以其优异的抗剪强度和承载能力，在地基与路基加固中展现出显著优势。这种材料能够有效降低沉降风险,并提升路面的耐久性和抗疲劳性能。

(4) 高强加筋土工布

高强加筋土工布由高强度聚酯或聚丙烯纤维制成,具有极高的抗拉强度和抗刺破能力。它被广泛应用于路基垫层中,能够显著改善路基的变形控制能力和整体稳定性。

(5) 聚孚树脂加筋层

聚孚树脂加筋层是一种由聚酯浸油加筋布和树脂构成的新型材料,具有良好的黏合力和耐候性。它能够有效缓解路面应力,延长使用寿命,并提高抗水、紫外线和温度变化的能力。

(6) 单向拉伸高密度聚乙烯（High Density Polyethylene，HDPE）土工格栅

单向拉伸 HDPE 土工格栅以其高断裂强度和低蠕变率著称,能够显著提高边坡的整体稳定性和抗剪强度。这种材料在边坡加固中表现出广阔的应用前景。

(7) 复合材料加筋

复合材料加筋结合了多种材料的优点,如良好的导水能力和加筋效果。研究表明,复合材料加筋可以显著减小路堤沉降量,并有效阻止滑移式塌方。

(8) 支盘桩

支盘桩是一种新型桩型,通过单块顶板实现对软基的加固。其特点是任意位置成盘、单桩承载力大,适用于高速公路改扩建中的深层软土加固。

6.5.3 新型排水垫层

排水垫层是一种设置在路基底部或边坡下方的排水设施,用于排除路基中的积水和地下水,降低路基的含水量,提高路基的稳定性和承载能力。新型排水垫层通常由透水性材料（如砂、碎石或复合材料）构成,其主要功能包括以下几种。

① 排水固结:通过排水垫层加速软土的固结过程,减少后期沉降,提高路基稳定性。

② 反滤与防渗:防止细粒土进入排水通道,同时阻止地下水或滞水进入路基结构。

③ 改善水温状况:调节路基的水温,防止冻胀和湿陷性问题。

新型排水垫层的材料选择至关重要,常见的材料包括以下几种。

① 砂砾垫层:适用于轻交通量的二级及以下公路,厚度一般为 0.4～0.6m,粒径不大于 2cm。

② 碎石垫层:适用于重交通量的一级及以上公路,厚度通常为 0.6～1.0m。

③ 复合排水垫层:结合透水层、排水层和隔水层,通过热黏结工艺制成,具有更高的抗变形能力和施工便捷性。

新型排水垫层相较于传统材料具有以下优势。

① 高效排水能力:新型排水垫层的排水能力显著优于传统碎石层。例如,6mm 厚的新型排水垫层在相同条件下可排水约 800mL,而 50cm 厚的碎石层仅能排水约 500mL。

② 经济性与环保性:新型排水垫层施工简便、造价较低,同时减少了对环境的影响。

③ 适应性强:适用于软土地基、高地下水位地区以及冻胀严重的区域。

目前，新型排水垫层已在许多公路工程中得到成功应用。比如在高速公路软基处理中，通过砂垫层＋塑料排水板＋土工布的组合技术，可显著提高路基的抗沉降能力。未来，随着技术的进一步发展，新型排水垫层将在更多复杂地质条件下发挥重要作用。

6.6 路基防护与加固设计案例

6.6.1 项目概况

某高速公路全线采用设计速度120km/h，路基宽26.5m的四车道高速公路标准建设。项目路线全长141.441km，其中建设里程114.973km，完全利用段26.468km。全线拟建大桥40座，总长12595m；中桥31座，总长2437m；桥梁总长15032m，占路线（建设进程）的13.07%；拟建短隧道2座（双洞），总长580m，占路线（建设里程）的0.50%，桥梁和隧道占路线的13.58%；全线拟建14处互通式立交，其中7处为枢纽互通式立交，7处为一般服务型互通式立交，立交连接线4.00km（路基宽10m），主线新增占地914.67hm²，立交连接线新增占地8.93hm²。

6.6.2 路基防护与加固设计

1. 路基防护加固设计基本原则

根据沿线调查和地质资料，路线所经地区地貌类型主要以丘陵、平原为主，为确保路基、路堑边坡稳定，保证行车安全，同时改善变化后的地形景观，需对边坡进行防护。为体现自然生态，在防护设计中，路基防护型式在满足安全的前提下尽量采用植物防护，突出植被护坡绿化的效果。路基边坡绿化应体现自然美，尽量减少人工痕迹。路基边坡的防护型式根据本区域的气候、水文、地形、地质条件、环境保护和美化绿化等方面综合考虑，确定以下几项基本原则。

① 防护材料可根据情况采用预制构件，减少人工环节，保证工程质量。
② 填方边坡的防护应与路面排水一并考虑设计。
③ 对于稳定的和较稳定的挖方边坡，原则上选用生物防护和柔性防护。
④ 对于坡面欠稳定的挖方边坡，原则上选用刚性结合生物防护的形式，或柔性结合生物防护的形式。如主动防护网、护面墙、骨架护坡等防护形式。
⑤ 对于不稳定的挖方边坡，应进行特殊的勘察设计。原则上采用加强排水、放缓边坡和加宽平台的处理措施。当地形、占地受限或出现弃方较多时，可考虑选用刚性防护，如路堑墙、桩板墙、抗滑桩等防护形式；刚柔结合生物防护，如锚杆框架梁、锚索框架梁等防护形式。也可采用其组合防护形式。

2. 一般填方路基边坡防护加固

(1) 喷播植草灌防护

土质及土石混填路基高度 $H \leq 5m$ 的边坡采用喷播植草灌防护。

(2) 土工格室喷播植草防护

土质填路基高度 $20m > H > 5m$ 的边坡土工格室喷播植草防护。

(3) C25 混凝土预制块拱形骨架内植草防护

土质及土石混填路基高度 $H>20m$ 的边坡最上面两级采用土工格室喷播植草防护，从第三级开始采用 C25 混凝土预制块拱形骨架内植草防护。

(4) C20 混凝土护坡

当路堤通过较大的鱼塘、水库路段且对路基有冲刷时，边坡采用 C20 混凝土护坡，冲刷防护工程顶面高程，应为设计水位加上波浪侵袭、壅水高度及安全高度之和。

(5) 挡土墙

沿线的陡坡路堤路段，受地形、地物限制段，以及沿河段，为了增强路基稳定，收缩坡脚，根据填方边坡高度及地质、地层情况设置衡重式（路堤、路肩）挡土墙、重力式仰斜（路肩、路堤）挡土墙。路肩挡土墙墙顶均设置了钢筋混凝土防撞护栏。对于填方穿过水稻田地区，路堤为 1 级边坡时，排水沟外缘顶高于地面 0.2m；当路堤为 2 级边坡时，坡脚设置水稻田矮挡墙收坡，防止路基坡脚受水浸泡。

(6) 草灌混合防护

互通立交主线、匝道内侧边坡与人造地形相融合，以草灌混合防护为主，突出景观设计。

(7) C25 预制空心六棱块护坡与 C20 片石混凝土满铺防护

桥头路基 15 米范围内及一般路段填方锥坡区域，通常采用 C25 预制空心六棱块进行护坡防护；当挡墙面临水流冲刷风险时，锥坡防护应升级为 C20 片石混凝土满铺结构，以增强抗冲刷能力。

3. 挖方路基边坡防护加固

挖方路基边坡防护的作用和目的有两个：一是控制边坡表层的风化速率；二是防止地表雨水冲刷，对于土质边坡，在连续降雨或暴雨条件下，边坡往往会产生冲沟、冲槽、流土及留泥等病害。为了防止坡面受雨水冲刷并兼顾美观，一般采用植物防护，如植树、植草，形成一个隔离坡面的防护层，以减少雨水下渗和缓冲径流条件而保护坡面。也可采用分割受水面积、减缓雨水流速和及时引排的措施，如各种类型的骨架、框架等。对硬质岩边坡，加固防护以美观、防止掉块为主，对软质岩边坡，加固防护以美观、防风化剥落为主。具体防护设计如下。

(1) 喷播植草防护

适用于边坡坡率不陡于 1：1.25，防护高度小于 5m 的土质及全风化岩石边坡防护。

(2) 拱形骨架内植草防护

适用于边坡坡率不陡于 1：1，防护高度大于 5m 的土质及强～全风化岩石边坡防护。

(3) 三维植被网防护

适用于边坡坡率不陡于 1：1 的土夹石及强～全风化岩石边坡防护。

(4) 厚层基材喷播植草防护

适用于边坡坡率缓于 1：0.75，需要植被绿化而采用常规植被护坡方法无法达到预期目标的岩质边坡防护。

(5) 格梁锚杆

适用于土质边坡和坡体中无不良结构面、风化破碎的岩石边坡。坡率一般不宜陡于 1：0.5。

(6）预应力锚索（格梁）

适用于边坡深层加固，主要针对边坡存在深层潜在滑动面的土质边坡或岩石边坡，坡率一般不宜陡于1∶0.2，视地质条件及施工条件，坡面形式分别采用框架梁、纵格梁或单锚墩等。

(7）抗滑桩

适用于边坡易出现失稳，且下滑力较大的边坡（预）加固、边坡堑顶存在重要构造物的边坡加固以及滑坡处置等。本方案亦可配合预应力锚索、预制挡板等方案综合使用。

(8）挖方碎落台

挖方碎落台统一采用植草绿化。

7 路基支挡防护设计

7.1 路基支挡结构

为了满足公路线形和路基稳定性的要求，在地形起伏较大的丘陵及山岭地区修建公路将会用到大量的支挡结构。支挡结构的整体稳定性和局部稳定性分析与设计是支挡结构形式优选和设计的关键。它不仅与断面结构设计有关，还与填料类型、排水方式、地基条件等有关。下面主要介绍路基支挡结构的用途、类型和适用范围。

7.1.1 支挡结构的用途

为保证边坡稳定与安全，需对边坡采取支挡、加固与防护措施，即形成支挡结构。支挡结构包括挡土墙、抗滑桩、预应力锚索等支撑和锚固结构。目前，支挡结构不仅被广泛应用于公路、铁路、城市建设，同时还被应用于水坝建设、河床整治、港口工程、水土保持、山地规划、山体滑坡及泥石流防治等领域。随着人们对环境景观等方面要求的日益提高，支挡结构除发挥其保持土体结构稳定的基本功能外，在景观美化等方面的应用也日渐广泛。

在路基工程中，支挡结构可用于稳定路基和路堑边坡，减少土石方工程量和占地面积，防止水流冲刷路基，并经常用于整治塌方、滑坡等路基病害。支挡结构的采用一定要根据工程需要而设，在遇到下列路基情况时可考虑修建：

① 陡坡路堑边坡薄层开挖、路堤边坡薄层填方地段，或为加强路堤本体稳定地段。
② 为避免大量挖方、降低高边坡或加强边坡稳定性的路堑地段。
③ 不良地质条件下，为加固地基、边坡、山体、危岩或拦挡落石地段。
④ 水流冲刷影响路堤稳定的沿河、滨海路堤地段。
⑤ 为节约用地、少占农田或为保护重要的既有建筑物地段。
⑥ 其他特殊情况的需要，如环境景观等方面的要求等。

7.1.2 支挡结构的类型与适用范围

支挡结构的类型有很多，在路基工程中，一般可按设置位置、结构材料和结构形式与作用机理划分。

按支挡结构的设置位置不同，分为填筑路基支挡结构和路堑支挡结构。各类圬工挡土墙与钢筋混凝土悬臂式、扶壁式挡土墙主要适用于路堤，这些结构利用自重或地基反力抵抗土压力，适用于石料缺乏或地基承载力较低的区域；而锚拉结构与抗滑桩类则主要适用于路堑，特别是陡坡或滑坡地段，这些结构通过锚索或桩体提供拉力，增强边坡稳定性。

按结构材料不同,支挡结构分为砌石挡土墙、混凝土挡土墙、钢筋混凝土挡土墙、砖砌挡土墙、木质挡土墙和钢板墙等。

按结构形式与作用机理不同,支挡结构可分为重力式挡土墙、悬臂式挡土墙、扶壁式挡土墙、锚杆式挡土墙、土钉墙、预应力锚杆、抗滑桩等。各类支挡结构的特点及其适用条件,见表 7.1。

表 7.1 各类支挡结构的特点及适用条件

名称	特点及适用条件
重力式挡土墙	(1) 依靠墙身自重承受土侧压力。一般用浆砌片石砌筑或混凝土(片石混凝土)浇筑。 (2) 形式简单,取材容易,施工简便。 (3) 适用于一般地区、浸水地区、地震地区的边坡支挡工程,当地基承载力较低或地质条件较复杂时应适当控制墙高
衡重式挡土墙	(1) 利用衡重台上的填土重力及墙体自重共同抵抗土压力以增加墙身的稳定性。 (2) 由于墙胸制坡陡,下墙身仰斜,在陡坡地区可降低墙高,减少基坑开挖面积。 (3) 主要用于地面横坡较陡的路肩墙和路堤墙,也可用于拦挡落石的路堑墙
混凝土半重力式挡土墙	(1) 在墙背设少量钢筋,并将墙趾展宽(保证基底必要的宽度),以减薄墙身,节省圬工。 (2) 一般适用于低墙
悬臂式挡土墙	(1) 采用钢筋混凝土材料,由立壁、墙趾板、墙踵板三部分组成,墙的断面尺寸较小。墙较高时立壁下部的弯矩较大。 (2) 适用于石料缺乏地区及挡土墙高度不大于 7m 的情况
扶壁式挡土墙	(1) 当悬臂式挡土墙的立壁较高时,沿墙长方向每隔一定距离加一道扶壁,把墙面板和墙踵板连接起来,以减小立壁下部的弯矩。 (2) 扶壁式挡土墙宜在石料缺乏、地基承载力较低的地段使用。装配式的扶壁式挡土墙不宜在不良地质地段或设计地震动峰值加速度为 0.2g(原八度)及以上地区采用。 (3) 墙高不宜大于 10m
锚杆式挡土墙	(1) 由钢筋混凝土肋柱、挡板和锚杆组成,靠锚杆拉力维持稳定。肋柱、挡板可预制。 (2) 适用于一般地区岩质或土质边坡加固工程。 (3) 可采用单级或多级,在多级墙的上、下级之间应设平台,每级墙高不宜大于 8m,总高度宜控制在 18m 以内
拱式挡土墙	(1) 由拱板、立柱组成,必要时可设锚杆拉住立柱。拱板可预制。 (2) 常用于路肩墙
锚定板式挡土墙	(1) 由钢筋混凝土墙面板和锚杆及锚定板共同组成。靠固定在稳定区的锚定板提供的抗拔力维持墙体的稳定。 (2) 适用于一般地区墙高不大于 10m 的路肩墙或路堤墙,设计时可采用单级或双级;在双级墙的上、下级之间应设平台
桩板式挡土墙	(1) 由桩柱和挡板组成。桩柱插入土体中,通过桩身抗弯能力以及桩土相互作用来抵抗墙后主动压力,维持挡土墙的稳定。 (2) 可用于一般地区、浸水地区和地震区的路堑和路堤支挡,也可用于滑坡等特殊路基的支持工程。 (3) 桩的自由臂长度不宜大于 15m,桩间距宜为 5~8m;当桩的地面以上长度较大或桩侧土压力较大时,可在桩上部加设锚索(杆)组成预应力锚索(杆)桩
垛式挡土墙	(1) 用钢筋混凝土预制杆件,纵横交错装配成框架,内填土石,以抵挡土压力。 (2) 适用于缺乏石料地区的路肩墙或路堤墙

续表

名称	特点及适用条件
加筋土挡土墙	(1) 由面板、拉筋和填料三部分组成，依靠拉筋与填料之间的摩擦力抵抗侧向土压力，面板可预制。 (2) 柔性结构，对地基承载力的要求不高，能适应地基轻微的变形；适用于缺乏石料地区及在较软弱地基上修筑路肩墙与路堤墙
竖向预应力锚索挡土墙	(1) 锚杆竖向锚固在地基中，并砌筑于墙身内，最后张拉锚杆，利用锚杆的弹性回缩对墙身施加预应力来提高挡土墙的稳定性。 (2) 适用于岩质地基，多用于抗滑挡土墙
土钉墙	(1) 一般由土钉及墙面系（钢筋网和喷射混凝土构成的面层装）组成，靠土钉拉力维持边坡的稳定。 (2) 可用于一般地区及破碎软弱岩质边坡加固工程；在腐蚀性地层、膨胀土地段及地下水较发育或边坡土质较松散时，不宜采用土钉墙。 (3) 土质边坡土钉墙总高度不应大于10m，岩质边坡土钉墙总高度不应大于18m，单级土钉墙高度宜控制在10m以内
预应力锚杆	(1) 由锚头、锚杆体、锚固段、垫板几个部分组成，根据具体的应用场景，可能还包括止浆塞、螺母、塑料管、铅丝等其他附件。 (2) 具有高承载能力和良好的抗震性能，施工简便且地层适应性强，能有效抵抗地下水侵蚀，且抗拔承载力可通过张拉工序准确检验。 (3) 适用于多数的地层条件，且有数种类型，在路堑边坡支护中展现出良好的控制变形能力，特别适用于开挖深度较大、边坡稳定性要求高的场合，然而，对于极低强度残积土或严重风化岩等特定地质条件，需谨慎评估其适用性
抗滑桩	(1) 主要包括桩体、桩帽、钢筋骨架与混凝土灌注等关键组件。 (2) 以其卓越的抗滑稳定性和耐久性著称，施工灵活多变，能适应多种地形条件，有效抵抗滑坡带来的水平推力，并通过精密的设计计算确保足够的承载能力。 (3) 广泛应用于地质条件复杂、滑坡风险高的边坡治理中，如土质疏松、岩层破碎或地下水丰富的地区，尤其适用于山区公路、水库大坝及重要基础设施的边坡加固工程，但要求施工地点具备相对稳定的作业面，并配备专业的施工队伍和技术装备

路基工程中，各类支挡结构的建造费用较高，故路基设计时，应与其他可能的工程方案进行经济比较，择优选定。支挡结构的类型应根据与所支挡土体的稳定平衡条件，考虑荷载的大小和方向、地形、地质状况、冲刷深度、基础的埋置深度、基底的承载力设计值和不均匀沉降、可能的地震作用、与其他构造物的衔接、墙面的外观美感、施工难易、造价高低、环境特点等因素综合比较确定。

因篇幅关系，下面仅对挡土墙和锚杆的设计进行重点介绍。

7.2 挡土墙设计

路基在遇到下列情况时可考虑修建挡土墙：路基位于陡坡地段或岩石风化的路堑边缘地段；为避免大量挖方及降低边坡高度的路堑地段；可能产生塌方、滑坡的不良地质路段；水流冲刷严重或长期受水浸泡的沿河路基地段；为节约用地、减少拆迁或少占农田的地段；为保护重要建筑物、生态环境或其他特殊需要的地段。

7.2.1 挡土墙的布置

挡土墙的布置，通常在路基横断面图和墙趾纵断面图上进行。布置前，应现场核对路基横断面图,不足时应补测;测绘墙趾处的纵断面图,收集墙趾处的地质和水文等资料。

1. 挡土墙位置的选定

路堑挡土墙大多数设在边沟旁。山坡挡土墙应考虑设在基础可靠处,墙的高度应保证墙后墙顶以上边坡的稳定。

当路肩墙与路堤墙的墙高或截面圬工数量相近、基础情况相似时,应优先选用路肩墙,按路基宽布置挡土墙位置,因为路肩挡土墙可充分收缩坡脚,大量减少填方和占地。若路堤墙的高度或圬工数量比路肩墙显著降低,而且基础可靠时,宜选用路堤墙,并进行经济比较后确定墙的位置。

沿河路堤设置挡土墙时,应结合河流情况来布置,注意设墙后仍保持水流顺畅,不致挤压河道而引起局部冲刷。

2. 挡土墙的纵向布置

挡土墙纵向布置在墙趾纵断面图上,布置后绘成挡土墙正面图。

布置的内容如下。

① 确定挡土墙的起讫点和墙长,选择挡土墙与路基或其他结构物的衔接方式。

路肩挡土墙端部可嵌入石质路堑中,或采用锥坡与路堤衔接,与桥台连接时,为了防止墙后回填土从桥台尾端与挡墙连接处的空隙中溜出,需在台尾与挡土墙之间设置隔墙及接头墙。

路堑挡土墙在隧道洞口应结合隧道洞门、翼墙的设置做到平顺衔接;与路堑边坡衔接时,一般将墙高逐渐降低至2m以下,使边坡坡脚不致伸入边沟内,有时也可与横向端墙连接。

② 按地基及地形情况进行分段,确定伸缩缝与沉降缝的位置。

③ 布置各段挡土墙的基础。墙趾地面有纵坡时,挡土墙的基底宜做成不大于5%的纵坡。但地基为岩石时,为减少开挖,可沿纵向做成台阶。台阶尺寸视纵坡大小而定,但其高宽比不宜大于1:2。

④ 布置泄水孔的位置,包括数量、间隔和尺寸等。

在布置图上注明各特征点的桩号以及墙顶、基础顶面、基底、冲刷线、冰冻线、常水位线或设计洪水位的标高等。

3. 挡土墙的横向布置

横向布置,选择在墙高最大处、墙身断面或基础形式有变异处以及其他必须桩号处的横断面图上进行。根据墙型、墙高及地基与填料的物理力学指标等设计资料,进行挡土墙设计或套用标准图,确定墙身断面、基础形式和埋置深度,布置排水设施等,并绘制挡土墙横断面图。

4. 平面布置

对于个别复杂的挡土墙,如高、长的沿河曲线挡土墙,应进行平面布置并绘制平面图,标明挡土墙与路线的平面位置及附近地貌与地物等情况,特别是与挡土墙有干扰的建筑物的情况。沿河挡土墙还应绘出河道及水流方向,防护与加固工程等。

在以上设计图纸中,可标写简要说明。必要时可另编设计说明书,说明选用挡土墙方案的理由、选用挡土墙结构类型和设计参数的依据、对材料和施工的要求、注意事项以及主要工程数量等,如采用标准图,应注明其编号。

7.2.2 挡土墙荷载的计算方法

1. 挡土墙的荷载

施加于挡土墙的荷载按性质划分见表7.2。

表7.2 荷载分类

作用（或荷载）分类		作用（或荷载）名称
永久作用（或荷载）		挡土墙结构重力
		填土（包括基础襟边以上土）重力
		填土侧压力
		墙顶上的有效永久荷载
		墙顶与第二破裂面之间的有效荷载
		计算水位的浮力及静水压力
		预加力
		混凝土收缩及徐变
		基础变位影响力
可变作用（或荷载）	基本可变作用（或荷载）	车辆荷载引起的土侧压力
		人群荷载、人群荷载引起的土侧压力
	其他可变作用（或荷载）	水位退落时的动水压力
		流水压力
		波浪压力
		冻胀压力和冰压力
		温度影响力
	施工荷载	与各类型挡土墙施工有关的临时荷载
偶然作用（或荷载）		地震作用力
		滑坡、泥石流作用力
		作用于墙顶护栏上的车辆碰撞力

设计时应按上述荷载的可能不利组合进行计算。不同组合将相应采用不同的荷载系数和抗力安全系数。

作用在一般地区挡土墙上的力，可只计算永久作用（或荷载）和基本可变作用（或荷载），浸水地区、地震动峰值加速度值为 0.2g 及以上的地区、产生冻胀力的地区等，尚应计算其他可变作用（或荷载）和偶然作用（或荷载），作用（或荷载）组合可按表7.3进行。

表7.3 常用作用（或荷载）组合

组合	作用（或荷载）名称
Ⅰ	挡土墙结构重力、墙顶上的有效永久荷载、填土重力、填土侧压力及其他永久荷载组合
Ⅱ	组合Ⅰ与基本可变荷载相组合
Ⅲ	组合Ⅱ与其他可变荷载、偶然荷载相组合

注：1. 洪水与地震力不同时考虑。
2. 冻胀力、冰压力与流水压力或波浪压力不同时考虑。
3. 车辆荷载与地震力不同时考虑。

挡土墙上受地震力作用时,应符合现行《公路工程抗震规范》(JTG B02—2013)的规定。用于具有明显滑动面的抗滑挡土墙,荷载计算应符合抗滑桩和滑坡地段路基的有关规定。泥石流地段的路基挡土墙,应符合岩堆地段路基的规定。

浸水挡土墙墙背为岩块和粗粒土时,可不计墙身两侧静水压力和墙背动水压力。墙身所受浮力,应根据地基地层的浸水情况按下列原则确定:砂类土、碎石类土和节理很发育的岩石地基,按计算水位的100%计算。岩石地基按计算水位的50%计算。作用在墙背上的主动土压力,可按库仑力计算。应进行墙后填料的土质试验,以确定填料的物理力学指标,当缺乏可靠试验数据时,填料内摩擦角 ϕ 可参照表7.4选用。

表7.4 填料内摩擦角或综合内摩擦角

填料种类		综合内摩擦角 ϕ_0	内摩擦角 ϕ	重度/(kN·m^{-3})
黏性土	墙高 $H \leqslant 6m$	35~40	—	17~18
	墙高 $H > 6m$	30~35		
碎石、不易风化的块石		—	45~50	18~19
大卵石、碎石类土、不易风化的岩石碎块		—	40~45	18~19
小卵石、砾石、粗砂、石屑		—	35~40	18~19
中砂、细砂、砂质土		—	30~35	17~18

注:填料重度可根据实测资料进行适当修正,计算水位以下的填料重度采用浮重度。

挡土墙前的被动土压力可不计算,当基础埋置较深且地层稳定、不受水流冲刷和扰动破坏时,可计入被动土压力,但应按下面表7.5的规定计入作用分项系数。

2. 挡土墙的设计原则

挡土墙设计按"分项安全系数极限状态"法进行。

挡土墙设计分承载力极限状态和正常使用极限状态。承载力极限状态是当挡土墙出现以下任何一种状态,即认为超过了承载力极限状态:①整个挡土墙或挡土墙的一部分作为刚体失去平衡;②挡土墙构件或连接部件因材料强度超过而破坏,或因过度塑性变形而不适于继续承载;③挡土墙结构变为机动体系或局部失去平衡。正常使用极限状态是挡土墙出现下列状态之一时,即认为超过了正常使用极限状态:①影响正常使用或外观变形;②影响正常使用或耐久性的局部破坏(包括裂缝);③影响正常使用的其他特定状态。

荷载应符合下列规定:采用以极限状态设计的分项系数法为主的设计方法。挡土墙构件承载能力极限状态设计采用式(7.1)和式(7.2)。

$$\gamma_0 S \leqslant R \tag{7.1}$$

$$R = R\left(\frac{R_k}{\gamma_f}, \alpha_d\right) \tag{7.2}$$

式中,R 为结构构件抗力的设计值;γ_0 为结构重要性系数,按表7.5的规定采用;S 为作用(或荷载)效应的组合设计值;$R(\cdot)$ 为挡土墙结构抗力函数;R_k 为抗力材料的强度标准值;γ_f 为结构材料、岩土性能的分项系数;α_d 为结构或结构构件几何参数的设计值,当无可靠数据时,可采用几何参数标准值。

表 7.5 结构重要性系数 γ_0

墙高	公路等级	
	高速公路、一级公路	二级及以下公路
≤5.0m	1.0	0.95
>5.0m	1.05	1.0

3. 计算状态及荷载系数

挡土墙按承载能力极限状态设计时，除另有规定外，常用作用（或荷载）分项系数可按表 7.6 的规定采用。

表 7.6 承载能力极限状态作用（或荷载）分项系数

情况	荷载增大对挡土墙结构起有利作用时		荷载增大对挡土墙结构起不利作用时	
组合	Ⅰ，Ⅱ	Ⅲ	Ⅰ，Ⅱ	Ⅲ
垂直恒载 γ_G	0.90		1.20	
恒载或车辆荷载、人群荷载的主动土压力 γ_{Q1}	1.00	0.95	1.40	1.30
被动土压力 γ_{Q2}	0.30		0.50	
水浮力 γ_{Q3}	0.95		1.10	
静水压力 γ_{Q4}	0.95		1.05	
动水压力 γ_{Q5}	0.95		1.20	

7.2.3 挡土墙稳定性验算

（1）抗滑稳定性验算

为保证挡土墙抗滑稳定性，应验算在土压力及其他外力作用下，基底摩阻力抵抗挡土墙滑移的能力，如图 7.1 所示。

挡土墙的滑动稳定方程与抗滑稳定系数按式（7.3）和式（7.4）计算。

① 滑动稳定方程见式（7.3）。

$$[1.1G + \gamma_{Q1}(E_y + E_x \tan\alpha_0) - \gamma_{Q2} E_P \tan\alpha_0]\mu \\ + (1.1G + \gamma_{Q1} E_y)\tan\alpha_0 - \gamma_{Q1} E_x + \gamma_{Q2} E_P > 0 \quad (7.3)$$

式中，E_P 为墙前被动土压力的水平分量，kN，当为浸水挡土墙时，$E_P = 0$；γ_{Q1}，γ_{Q2} 为主动土压力分项系数、墙前被动土压力分项系数，可按表 7.6 的规定采用；μ 为基底与地基间的摩擦系数，当缺乏可靠试验资料时，可按表 7.7 的规定采用。

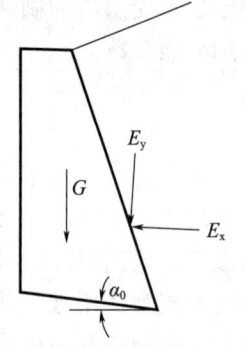

G—作用于基底以上的重力，kN（浸水挡土墙的浸水部分应计入浮力）；E_y—墙后主动土压力的竖向分量，kN；E_x—墙后主动土压力的水平分量，kN；α_0—基底倾斜角，°，基底为水平时，$\alpha_0 = 0$。

图 7.1 挡土墙的抗滑动稳定

表 7.7 基底与基底土间的摩擦系数 μ

地基土的分类	摩擦系数 μ
软塑黏土	0.25
硬塑黏土	0.30

续表

地基土的分类	摩擦系数 μ
砂类土、黏砂土、半干硬的黏土	0.30～0.40
砂类土	0.40
碎石类土	0.50
软质岩石	0.40～0.60
硬质岩石	0.60～0.70

② 抗滑稳定系数 K_c 按式（7.4）计算。

$$K_c = \frac{[N+(E_x-E'_p)\tan\alpha_0]\mu + E'_p}{E_x - N\tan\alpha_0} \quad (7.4)$$

式中，N 为作用于基底上合力的竖向分力，kN，浸水挡土墙应计浸水部分的浮力；E'_p 为墙前被动土压力水平分量的 0.3 倍，kN。

(2) 抗倾覆稳定性验算

为保证挡土墙的抗倾覆稳定性，须验算其抵抗墙身绕墙趾向外转动倾覆的能力，如图 7.2 所示。

墙的倾覆稳定方程与抗倾覆稳定系数按式（7.5）和式（7.6）计算。

① 倾覆稳定方程见式（7.5）。

$$0.8GZ_G + \gamma_{Q1}(E_yZ_x - E_xZ_y) + \gamma_{Q2}E_pZ_p > 0 \quad (7.5)$$

式中，Z_p 为墙前被动土压力的水平分量到墙趾的距离，m。

② 抗倾覆稳定系数 K_0 按式（7.6）计算。

$$K_0 = \frac{GZ_G + E_yZ_x + E'_pZ_p}{E_xZ_y} \quad (7.6)$$

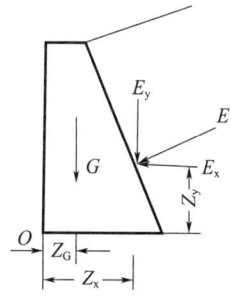

Z_G 为墙身重力、基础重力、基础上填土的重力及作用于墙顶的其他荷载的竖向力合力重心到墙趾的距离，m；Z_x 为墙后主动土压力的竖向分量到墙趾的距离，m；Z_y 为墙后主动土压力的水平分量到墙趾的距离，m；E 为墙后主动土压力的水平合力，kN；O 为墙趾。

图 7.2 挡土墙的抗倾覆稳定

(3) 针对不同地质情况的算法

挡土墙稳定性验算中的稳定系数需要针对不同的地质情况进行不同的算法明确。

① 硬质岩石地基

a. 抗倾覆稳定性验算：考虑挡土墙自重、土压力、水压力等产生的力矩，通过计算稳定力矩与倾覆力矩之比，得出抗倾覆稳定系数。由于硬质岩石地基承载力高，验算时可适当放宽对倾覆力矩的限制。

b. 抗滑稳定性验算：考虑挡土墙基底与岩石地基间的摩擦系数，通过计算抗滑力与滑动力之比，得出抗滑稳定系数。由于岩石地基摩擦系数较大，抗滑稳定性通常较好。

② 软质岩石或黏性土地基

a. 抗倾覆稳定性验算：与硬质岩石地基相似，但需要考虑地基土的压缩性对力矩中心的影响。当地基土压缩性较大时，倾覆力矩可能会增加，因此应适当提高抗倾覆稳定系数的要求。

b. 抗滑稳定性验算：需要考虑地基土的抗剪强度。对于黏性土，其抗剪强度与土的黏聚力和内摩擦角有关。验算时应根据土的实验室测试结果确定摩擦系数，并据此计算抗滑稳定系数。由于软质岩石或黏性土地基摩擦系数较小，抗滑稳定性可能较差，因此需要采取加固措施。

③ 砂土或碎石土地基

a. 抗倾覆稳定性验算：与上述地基类型相似，但需要考虑地基土的密度和颗粒级配对力矩的影响。密实的砂土或碎石土具有较高的承载力，验算时可适当放宽对倾覆力矩的限制。

b. 抗滑稳定性验算：对于砂土或碎石土，其抗剪强度主要取决于土的内摩擦角。验算时应根据土的实验室测试结果确定摩擦系数，并据此计算抗滑稳定系数。由于砂土或碎石土地基摩擦系数较大，抗滑稳定性通常较好，但仍需根据具体情况进行评估。

(4) 稳定系数要求

在规定的墙高范围内，验算挡土墙的抗滑动和抗倾覆稳定时，稳定系数不宜小于表7.8的规定。

表7.8 抗滑动和抗倾覆的稳定系数

荷载情况	验算项目	稳定系数	
荷载组合Ⅰ、Ⅱ	抗滑动	K_c	1.3
	抗倾覆	K_0	1.5
荷载组合Ⅲ	抗滑动	K_c	1.3
	抗倾覆	K_0	1.3
施工阶段验算	抗滑动	K_c	1.2
	抗倾覆	K_0	1.2

设置于不良土质地基、覆盖土层下为倾斜基岩地基及斜坡上的挡土墙，应对挡土墙地基及填土的整体稳定性进行验算，其稳定系数不应小于1.25。

在验算挡土墙的稳定性时，一般均未计趾前土层对墙面所产生的被动土压力。验算结果如不满足以上要求，则表明抗滑稳定性或抗倾覆稳定性不够，应改变墙身断面尺寸并重新核算。

7.2.4 基底应力与合力偏心距验算

为了保证挡土墙基底应力不超过地基承载力，应进行基底应力验算；同时，为了避免挡土墙不均匀沉陷，控制作用于挡土墙基底的合力偏心距。

基础设计与稳定性计算应符合下列要求。

① 基底合力的偏心距 e_0 可按式 (7.7) 计算。

$$e_0 = \frac{M_d}{N_d} \tag{7.7}$$

式中，M_d 为作用于基底形心的弯矩组合设计值，MPa；N_d 为作用于基底上的垂直力组合设计值，kN/m。

② 挡土墙地基计算时，各类作用（或荷载）组合下，作用效应组合设计值计算式中的作用分项系数，除被动土压力分项系数 $\gamma_{Q2}=0.3$ 外，其余作用（或荷载）的分项系数规定均等于1。

③ 基底压应力 σ 应按式 (7.8) 和式 (7.9) 计算。

$$|e_0| \leqslant \frac{B}{6} \text{ 时}, \sigma_{1,2} = \frac{N_d}{A}\left(1 \pm \frac{6e_0}{B}\right) \tag{7.8}$$

$$e_0 > \frac{B}{6} \text{ 时}, \sigma_1 = \frac{2N_d}{3\alpha_1}, \sigma_2 = 0 \tag{7.9}$$

式中，σ_1 为挡土墙趾部的压应力，kPa；σ_2 为挡土墙踵部的压应力，kPa；B 为基底宽度，m，倾斜基底为其斜宽；A 为基础底面每延米的面积，矩形基础为基础宽度 $B \times 1$，m²；α_1 为从基底几何中心到基底合力作用线的水平距离，m，其计算见式（7.10）。

$$\alpha_1 = \frac{B}{2} - e_0 \tag{7.10}$$

④ 基底合力的偏心距 e_0，对土质地基不应大于 $B/6$；岩石地基不应大于 $B/4$。基底压应力不应大于基底的容许承载力 $[\sigma_0]$；基底容许承载力值可按《公路桥涵地基与基础设计规范》(JTG 3363—2019) 的规定采用，当为作用（或荷载）组合Ⅲ及施工荷载时，且 $[\sigma_0] > 150$ kPa 时，可提高 25%。

7.2.5 重力式、半重力式挡墙计算

重力式、半重力式挡墙的作用（或荷载）计算表、基础设计与稳定性计算应符合要求，墙身材料强度可按现行《公路圬工桥涵设计规范》(JTG D 61—2005) 的规定采用。必要时应进行墙身的剪应力检算。

重力式挡土墙按承载能力极限状态设计时，在某一类作用（或荷载）效应组合下，作用（或荷载）效应的组合设计值，可按公式（7.11）计算。圬工构件或材料的抗力分项系数 γ_f，按表 7.9 采用。

$$S = \psi_{ZL}\left(\gamma_G \sum S_{G_ik} + \sum \gamma_{Ql} S_{Q_lk}\right) \tag{7.11}$$

式中，S 为作用（或荷载）效应的组合设计值；γ_G、γ_{Ql} 为作用（或荷载）的分项系数，按表 7.6 采用；S_{G_ik} 为第 i 个垂直恒载的标准值效应；S_{Q_lk} 为土侧压力、水浮力、静水压力、其他可变作用（或荷载）的标准值效应；ψ_{ZL} 为荷载效应组合系数，按表 7.10 采用。

表 7.9 圬工构件或材料的抗力分项系数 γ_f

圬工种类	受力情况	
	受压	受弯、剪、拉
石料	1.85	2.31
片石砌体、片石混凝土砌体	2.31	2.31
块石、粗料石、混凝土预制块、砖砌体	1.92	2.31
混凝土	1.54	2.31

表 7.10 荷载效应组合系数 ψ_{ZL}

荷载组合	ψ_{ZL}
Ⅰ、Ⅱ	1.0
Ⅲ	0.8
施工荷载	0.7

挡土墙构件轴心或偏心受压时，正截面强度和稳定按式（7.12）和式（7.13）计算。

计算强度时：

$$\gamma_0 N_d \leqslant \frac{\alpha_k A R_a}{\gamma_f} \tag{7.12}$$

计算稳定时：

$$\gamma_0 N_d \leqslant \frac{\psi_k \alpha_k A R_a}{\gamma_f} \tag{7.13}$$

式中，N_d 为验算截面上的轴向力组合设计值，kN；γ_0 为重要性系数，按表 7.5 采用。γ_f 为圬工构件或材料的抗力分项系数，按表 7.9 取用；R_a 为材料抗压极限强度，kN；A 为挡土墙构件的计算截面面积，m²；α_k 为轴向力偏心影响系数，按式（7.14）计算；ψ_k 为偏心受压构件在弯曲平面内的纵向弯曲系数，按式（7.16）计算，轴心受压构件的纵向弯曲系数，可采用表 7.11 的规定。

$$\alpha_k = \frac{1 - 256 \left(\frac{e_0}{B}\right)^8}{1 + 12 \left(\frac{e_0}{B}\right)^2} \tag{7.14}$$

式中，B 为挡土墙计算界面宽度，m；e_0 为轴向力的偏心距，m，按式（7.15）计算。

$$e_0 = \left| \frac{M_0}{N_0} \right| \tag{7.15}$$

式中，M_0 为在某一类作用（或荷载）组合下，作用（或荷载）对计算截面形心的总力矩，kN·m；N_0 为某一类作用（或荷载）组合下，作用于计算截面上的轴向力的合力，kN。

$$\psi_k = \frac{1}{1 + a_s \beta_s (\beta_s - 3)\left[1 + 16 \left(\frac{e_0}{B}\right)^2\right]} \tag{7.16}$$

式中，β_s 为挡土墙的基底水平位移与墙高之比的一个无量纲参数，计算见式（7.17）；a_s 为与材料有关的系数，按表 7.12 采用。

$$\beta_s = \frac{2H}{B} \tag{7.17}$$

式中，H 为墙高，m。

表 7.11　轴心受压构件纵向弯曲系数 ψ_k

2H/B	混凝土构件	砌体砂浆强度等级	
		M10、M7.5、M5	M2.5
≤3	1.00	1.00	1.00
4	0.99	0.99	0.99
6	0.96	0.96	0.96
8	0.93	0.93	0.91
10	0.88	0.88	0.85
12	0.82	0.82	0.79
14	0.76	0.76	0.72

续表

2H/B	混凝土构件	砌体砂浆强度等级	
		M10、M7.5、M5	M2.5
16	0.71	0.71	0.66
18	0.65	0.65	0.60
20	0.60	0.60	0.54
22	0.54	0.54	0.49
24	0.50	0.50	0.44
26	0.46	0.46	0.40
28	0.42	0.42	0.36
30	0.38	0.38	0.33

表 7.12 a_s 取值

圬工名称	浆砌砌体采用以下砂浆强度等级			混凝土
	M10、M7.5、M5	M2.5	M1	
a_s 值	0.002	0.0025	0.004	0.002

当挡土墙墙身或基础为圬工截面时，其轴向力的偏心距 e_0 应符合表 7.13 的规定。

表 7.13 圬工结构轴向力合力的容许偏心距 e_0

荷载组合	容许偏心距
Ⅰ、Ⅱ	0.25B
Ⅲ	0.3B
施工荷载	0.33B

注：B 为沿力矩转动方向的矩形计算截面宽度。

偏心受压构件除验算弯曲平面内的纵向稳定外，还应按轴心受压构件验算非弯曲平面内的稳定。混凝土截面在受拉一侧配有不小于截面面积 0.05％的纵向钢筋时，表 7.13 中的容许规定值可增加 0.05B；当截面配筋率大于表 7.14 的规定时，按钢筋混凝土构件计算，偏心距不受限制。

表 7.14 按钢筋混凝土构件计算的受拉钢筋最小配筋率

钢筋牌号（种类）	钢筋最小配筋率/％	
	截面一侧钢筋	全截面钢筋
Q235 钢筋（Ⅰ级）	0.20	0.50
HRB335、HRB400 钢筋（Ⅱ、Ⅲ级）	0.20	0.50

注：钢筋最小配筋率按构件的全截面计算。

7.2.6 增加挡土墙稳定性的措施

（1）增加抗滑稳定性的方法

① 设置倾斜基底。设置向内倾斜的基底，可以增加抗滑力和减少滑动力，从而增

加了抗滑稳定性。

基底倾角 α_0 越大，越有利于抗滑稳定性，但应考虑挡土墙连同地基土体一起滑走的可能性，因此对地基倾斜度应加以控制。通常，对土质地基，不陡于 $1:5$（$\alpha_0 \leqslant 11°10'$）；对岩石地基，不陡于 $1:3$（$\alpha_0 \leqslant 16°42'$）。

此外，在验算沿基底的抗滑稳定性的同时，还应验算通过墙踵的地基水平面的滑动稳定性。

② 采用凸榫基础。在挡土墙基础底面设置混凝土凸榫，与基础连成整体，利用榫前土体产生的被动土压力以增加挡土墙的抗滑稳定性。

为了增加榫前被动阻力，应使榫前被动土楔不超过墙趾。同时，为了防止因设凸榫而增加墙背的主动土压力，应使凸榫后缘与墙踵的连线同水平线的夹角不超过 ϕ 角（防滑凸榫面处地基土的内摩擦角）。因此，应将整个凸榫置于通过墙趾并与水平线成 $45°\sim\dfrac{\phi}{2}$ 角线和通过墙踵并与水平线成 ϕ 角线所形成的三角形范围内。

当填土表面的倾斜角 $\beta=0$（填土表面水平），墙背的倾斜角 $\alpha=0$（墙背垂直），墙与土体之间的摩擦角 $\delta=0$（墙光滑）时，榫前的单位被动土压力 σ_p，按朗金（Rankine）理论计算，见式（7.18）。

$$\sigma_p = \gamma h \tan^2\left(45°+\frac{\phi}{2}\right) \approx \frac{1}{2}(\sigma_1+\sigma_3)\tan^2\left(45°+\frac{\phi}{2}\right) \tag{7.18}$$

式中，σ_p 为榫前的单位被动土压力，kN；γ 为土的重度，kN/m³；h 为土压力计算点至填土表面的垂直距离，m；ϕ 为防滑凸榫面处地基土的内摩擦角，°；σ_1 为墙趾处基底压应力，MPa；σ_3 为凸榫前缘处基底压应力，MPa。

考虑到产生全部被动土压力所需要的墙身位移量大于墙身设计所允许的位移量，为工程安全所不允许，因此凸榫前的被动土压力按朗金被动土压力的 1/3 计算，即式（7.19）和式（7.20）。

$$e_p = \frac{1}{3}\sigma_p = \frac{1}{3}\left[\frac{1}{2}(\sigma_1+\sigma_3)\tan^2\left(45°+\frac{\phi}{2}\right)\right] \tag{7.19}$$

$$E'_p = e_P \cdot h_T \tag{7.20}$$

式中，E'_p 为凸榫所承受的被动土压力在垂直方向上的总力，kN；e_p 为凸榫前的被动土压力，kN；h_T 为凸榫高度，m。

在榫前 B_T 前宽度内，因已考虑了部分被动土压力，故未计其基底摩擦阻力。

按照抗滑稳定性的要求，令抗滑稳定安全系数 $K_c=[K_c]$，代入式（7.19）和式（7.20），即可得出凸榫高度 h_T 的计算式，见式（7.21）。

$$h_T = \frac{[K_c]E_x - \frac{1}{2}(\sigma_2+\sigma_3)B_2 f}{e_P} \tag{7.21}$$

式中，$[K_c]$ 为抗滑稳定安全系数的允许值；E_x 为作用在挡土墙上的水平荷载的分量，kN/m³；σ_2 为墙踵处基底压应力，MPa；B_2 为凸榫前端到墙踵的长度，m；f 为底板与堤基之间的摩擦系数。

凸榫宽度 B_T 根据以下两个方面的要求进行计算，取下列二式计算结果的最大值作为设计凸榫的宽度。

a. 按截面弯矩求解，见式（7.22）。

$$B_{\mathrm{T}} = \sqrt{\frac{3e_{\mathrm{p}}h_{\mathrm{T}}}{f_{\mathrm{t}}}} \quad (7.22)$$

b. 按截面剪力求解，见式（7.23）。

$$B_{\mathrm{T}} > \frac{e_{\mathrm{p}}}{0.7f_{\mathrm{t}}b} \quad (7.23)$$

式中，f_{t} 为混凝土抗拉强度设计值；b 为凸榫截面宽度（b=1000mm）。

（2）增加抗倾覆稳定性的方法

为增加抗倾覆稳定性，应采取加大稳定力矩和减小倾覆力矩的办法。

① 展宽墙趾。在墙趾处展宽基础以增加稳定力臂，是增加抗倾覆稳定性的常用方法。但在地面横坡较陡处，会由此引起墙高增加。

② 改变墙面及墙背坡度。改缓墙面坡度可增加稳定力臂，改陡俯斜墙背或改缓仰斜墙背可减少土压力。在地面纵坡较陡处，均须注意对墙高的影响。

③ 改变墙身断面类型。当地面横坡较陡时，应使墙胸尽量陡立。这时可改变墙身断面类型，如改用衡重式墙或者墙后加设卸荷平台、卸荷板，以减少土压力并增加稳定力矩。

7.3 锚杆设计

7.3.1 锚杆的基础设置

1. 单根锚杆设计拉力的确定

单根锚杆的设计拉力需根据施工技术能力、岩土层分布情况等综合确定。过去锚杆以较大孔径、较高承载力为主，但施工机械要求高，施工难度大，可靠性差。若有施工质量问题时，补强施工难度大。因此，单根锚杆的设计拉力不宜过高。设计拉力较高时宜选用单孔复合锚固型锚杆、扩孔锚杆等受力性能较好的锚杆。

锚杆的轴向拉力标准值和设计值可按式（7.24）和式（7.25）计算。

$$N_{\mathrm{ak}} = \frac{H_{\mathrm{tk}}}{\cos\alpha} \quad (7.24)$$

$$N_{\mathrm{a}} = r_{\mathrm{Q}} N_{\mathrm{ak}} \quad (7.25)$$

式中，N_{ak} 为锚杆轴向拉力标准值，kN；N_{a} 为锚杆轴向拉力设计值，kN；H_{tk} 为锚杆所受水平拉力标准值，kN；α 为锚杆倾角，°；r_{Q} 为荷载分项系数，可取 1.30，当可变荷载较大时应按现行规范确定。

2. 锚固体设置间距

锚固体的设置间距取决于锚固力、锚固体直径和锚固长度等因素。如果锚固体间距设计过大，单根锚杆设计拉力就要相应增大；如果间距太小则会产生群锚效应。锚杆的极限抗拔力会因为群锚效应而减小。

对于抗浮锚杆，也会因为群锚效应的影响而不能发挥所有锚杆的锚固力作用，而只是被锚固那部分岩（土）质量发挥抗浮作用。

3. 锚杆的倾角

锚杆水平分力随锚杆倾角的增大而减小，同时作用于支护结构上的垂直分力也相应增大。为有效利用锚杆抗拔力，最好使锚杆与侧压力作用方向平行，但较难做到这一点。

通常情况下，锚杆采用水平向下 $15°\sim25°$ 倾角，不能大于 $45°$。锚杆倾角的具体设置与可锚岩土层的位置、挡土结构的位置及施工条件等因素有关。此外，锚杆倾角还应避开与水平面夹角为 $-10°\sim+10°$ 这一范围。因为倾角接近水平的锚杆注浆后灌浆体会出现沉淀和沁水现象，从而影响锚杆的承载能力。

7.3.2 锚杆自由段长度的确定

锚杆自由段是锚杆杆体不受注浆固结体约束可自由伸长的部分，也就是杆体用套管与注浆固结体隔离的部分。锚杆自由段长度应超过理论滑动面。自由段长度越长，预应力损失越小，锚杆拉力越稳定。自由段长度越短，锚杆张拉锁定后的弹性伸长较小，锚具变形、预应力筋回缩等因素引起的预应力损失越大。如果锚杆的自由长度过短，则会使锚固体的应力直接通过过薄的地层作用于被锚固的结构物上，且由于地层抗剪力小、垫墩荷载损失等情况，会使锚杆的抗拔力减小。因此，锚杆自由段长度必须使锚杆锚固于比破坏面更深的稳定地层中。在实际工程设计时，如计算的自由段较短，宜适当增加其长度。

《建筑基坑支护技术规程》（JGJ 120—2012）给出了锚杆非锚固段长度计算方法，如图 7.3 和式（7.26）所示。

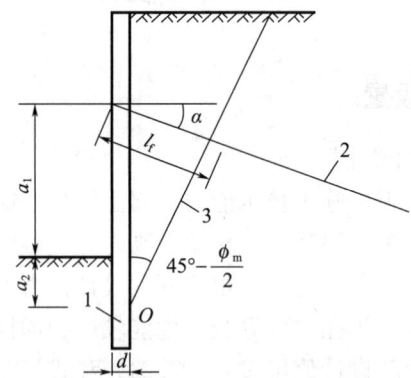

1—挡土构件；2—锚杆；3—理论直线滑动面。
图 7.3 理论直线滑动面锚杆的非锚固段长度计算示意

$$l_f \geqslant \frac{(a_1 + a_2 - d\tan\alpha)\sin\left(45° - \frac{\phi_m}{2}\right)}{\sin\left(45° + \frac{\phi_m}{2} + \alpha\right)} + \frac{d}{\cos\alpha} + 1.5 \tag{7.26}$$

式中，l_f 为锚杆非锚固段长度，m；α 为锚杆倾角，°；a_1 为锚杆的锚头中点至基坑底面的距离，m；a_2 为基坑底面至基坑外侧主动土压力强度与基坑内侧被动土压力强度等值点 O 的距离（当成层土中存在多个等值点时应按其中最深的等值点计算），m；d 为挡土构件的水平尺寸，m；ϕ_m 为 O 点以上各土层按厚度加权的等效内摩擦角，°。

此处锚杆的非锚固段是理论滑动面以内的部分，与锚杆自由段有所区别。锚杆自由段应超过理论滑动面（大于非锚固段长度）。锚杆自由长度不宜小于 5m，并应超过潜在滑裂面 1.5m。

7.3.3 锚杆拉筋的设计

锚杆拉筋的设计主要是确定所用材料的规格和截面面积。长度在15m以内的短锚杆或较短锚杆，都可以使用普通钢筋或高强度精轧螺纹钢筋。对于长度大于15m以及设计承载力较高的预应力锚杆的杆体材料，应优先选用钢绞线或钢丝。

钢绞线或钢丝与钢筋相比，具有以下优点：①通常要比钢筋有高得多的抗拉强度，因而用作锚杆筋材可以大大降低用钢量；②达到屈服点时所产生的延伸量也比普通钢筋产生的延伸量大得多；③由于地层徐变，出现预应力损失的现象较少；④便于运输和安装，不受狭窄空间的限制。

锚杆截面设计通常有两种方法：一种是安全系数法，另一种是极限状态设计法。目前《建筑基坑支护技术规程》(JGJ 120—2012) 和《建筑边坡工程技术规范》(GB 50330—2013) 均采用极限状态设计法。关于安全系数法的计算方法可参考相关文献，在此不再详细介绍。下面重点介绍极限状态设计法。

根据《建筑基坑支护技术规程》(JGJ 120—2012)，锚杆截面面积应按式（7.27）设计。

$$A_s \geq \frac{\gamma_0 \gamma_F N_k}{f_y} \tag{7.27}$$

式中，A_s 为锚杆钢筋或预应力钢绞线截面面积，m^2；γ_0 为结构重要性系数，安全等级为一级、二级和三级的支护结构，系数分别为1.1、1.0和0.9；γ_F 为作用基本组合的综合分项系数，不应小于1.25；N_k 为作用标准组合的轴向拉力或轴向压力值，kN；f_y 为普通钢筋或预应力筋抗拉强度设计值，kPa。

根据《建筑边坡工程技术规范》(GB 50330—2013)，锚杆截面面积 A_s 应按式（7.28）设计。

$$A_a \geq \frac{\gamma_0 \gamma_Q N_{ak}}{\xi_2 f_y} \tag{7.28}$$

式中，γ_Q 为荷载分项系数，可取1.3；ξ_2 为锚筋抗拉工作条件系数，永久性锚杆取0.69，临时性锚杆取0.92；N_{ak} 为锚杆轴向拉力标准值，kN。

式（7.27）和式（7.28）的计算方法实质上是相同的。

7.3.4 锚杆锚固体的设计

锚杆的承载力主要取决于锚固体的抗拔力。锚固体的抗拔力要求在受力情况下产生的位移不超过允许值。对于一般的临时支护，允许有一定量的位移，锚杆的抗拔力主要由稳定破坏控制；对于有严格变形要求的结构，锚杆的抗拔力主要由变形控制。因此，为锚杆提供承载力的锚固体应满足以下4个条件：①锚拉杆本身必须有足够的截面面积（A_s）；②砂浆与钢拉杆之间的握裹力应能承受极限拉力；③锚固段地层对砂浆的摩擦力应能承受极限拉力；④锚固土体在最不利的条件下，能保持整体的稳定。

对于第②个和第③个条件需要进行一些说明：对于土层中的锚杆，锚杆杆体与锚固体之间的锚固力一般高于锚固体与土层间的锚固力，锚杆的破坏主要受土层的抗剪强度控制。因此，土层锚杆的最小锚固长度将受土层性质的影响。对于岩层中的锚杆，硬质岩中锚固端的破坏可发生在锚杆杆体与锚固体之间，而极软岩的软质岩中的锚固破坏一一般发生在锚固体与岩层之间。由此可见，岩层锚杆的最小锚固长度由岩石与锚固体、锚固体与锚杆之间的强度共同控制。

锚杆锚固体长度的确定可以采用极限状态法。根据《建筑边坡工程技术规范》(GB 50330—2013)规定：

① 锚杆锚固体与地层的锚固长度 l_a 应满足式（7.29）要求。

$$l_a \geqslant \frac{N_{ak}}{\xi_1 \pi D f_{rb}} \tag{7.29}$$

式中，D 为锚固体直径，m；f_{rb} 为地层与锚固体黏结强度特征值，kPa，应通过试验确定，当无试验资料时可按表7.15和表7.16取值；ξ_1 为锚固体与地层黏结工作条件系数，对永久性锚杆取1.00，对临时性锚杆取1.33。

表7.15　岩石与锚固体黏结强度特征值

岩石类别	f_{rb}/kPa
极软岩	135～180
软岩	180～380
较软岩	380～550
较硬岩	550～900
坚硬岩	900～1300

注：1. 表中数据适用于注浆强度等级为M30。
2. 表中数据仅适用于初步设计，施工时应通过试验检验。
3. 岩体结构面发育时，取表中下限值。
4. 表中岩石类别根据天然单轴抗压强度（f_r）划分：$f_r<5$MPa 为极软岩，5MPa$\leqslant f_r<15$MPa 为软岩，15MPa$\leqslant f_r<30$MPa 为较软岩，30MPa$\leqslant f_r<60$MPa 为较硬岩，$f_r\geqslant 60$MPa 为坚硬岩。

表7.16　土体与锚固体黏结强度特征值

土层种类	土的状态	f_{rb}/kPa
黏性土	软塑	15～20
	可塑	20～25
	硬塑	25～32
	坚硬	32～40
砂土	松散	30～50
	稍密	50～70
	中密	70～105
	密实	105～140
碎石土	稍密	60～90
	中密	80～110
	密实	110～150

注：1. 表中数据适用于注浆强度等级为M30；
2. 表中数据仅适用于初步设计，施工时应通过试验检验。

② 锚杆钢筋与锚固砂浆间的锚固长度 l_a 应满足式（7.30）要求。

$$l_a \geqslant \frac{\gamma_0 N_a}{\xi_3 n \pi d f_b} \tag{7.30}$$

式中，d 为锚杆钢筋直径，m；n 为钢筋（或钢绞线）根数，根；f_b 为钢筋与锚固砂浆间的黏结强度特征值，kPa，应通过试验确定，当无试验资料时可按表7.17取值；ξ_3 为钢筋与砂浆黏结强度工作条件系数，对永久性锚杆取0.60，对临时性锚杆取0.72；γ_0 为结构重要性系数；N_a 为锚杆轴向拉力设计值，kN。

表 7.17 土体与锚固体黏结强度特征值

锚杆类型	水泥浆或水泥砂浆强度等级		
	M25	M30	M35
水泥砂浆与螺纹钢筋间	2.10	2.40	2.70
水泥砂浆与钢绞线、高强钢丝间	2.75	2.95	3.40

注：1. 当采用2根钢筋点焊成束的做法时，黏结强度应乘以0.85折减系数。
2. 当采用3根钢筋点焊成束的做法时，黏结强度应乘以0.7折减系数。
3. 成束钢筋的根数不应超过3根，钢筋截面总面积不应超过锚孔面积的20%。当锚固段钢筋和注浆材料采用特殊设计，并经试验验证锚固效果良好时，可适当增加锚杆钢筋用量。

需要说明的是，锚杆设计时宜先通过计算确定锚杆钢筋的截面面积，然后再根据选定的锚杆确定锚固长度。土层锚杆的锚固长度一般由式（7.29）确定；岩石锚杆的锚固长度应分别按式（7.29）和式（7.30）计算，取其中大值。同时，土层锚杆的锚固段长度不应小于4m，且不宜大于10m；岩石锚杆的锚固段长度不应小于3m，且不宜大于45D（D为锚固体直径）和6.5m，或55D和8m（对预应力锚索）；位于软质岩中的预应力锚索，可根据地区经验确定最大锚固长度。当计算锚固段长度超过上述数值时，应采取改善锚固段岩体质量、改变锚头构造或扩大锚固段直径等技术措施，提高锚固力。

7.4 路基支挡防护病害治理

7.4.1 病害类型与成因

随着交通流量的持续增长以及自然环境的不断变迁，路基支挡结构各种病害问题层出不穷，如挡墙开裂、墙体整体滑移、倾覆、水毁、锚杆腐蚀以及边坡滑坡等，这些问题不仅严重威胁到道路的正常通行能力，更对行车安全构成了极大的隐患。

（1）挡墙开裂

挡墙开裂作为最为常见的病害之一，其成因复杂多样。地基承载力不足是导致挡墙开裂的主要原因之一，当地基无法承受挡墙及上方土体的质量时，便会产生沉降或变形，进而导致挡墙开裂。此外，施工质量不佳也是不可忽视的因素，如混凝土振捣不密实、养护不到位等，均会降低挡墙的强度和耐久性，从而增加开裂的风险。地基变形，如不均匀沉降或地基土层的蠕动，同样会对挡墙产生额外的应力，导致其开裂。开裂不仅削弱了挡墙的承载能力，还可能加速墙体的风化剥落，进一步加剧病害的发展。

（2）墙体整体滑移

墙体整体滑移通常发生在地基软弱或挡墙抗滑能力不足的情况下。当土体对挡墙的推力超过其抗滑力时，墙体便会发生滑移。地基软弱可能是由于地质条件不良、地下水位过高或地基处理不当等原因造成的。挡墙抗滑能力不足则可能是由于设计缺陷、施工质量问题或长期荷载作用下的材料老化等原因导致的。墙体滑移不仅会影响道路的正常使用，还可能对周边建筑物和地下管线造成威胁。

（3）倾覆

倾覆病害主要是由于挡墙抗倾覆能力不足引起的。当土体对挡墙的压力产生的倾覆力矩超过挡墙自身的抗倾覆力矩时，就会发生倾覆。倾覆病害的成因与墙体滑移类似，同样与地基条件、挡墙设计、施工质量以及长期荷载作用等因素有关。倾覆不仅会导致挡墙失效，还可能对道路通行安全构成严重威胁。

（4）水毁

洪水冲刷、暴雨侵蚀等自然因素会对挡墙造成直接的冲刷和侵蚀作用，从而降低其稳定性和承载能力。水毁病害的成因与地区气候、地形地貌、排水系统不完善以及挡墙防水措施不到位等因素有关。水毁不仅会导致挡墙损坏，还可能引发山体滑坡、泥石流等次生灾害，对道路通行安全构成极大威胁。

（5）锚杆腐蚀

锚杆杆体或预应力筋的腐蚀是一种电解现象。钢材发生腐蚀时会在其阴极和阳极同时发生反应。这种反应的原动力就是两极区的电位差。如果锚杆杆体穿过了地质条件和成分不相同的几种地层，或受到外来电场的影响，将会产生电位差，大大增加锚杆发生腐蚀的危险性。金属腐蚀的类型一般分为三大类：全面腐蚀、局部腐蚀和由于氢脆或加荷引起的应力腐蚀。

（6）边坡滑坡

边坡滑坡是路堑边坡常见的病害之一，其成因主要包括地质构造不稳定、土壤抗剪强度不足、地下水作用以及人为因素等。当地质构造存在断层、裂隙等不稳定因素时，边坡容易发生滑坡。土壤抗剪强度不足可能是由于土壤类型、结构以及含水量等因素导致的。地下水作用，如地下水位的升降、水流冲刷等，会削弱边坡的稳定性。人为因素，如过度开挖、堆载不当等，也可能引发边坡滑坡。

（7）碎落和崩塌

边坡的碎落和崩塌成因多样且复杂，主要包括岩石风化的长期影响、边坡形态设计不合理，以及极端气候条件的冲击。当岩石长期暴露于自然环境中，受温度变化和干湿循环的影响，会逐渐风化破碎，为碎落和崩塌埋下隐患。边坡的高度和坡度若设计得过于陡峭，将加剧岩石或土壤的剥落风险。强降雨、暴风雪等极端气候条件，通过增加边坡的负荷和侵蚀作用，也往往成为触发碎落和崩塌的直接因素。

（8）滑坍

滑坍的成因主要包括地质条件的内在缺陷、地下水活动的加剧，以及外部荷载的不当施加。地质条件方面，如边坡内部存在软弱夹层、节理发育等，将显著降低边坡的抗滑能力。地下水活动，特别是地下水位的异常上升，会软化土体，增加滑动力，同时降低土体的内聚力，从而诱发滑坍。此外，道路上方或边坡附近的过度堆载、施工振动等外部荷载，也可能对边坡的稳定性构成威胁，促使边坡发生整体或局部的滑坍。

7.4.2 病害治理措施

针对以上支挡病害，需采取有效的治理措施，确保路基支挡结构的稳固与安全。

(1) 地基加固

针对地基承载力不足的问题，可以采取多种地基加固措施。注浆加固是一种常用的方法，通过向地基中注入浆液，填充地基中的空隙和裂缝，提高地基的密实度和承载能力。桩基托换则是通过设置桩基来托换原有的软弱地基，将挡墙的荷载转移到桩基上，从而提高挡墙的抗滑和抗倾覆能力。此外，还可以采用地基预处理、换填法等措施来改善地基条件，提高挡墙的稳定性。

(2) 挡墙加固

对于挡墙开裂、滑移等病害，可以采取增设锚杆、钢锚管或锚索工程等加固措施。锚杆、钢锚管或锚索能够深入土体内部，提供额外的锚固力，增强挡墙的抗剪能力和抗滑能力。同时，对于破损严重的挡墙，可以采取拆除重建或局部修补的方法进行治理。拆除重建适用于病害严重、无法修复或修复成本过高的挡墙；局部修补则适用于病害较轻、范围较小的挡墙。在加固过程中，应充分考虑挡墙的结构特点、病害类型及成因、加固材料的选择与施工工艺等因素，确保加固效果达到最佳。

(3) 排水措施

完善排水系统是预防和治理水毁病害的关键。应设置合理的排水设施，如截水沟、排水沟、集水井等，以减少水对挡墙的冲刷和侵蚀作用。同时，还应加强日常巡查和维护工作，及时发现并处理排水设施的堵塞和损坏情况。在排水设施的设计和施工过程中，应充分考虑地区气候特点、地形地貌条件以及挡墙的防水需求等因素，确保排水系统能够发挥最大的效用。

(4) 监测与维护

为了及时发现和处理挡墙的病害情况，应建立完善的监测体系。通过对挡墙的位移、沉降、裂缝宽度等参数的监测和分析，可以评估其稳定性状态并预测潜在的风险。同时，还应定期对挡墙进行检查和维护工作，及时发现并处理潜在的病害隐患。在监测与维护过程中，应充分利用现代科技手段如无人机巡检、远程监控等技术手段提高监测效率和准确性。此外，还应建立完善的应急预案和响应机制以应对突发情况的发生。

(5) 锚杆防腐措施

永久性锚杆：非预应力锚杆的自由段位于土层中时，可采用除锈、刷沥青船底漆、沥青玻纤布缠裹（不少于2层）；采用钢绞线、精轧螺纹钢制作的预应力锚杆（索），其自由段可按位于土层中的非预应力锚杆自由段进行防腐处理后装入套管中，自由段套管两端100~200mm长度内用黄油充填，外绕扎工程胶布固定；位于无腐蚀性岩土层内的锚固段应除锈，砂浆保护层厚度应不小于25mm；位于腐蚀性岩土层内的锚杆的锚固段和非锚固段，应采取特殊防腐处理；经过防腐处理后，非预应力锚杆的自由段外端应埋入钢筋混凝土构件内50mm以上，对预应力锚杆，其锚头的锚具经除锈、涂防腐漆三度后应采用钢筋网罩、现浇混凝土封闭，且混凝土强度等级不应低于C30，厚度不应小于100mm，混凝土保护层厚度不应小于50mm。

临时性锚杆：非预应力锚杆的自由段，可采用除锈后刷沥青防锈漆处理；预应力锚杆的自由段，可采用除锈后刷沥青防锈漆或加套管处理；外锚头可采用外涂防腐材料或外包混凝土处理。

锚头的防腐：永久暴露在空气中的预应力锚头，均应设置防护钢罩，其内充填防腐油膏或水泥浆；重复拉张型锚头必须采用防腐油膏；埋入混凝土内的锚头，混凝土保护层厚度应在50mm以上。

（6）综合边坡稳定加固

对于边坡滑坡、碎落和崩塌，首要措施是增强边坡的稳定性。可采用坡面防护工程，如浆砌石护坡、喷锚网支护等，以增强边坡的抗剪强度和抗风化能力。同时，针对边坡形态设计不合理的问题，应重新评估并调整边坡的坡度和高度，使其符合稳定性要求。对于地质构造不稳定或存在软弱夹层的边坡，可采取抗滑桩、锚索框架等深层加固措施，将边坡体牢固地锚固在稳定地层中，提高边坡的整体稳定性。

（7）地下水控制与疏导

地下水活动是诱发边坡滑坍的重要因素之一。因此，必须采取有效的地下水控制与疏导措施。可设置地下排水系统，如盲沟、排水隧洞等，以截流和疏导地下水，降低地下水位，减少水对边坡的软化作用。同时，应加强边坡表面的排水设施，如截水沟、排水沟等，确保雨水能够迅速排走，避免对边坡造成冲刷和侵蚀。

（8）边坡监测与预警

为了及时发现边坡的潜在病害隐患，应建立完善的边坡监测体系。安装监测设备，如位移监测仪、应力监测器等，可以实时监测边坡的位移、应力等参数变化，从而评估边坡的稳定性状态。同时，应建立边坡病害预警机制，一旦发现异常变化，立即启动应急预案，采取相应的治理措施，防止病害进一步发展。

7.4.3 路基支挡防护病害治理案例

1. 工程滑坡情况

滑坡区域位于深圳市龙岗区惠盐路A匝道东侧，边坡大致呈"一"字形，南北走向，坡长约60m。边坡坡顶最大高程约155m，与坡脚最大高差约74m。坡顶大部分区域植被覆盖，边坡坡面大部分为滑坡形成的高陡边坡（坡度为40°～65°），之前被人工开挖形成，但未加固，坡脚为现状惠盐路。2017年7月，坡面区域残积土体发生塌落，滑动区塌落深度为0～3m，滑动后缘位于原人工边坡坡顶约5m处，下部剪出口位于原二级边坡平台，二级平台以下边坡未发现滑动迹象，滑动面有山体基岩出露。滑坡残留在坡面的松动孤石及余土严重威胁坡下道路通行安全。滑坡实景图如图7.4所示。

(a) 实景1

(b) 实景2

(c) 实景3

图7.4 滑坡实景图

根据现场钻探揭露及室内土工试验结果，场地内分布的地层为第四系残积土（Q^{el}）、石炭系沉积形成的泥质粉砂岩、细砂岩风化岩石（C）。第四系残积层中分布有中风化泥质粉砂岩孤石，分布无规律，局部呈多层分布，较破碎，钻进漏水，岩心采取率较低。中风化泥质粉砂岩呈薄层状构造，粉砂质结构，主要矿物成分为长石、石英及云母等，泥质胶结，胶结紧密，风化强烈，裂隙发育。

场地边坡坡体上无地表水系分布，但在雨季时可形成较大的暂时性地表面流，其中一部分下渗形成地下水，坡面流水对坡体有冲蚀破坏作用。降水期间坡脚岩石局部有基岩裂隙水渗出，其余时段未见地下水渗出，也未能测出地下水位。风化残积土渗透性能差，属微弱含水层或相对近似隔水层。

2. 滑坡原因分析

在本区特定地质环境中，边坡稳定性的影响因素较多，经现场勘察，判断控制边坡稳定性的内因是坡体岩土层的水理性能和坡体中残留的结构面两种。本项目中人为开挖边坡过高、过陡且没有及时进行必要支护是边坡失稳的主要外因，边坡失稳的诱发因素是大气降雨期间下渗的地下水作用。在强降雨或连续暴雨作用下，勘察区边坡二次失稳可能性较大，潜在失稳模式为崩塌或滑坡。

滑坡发生的边坡最早于惠盐路主线施工时形成，初期全部坡段及坡高范围均未支护，亦未设置必要的排水设施，仅在开挖形成的坡面（三级，一级坡高10.5m，坡率1.35∶1；二级坡高9.6m，坡率1.4∶1；三级坡高33m，坡率1∶1）进行了植被绿化，边坡已运行多年。2011年前后增设了A匝道，该匝道施工时，在原有人工边坡基础上继续向东拓宽，对北端最下一级坡及南端三级坡局部区域进行了侵挖，并对新开挖的边坡采取了锚杆（索）格构支护，但该时期也未对该段边坡坡顶的排水设施进行完善。2017年7月份，时值深圳暴雨台风高发季，大量的雨水下渗至坡表土体，致坡面区域残积土体强度下降并发生开裂变形，最终发生塌落。根据现场情况推测，本次滑动主要系山体排水不畅引发的顺坡向山体土岩交界面的浅层滑动。

3. 边坡稳定计算分析思路

根据调绘情况与钻探资料，选择剖面计算边坡稳定性。滑塌区土体剪出口、滑动区后缘的裂缝形态及坡体变形发展的监测数据综合判断，本项目边坡坡体滑塌主要是在覆盖层中，并且不断沿着基岩面进行滑动，可知滑面主要是土岩交接的基岩面，呈现出折线形滑动。计算时可使用极限平衡理论进行现状边坡的稳定性计算，随后结合边坡土体饱和状态下坡体的临界稳定值来反演土体的抗剪强度，该强度可作为边坡最不利滑裂面的抗剪强度使用，以指导后续边坡加固的设计。

4. 滑坡综合治理

（1）滑坡临时抢险

抢险方案应是基于准确分析边坡滑动原因及边坡坡体变形发展数据之上确定的，其重要程度与永久支护相同。确认坡体的实际稳定状态后，再对滑坡体采取清表、卸载、覆盖、临时排水、安全监测等方式，对滑坡体进行临时抢险。

经工程地质现场踏勘，滑坡区域主要为强风化泥质粉砂岩，该岩体水理性质差，遇水易软化，且岩体裂隙极为发育，存在顺坡向泥质胶结结构面，边坡稳定性较差。发生滑坡的位置位于早期大放坡开挖形成的人工边坡半坡，边坡高而陡峭，坡面仰角约65°。

根据滑塌区土体剪出口及滑动区后缘的裂缝形态，结合测绘数据，准确分析滑动体的规模和位置，第一时间制定了以坡上滑塌区卸载为主，坡下清理防护为辅的治理方案，主要包括以下内容。

① 清表：清除表层茂密植被，对涉及的滑裂区尽快进行覆盖，避免雨水进入裂缝发生二次滑动。

② 卸载：清除松动、滑动土体和坡面孤石，以防崩塌、滚落，对三道裂缝前滑动土体均进行卸载。

③ 交通防护：坡下土体清理后沿匝道两侧设置防护网，恢复交通。

④ 排水设施：做好截水沟、排水沟等设施，同时防止水土流失。

⑤ 卸土期间防雨覆盖：卸土期间，雨天对坡面进行覆盖，防止雨水冲刷，避免雨水渗入坡体造成次生灾害。

⑥ 安全监测：抢险期间进行24h动态变形监测，直至卸载完成且变形稳定。

(2) 永久治理

① 治理思路。综合前面所述，发生滑坡的位置位于早期大放坡开挖形成的人工边坡半坡，边坡高而陡峭，坡面仰角约65°，同时滑坡体单级坡高近50m，可能的顺坡向结构面将产生巨大下滑力。因此，对滑坡区进行详细的工程地质勘察十分必要，查明地质情况后有针对性地进行边坡加固设计。

结合本项目的地形条件，综合比选抗滑桩及坡率法削坡方案。具体比选结果见表7.18。

表7.18 边坡支护方案比选

方案	优点	缺点
抗滑桩+坡率法	安全性能高，适用性强	造价高
坡率法	坡体自然，造价低	削坡土方量巨大，且本项目地形较陡，施工难度大
锚杆（索）格构梁护坡	施工简易，造价适中	格构梁外观效果一般

综合考虑本项目的实际情况，锚杆（索）格构梁护坡方案有利于快速、高效并合理地解决本项目的滑坡问题，为了达到较好的治理效果，本项目在格构梁施工完成对边坡坡面采用挂网+植生管袋的方式进行生态修复，并进一步完善边坡排水系统及坡体抗冲刷措施，以坡顶截水沟+平台排水沟+坡面跌水沟配合坡脚道路边沟系统排水，合理疏导。

② 支护设计。被加固边坡高57m，对该段边坡采取框架锚杆（索）支护措施（图7.5），边坡安全等级定为一级。采用荷载效应的基本组合计算边坡及支护结构的稳定性，并采用荷载效应的标准组合进行锚杆设计。

图7.5 框架锚杆（索）支护措施

边坡地面排水系统由坡顶截水沟、平台截水沟和跌水沟排水组成。在滑坡发生后养护单位在坡顶修建了尺寸约为0.4m×0.4m的坡顶截水沟，并在原二级边坡平台进行了平台硬化。本次设计利用现状坡顶截水沟，并在一级和二级边坡平台增设0.4m×0.4m的平台排水沟（素混凝土结构），其中二级平台需要在现状临时浅沟基础上进行破除重建。此外，在坡面布置三道跌水沟（钢筋混凝土结构）。设计排水系统均与现状排水系统衔接。

设置完善的监测系统，边坡工程监测包括施工安全监测和支护效果监测。主要监测坡顶30m范围内地表裂缝数量、宽度和走向、坡顶水平位移与垂直位移、锚杆（索）拉力等，监测期限为边坡竣工后不小于2个雨季。

③ 定量计算。根据《建筑边坡工程技术规范》(GB 50330—2013)，本项目参考建筑边坡标准将滑坡防治安全等级定为一级，在对滑坡做出治理后，正常的工况稳定性系数F_s不得小于1.35，暴雨工况之下，稳定性系数F_s不应当小于1.15。最终通过计算分析，本项目的滑动安全系数为1.433。因此，本项目的加固设计方案可满足设计使用要求，是安全可靠的。

参考文献

[1] 艾建杰,罗清波.公路工程施工技术[M].重庆:重庆大学出版社,2020.
[2] 曹方秀.岩土工程勘察设计与实践[M].长春:吉林科学技术出版社,2022.
[3] 陈兴长.岩土支挡与锚固工程教程[M].成都:西南交通大学出版社,2014.
[4] 冯建伟,刘靖.基于AHP-FUZZY与数值仿真计算的公路边坡稳定性分析[J].中外公路,2015,35(2):52-56.
[5] 高建立,尹如军.公路路基设计与施工[M].郑州:黄河水利出版社,2005.
[6] 高晓峰,杨宗耀,任东兴,等.基于多重技术融合的岩土工程勘察数字化系统研发及应用[J].四川地质学报,2023,43(3):549-552+557.
[7] 龚亚龙.分析数字化技术在提高岩土勘察效率方面的应用[J].四川水泥,2021(4):196-198.
[8] 华道柱.浅谈边坡稳定性分析方法[J].创新科技,2013(9):67.
[9] 中华人民共和国交通运输部.公路工程技术标准:JTG B01—2014[S].北京:人民交通出版社,2015.
[10] 中华人民共和国交通运输部.公路土工试验规程:JTG 3430—2020[S].北京:人民交通出版社,2020.
[11] 李晋,等.特殊环境路基设计与施工关键技术研究[M].北京:中国水利水电出版社,2018.
[12] 李林.岩土工程[M].武汉:武汉理工大学出版社,2021.
[13] 李相然,等.公路工程现场勘察与测量技术[M].北京:人民交通出版社,2003.
[14] 刘福鹏.岩土工程勘察数字化技术实现方法分析[J].江西建材,2022(4):140-142.
[15] 刘玉美.黄土的勘察和路基变形因素分析[J].工程建设与设计,2018(6):41-43+88.
[16] 刘振勇.路基工程[M].成都:西南交通大学出版社,2023.
[17] 马涛,黄晓明.路基路面工程[M].4版.南京:东南大学出版社,2020.
[18] 孟泽彬.基于极限平衡分析法的公路土质边坡稳定性分析[J].山西建筑,2021,47(3):99-100.
[19] 墨亮,尚绍茜,李振国,等.基于数字化的岩土工程勘察技术分析[J].有色金属设计,2023,50(3):94-98.
[20] 欧佳佳.公路工程路基参数化交互设计系统应用研究[J].山西建筑,2023,49(21):118-120.
[21] 庞琼文.市政道路滑坡抢险及防治探讨[J].黑龙江交通科技,2021,44(4):4-5.
[22] 朴志海,赵龙海,郑慧君.道路交通与路基路面工程[M].重庆:重庆大学出版社,2020.
[23] 祁永辉.岩土工程勘察数字化技术与实现[J].建筑技术开发,2020,47(5):139-140.
[24] 任涵.公路软土路基设计相关问题探究[J].工程建设与设计,2022(23):122-124.
[25] 中华人民共和国国家质量监督检验检疫总局,中国国家标准化管理委员会.岩土工程仪器基本参数及通用技术条件:GB/T 15406—2007[S].北京:中国标准出版社,2007.
[26] 孙歆硕.数字化技术在岩土工程勘察中的应用分析[J].城市建设理论研究(电子版),2024(12):175-177.

[27] 武宜. 岩土工程勘察数字化技术与实现[J]. 工程建设与设计，2024（5）：153-155.

[28] 肖刚. 岩土工程勘察中物探技术及数字化发展[J]. 大众标准化，2024（4）：169-171.

[29] 徐宝良，牟丹. 融合数字化技术的岩土工程勘察探析[J]. 新城建科技，2024，33（1）：118-120.

[30] 徐益飞，李邦国，张云鹤，等. 路基坡面防护数字化设计方法研究[J]. 土木建筑工程信息技术，2024，16（2）：89-94.

[31] 徐毅. 数字化路基设计与施工管理的优化策略研究[J]. 智能建筑与智慧城市，2023（12）：179-181.

[32] 杨毅凡. 基于数值模拟的边坡稳定性分析与优化设计研究[J]. 工程建设与设计，2023（18）：32-34.

[33] 张军辉. 路基路面工程[M]. 2版. 北京：机械工业出版社，2023.

[34] 中华人民共和国住房和城乡建设部. 工程岩体试验方法标准：GB/T 50226—2013[S]. 北京：中国计划出版社，2013.

[35] 国家市场监督管理总局，国家标准化管理委员会. 生活饮用水卫生标准：GB 5749—2022[S]. 北京：中国标准出版社，2022.

[36] 中华人民共和国住房和城乡建设部. 建筑地基基础设计规范：GB 50007—2011[S]. 北京：中国计划出版社，2011.

[37] 中华人民共和国交通运输部. 公路路基设计规范：JTG D30—2015[S]. 北京：人民交通出版社，2015.

[38] 中华人民共和国交通运输部. 公路工程地质勘察规范：JTG C20—2011[S]. 北京：人民交通出版社，2011.

[39] 中华人民共和国交通运输部. 公路软土地基路堤设计与施工技术细则：JTG/T D31-02—2013[S]. 北京：人民交通出版社，2013.

[40] 中华人民共和国交通部. 公路圬工桥涵设计规范：JTG D 61—2005[S]. 北京：人民交通出版社，2005.

[41] 中华人民共和国交通运输部. 公路桥涵地基与基础设计规范：JTG 3363—2019[S]. 北京：人民交通出版社，2019.

[42] 中华人民共和国交通运输部. 公路工程抗震规范：JTG B02—2013[S]. 北京：人民交通出版社，2013.

[43] 周翔宇，朴志海，杨勇. 路基路面工程[M]. 重庆：重庆大学出版社，2019.

[44] 左松清. 山区高速公路边坡稳定性分析及加固研究[J]. 工程建设与设计，2024（4）：47-49.